国家社科基金重大招标项目（08&ZD027）后续研究成果

陕西省特色学科——"现代经济学与西部经济发展研究"建设项目

西北大学哲学社会科学繁荣发展计划重大培育项目
——"中国城乡发展一体化水平分类及其模式选择"阶段性研究成果

The Integration of Chinese Urban and Rural Development:

Historical Research, Theoretical Review and Strategic Promotion

中国城乡发展一体化：
历史考察、理论演进与战略推进

白永秀 吴丰华 ◎ 等 著

人 民 出 版 社

目　录

第一篇　历史考察

第二篇　理论演进

第三篇　战略推进

前　言

　　奉献在各位读者面前的这部《中国城乡发展一体化：历史考察、理论演进与战略推进》是以我为首的西北大学经济管理学院"城乡一体化理论与实践"研究团队的一本新作。2008年，我作为首席专家获批国家社科基金重大招标项目"西部地区形成城乡经济社会一体化新格局的战略研究"（08&ZD027），结题报告《西部地区城乡经济社会一体化战略研究》于2014年6月在人民出版社出版。在课题的深入调研、反复论证，以及文章、决策咨询建议和结项报告的写作过程中，我们一直在关注并思考以下问题：中国的城乡关系为何呈现出如此复杂的局面？是怎样的历史过程导致它和典型的发展中国家如此不同，以至于传统的发展经济学二元结构理论难以解释？如果承认这种异质性，那么城乡一体化的理论研究脉络如何？为什么现有理论难以照顾到中国城乡关系、"三农"问题的特殊性？在此基础上，我们应采取何种战略推进我国的城乡发展一体化？限于国家社科基金重大项目的"命题作文"性质，在其结项成果中，我们无法更多涉及并充分论述以上问题。

　　《中国城乡发展一体化：历史考察、理论演进与战略推进》弥补了上述缺憾，聚焦于城乡发展一体化中重大的历史与理论问题。在历史考察篇中，我们归纳和分析了人类社会城乡关系的一般性演进规律；刻画了国外城乡关系变迁的总体图景，分析了典型国家城乡关系的演进历程，并据此提出了处理我国城乡关系可资借鉴之处；分六大阶段详细分析了中国自奴隶社会以来四千多年的城乡关系演进史，考察了每个阶段的演进过程、变化原因和该阶段城乡关系不同于以往的新特点。在理论演进篇中，我们从古希腊、古典经济学、空想社会主义、马克思主义经济学、当代西方经济学五个方面系统回顾了城乡发展一体化的理论渊源；梳理并评述了近20年国内外学者对城乡发展一体化问题进行研究的新进展。在实践推进篇，我们明确了城乡发展一体化在我国整体国民经济社会运行中的地位与作用；设计提出了我国推进城乡发展一体化的战略目标、重点任务、主要内容和战略措施；在此基础上，分析了我国城乡发展一体化的载体、重点难点和保障。

本书撰写历时 2011—2015 年四年多的时间，是我们城乡一体化理论与实践研究团队中历时较久的一部著作。2011 年仲夏，本书（当时定名为《城乡经济社会一体化理论研究》）由我提出大纲，组织团队多次开展讨论，并分头撰写初稿。除我之外，参与初稿撰写的有吴振磊副教授、赵勇副教授、王渊副教授、李喆博士、吴丰华博士、王颂吉博士、张海丽博士、周江燕博士、倪楠博士，由李喆博士负责初稿的统稿。2013 年秋开始，针对第一稿中理论脉络不明显且头绪过多、行文风格不统一等问题与不足，同时结合党的十八大、十八届三中全会对城乡关系的新论述、新思路，我们又做了一次较大幅度的修改。除我外，参与第二稿修订的有赵勇副教授、吴丰华博士、王颂吉博士、李丙金博士，博士生程志华、鲁能，硕士生王泽润，由吴丰华博士负责第二稿的统稿。此后由于国家社科基金重大招标项目结题、成果出版等工作，本书的最终修订和出版工作被延误了。2015 年春节前，我开始组织人员对本书做最后但却是幅度最大一次的修改：一是重新确定书名为《中国城乡发展一体化：历史考察、理论演进与战略推进》，在此基础上将初稿、二稿中逻辑性不强、联系不够紧密的十一章内容整合成了现在的"历史考察—理论演进—实践推进"三篇、八章的格局；二是突破了城乡经济社会一体化的局限，按照城乡发展一体化这一最新的、更为全面的城乡关系思想改写了全书内容；三是删除了与我所主持的国家社科基金（08&ZD027）结项成果《西部地区城乡经济社会一体化战略研究》中重复的内容；四是将全书的数据更新到了2013—2014年，重新绘制了相关图表；五是核对修改了全书的数据和文字。参与最后一稿修改的分别是：导论，白永秀、吴丰华博士；第一章，闵杰硕士；第二章，王斌硕士；第三章，李杰硕士；第四章，曾倩博士；第五章，郭韵清硕士、王婷硕士；第六章，宋丽婷硕士、刘盼硕士；第七章，吴丰华博士；第八章，程志华博士。在此基础上，我提出了具体修改意见，由吴丰华博士修改并统稿，由我最后审定全书，并加工润色。

　　本书的顺利出版，首先要感谢本书初稿、二稿、终稿的写作团队，本书在他们的辛勤劳动下不断推进，他们也在本书的推进过程中不断成长，有的成员博硕士顺利毕业，有的成员成功晋升高级职称。一支年轻、有思想、有情怀、有干劲的城乡一体化与"三农"问题学术研究队伍快速成长起来，这是我最欣慰的。其次要感谢多次参与相关问题讨论的陕西师范大学郭剑雄教授、西北大学刘科伟教授、西北大学任保平教授、陕西省委政策研究室副主任郑梦熊先生、陕西省人民政府政策研究副主任杨三省先生等的有益讨论。最后，感谢负责本书立项、编辑的人民出版社经济与管理编辑室郑海燕副主任，她的专业水准、敬业精神以及人民出版社的高标准、严要求保证了这本著作的质量。当然，限于我们的研究视角，本书的不足之处在所难免，我们热忱欢迎学术界同行和社会各界批评指正。

白永秀

2015 年 5 月于西北大学太白校区

导　论

　　中国市场化取向的改革已经走过了 36 个年头，在取得巨大成就的同时，我们发现改革已进入攻坚克难期，旧有增长红利进入衰减期，社会矛盾进入集中爆发期。主要表现为：在深化改革方面，城市经济体制改革进展相对顺利，而以农地制度、户籍制度等为代表的涉农改革则相对迟缓，学术界普遍认为继三十多年前的家庭联产承包责任制改革后，农村再未出现过能够全面引领"三农"发展的决定性改革。在增长动力和空间方面，原来支持中国经济高速增长的投资和出口的拉动作用越来越小，亟须向消费拉动转型，而中国最广大的待开发消费潜力就在农村；原来支撑中国对外开放和高速增长的东部沿海、城市地区的增长潜力已愈发有限，而广大内陆地区、农村地区还有待开发和开放，大量待聚集的生产要素和广袤的空间，能够带来持久的增长红利。在化解社会矛盾方面，现有矛盾一方面是空间上的城乡分割所带来的，另一方面是内容上的城乡间经济、社会、政治、文化、生态环境等发展失衡所导致的。可见，中国特有的多重城乡二元结构长期存在和不断固化，中国"三农"发展严重滞后，正是产生以上三方面问题的最重要原因。所以，在深化改革、寻找新的增长红利、破解社会矛盾等事关中国未来发展的重要方面，统筹城乡发展、实现城乡发展一体化将起到决定性的作用。

　　在本书中，我们将聚焦城乡发展一体化中的基础性问题。我们将从世界与中国城乡关系演进发展的历史中探寻答案，总结提炼城乡关系的一般演化规律和中国城乡关系演进的特殊性；还将攀上历史巨人的肩膀，透过先哲和学术界前人的视角来审视城乡关系中的诸多问题；基于历史与现实的考察，基于文献的梳理与辨析，最终将提出我国推进城乡发展一体化战略的总体构想。对城乡关系历史的考察、理论演进的探究和未来战略的布局，是深化理论研究的要求，是时代的呼唤，更是我们的使命。

第一节　城乡发展一体化：伟大时代所赋予的伟大命题

一、伟大的时代需要我们深入推进城乡发展一体化

近年来，随着美国次贷危机所演变的金融危机和经济危机在全球扩散，世界经济处于深度下行中的震荡调整期，西方世界的整体实力明显下降。回望中国，经济发展迎来全面转型期，已步入新常态；改革走到了攻坚克难的十字路口，需要全面深化改革；民生建设要提升质量、实现全覆盖，要全面建成小康社会；我们还处在实现中华民族伟大复兴的中国梦的最关键机遇期。在伟大而又复杂多变的时代，中国经济要寻找新的增长点以破解危局，要全面深化改革以打好改革的攻坚战，要缩小各种差距、实现全面小康、圆梦中华民族伟大复兴，破解"三农"问题，转化城乡二元结构，进而最终实现城乡发展一体化，应是题中应有之义。具体来说，加快推进城乡发展一体化具有以下战略意义：

城乡发展一体化是新常态下促进我国经济发展的重大战略。任何时代，任何国家和地区都将追求经济增长和发展作为首要目标。对中国来说，在以经济增速从高速转变为中高速、旧有增长

红利释放殆尽为主要特征的经济新常态下，若要完成 GDP 年均增长 7% 左右的任务，要全面缩小城乡差距进而化解社会矛盾，要在 2020 年全面建成小康社会，则必须释放中国广大农村，特别是中西部落后地区农村的增长空间、后发优势和城镇化潜力。而要实现中国广大农村的发展，就必须依靠城乡统筹发展，构建城乡发展一体化的新格局。

城乡发展一体化是转变经济发展方式的有力抓手。近年来的国际金融危机和经济进入新常态引发了国内理论与实务界对我国经济发展方式的深刻反思，依靠粗放型工业化带动城市化和经济增长的发展战略已经难以为继，转变经济发展方式成为社会各界的普遍共识，特别成为中央顶层设计在经济领域的核心环节。目前，我国传统农业仍未得到根本改造，工业化的外延式扩张已接近临界值，而第三产业发展也滞后于发达国家水平。这都成为制约中国经济社会发展的重大障碍，亟须通过转变经济发展方式来加以解决。我们认为，一个国家或地区的经济发展方式与其内在的城乡关系、产业结构、收入分配结构等密切相关，要转变经济发展方式，必须从变革城乡关系、产业结构和收入分配结构等入手，尤其是要实现城乡二元结构到城乡发展一体化的转变。

城乡发展一体化是弥补全面建设小康社会短板的有效途径。改革开放以来，中国经济实现了持续快速发展，小康建设取得了巨大成效。但一直存在两大制约全面小康社会建设的短板因素：一是城市化水平严重滞后于工业化进程，并且落后于部分处于相同发展阶段的发展中国家，数以亿计的农民工难以享受到附着在城市户籍之上的公共服务与社会福利；二是中国仍存在大量贫困人口[1]，脱贫

---

[1]　按照中国自身的标准，中国有 8200 万贫困人口；按照联合国的最新标准，中国有近 2 亿贫困人口。数据出自中国国务院扶贫办公室副主任郑凯文于 2014 年 10 月 14 日接受国际在线网站专访时的谈话。http://gb.cri.cn/42071/2014/10/14/6891s4726563.htm。

3

致富的任务十分艰巨。要同时破解城镇化滞后、贫困人口大量存在这两大制约全面建成小康社会的因素，必须也只能依靠加快推进城乡发展一体化。四化同步可以从根本上解决城镇化滞后于工业化的问题；统筹城乡、精准扶贫可以从根本上使贫困人口脱贫致富。

城乡发展一体化是解决"三农"问题的根本出路。长期以来，"三农"问题是困扰我国经济社会长期、平稳、健康发展的瓶颈之一。我们认为，"三农"问题的关键在农民，农民问题的关键在提高收入，提高收入的关键在就业，就业的关键在产业。因为只有产业发展壮大了，农民才能就业，才会有稳定的岗位和收入。在现阶段，加快推进城乡发展一体化，可以构建统筹城乡发展的产业载体，从而为提高农民收入、加快农民工市民化奠定根本基础，最终彻底解决"三农"问题。

二、中国城乡关系的特殊性呼唤我们探寻自己的道路

从经济史角度考察，世界各国在经济发展过程中都会经历二元经济结构的形成与转化。几乎和所有研究中国城乡关系的学者一样，在早期研究阶段，我们也试图借鉴甚至直接套用发展经济学中经典的二元结构理论来解释中国的城乡关系。但随着研究的深入，我们越来越发现传统二元经济结构理论虽从一般意义对我们研究中国问题具有启示，但因其严苛的假设和经济问题单方面分析的局限，而难以解释中国城乡关系的形成与转化。我国城乡二元结构的形成与演化有其特殊的历史过程和制度背景，其内容也远远超出了经济二元结构的范畴。因此，认识中国城乡关系发展过程的特殊性，对中国城乡二元结构的演进逻辑与内涵特征进行分析，是建设城乡发展一体化的基础。现实中，我国城乡关系至少在形成过程和二元结构内容两方面存在明显的特殊性。

一方面，中国城乡关系特殊的发展过程决定了其特殊性。中国的城乡二元结构初步形成于近代西方世界的市场经济体系和工业

文明的冲击。在中国漫长的奴隶社会和封建社会历史中，由于生产力水平和专业化分工程度较低，农业文明是当时的主流文明，城市化呈现出一种缓慢发展的相对稳定状态，城乡间低水平互相依存。鸦片战争之后，在西方资本主义经济的冲击下，新兴工业文明在沿海地区兴起，中国传统农业社会开始解体，初步形成了由广大落后传统农业部门和少数沿海城市现代工业部门所组成的城乡二元经济结构。

在新中国所逐渐构筑的计划经济体制下，我国城乡二元结构最终形成。新中国成立后，在传统农业未得到根本改造、小农经济在国民经济中占主体地位的情况下①，鉴于当时的国内外政治经济环境，中国选择了重工业优先发展战略。这一战略通过汲取农业剩余为工业提供资本积累和对城市进行补贴，意图迅速实现工业化，但与当时中国劳动力丰裕、资本稀缺的资源禀赋特点相矛盾。由于资本密集型的重工业对劳动力的吸纳能力有限，为减轻工业化过程中由于农村剩余劳动力转移而形成的城市化压力，为优先保障城市居民的就业和福利，我国逐渐形成了一整套包括工农业差价、统购统销、人民公社、户籍制度等在内的城乡分割的二元结构体制，客观上限制了农村剩余劳动力的"乡—城"流动和农业生产力水平的提高，导致了严重的城乡二元结构问题。

改革开放之后，党和国家的工作重心转移到经济建设上来。为加快经济发展、提高经济效率，我国开始执行城市和沿海地区偏向的非均衡发展战略，从而客观加剧了城乡二元结构问题。由于农业难以实现完全分工（亚当·斯密，1776）②和其本身的弱质性，随着经济发展阶段的演进，农业对经济增长的贡献率不断下降（世

5

---

① 新中国成立之初，中国的工业基础十分薄弱，传统农业和手工业占国民总产值的90%，将近90%的人口在农村生活和就业。参见廖季立：《关于中国经济体制改革的问题》，载《1981年中国经济年鉴（简编）》，经济管理出版社1982年版，第37页。

② ［英］亚当·斯密：《国富论》，郭大力、王亚南译，上海三联书店2009年版。

界银行，2007)①。与此相对应，城市非农产业则成为经济增长的主要动力。

进入 21 世纪以来，地方政府将很大精力用于"经营城市"和做大企业，这进一步扩大了中国的城乡差距。在现行户籍制度之下，在政府提供公共服务能力和激励有限的情况下，城市居民必然会运用更强的对政治决策的影响力来阻挠农村移民摊薄城市社会福利。因此，城市居民作为压力集团，实际上成为 21 世纪之后政府延续城市偏向政策的重要推手。与此同时，计划经济遗留了许多不利于城乡融合的制度障碍，尤其是劳动力、土地和资本三大市场都存在着极大扭曲，造成了生产效率损失。这样，在城市与沿海地区优先的非均衡发展战略下，经济分权制度下的官员晋升考核机制与城市利益集团的压力共同作用，导致中国的城乡二元结构得以延续并且日益固化。

另一方面，中国城乡关系特殊的结构特征也决定了其特殊性。对于中国城乡二元结构的内涵特征，国内学术界提出了以下三种观点：一是把以农村工业为主体的乡镇企业作为与农业以及城市工业相并列的独立经济形式，认为存在着由农业部门、农村工业部门、城市部门构成的"三元经济结构"（陈吉元、胡必亮，1994）；二是认为中国存在着由城市现代部门、城市传统部门、乡镇企业部门、农村传统部门构成的"四元经济结构"或"双重二元经济结构"（徐庆，1997；陈宗胜等，2008）；三是认为中国不仅存在城乡分割和工农分化的二元经济格局，而且在地区、社区、产业及企业之间也出现了二元化现象，因而是一种特殊的"环二元经济结构"（吴天然等，1993）。我们认为，以上观点尽管根据中国实际对二元经济结构理论做了进一步拓展，但都很难刻画当前中国城乡二元结构

6

---

① 世界银行增长与发展委员会：《增长报告——持续增长和包容性发展的战略》，中国金融出版社 2008 年版。

的复杂性。中国城乡二元结构的特征在于同时存在五重二元结构，即城乡二元经济结构、二元政治结构、二元社会结构、二元文化结构和二元生态环境结构，它们之间交织并存、彼此强化。

一是城乡二元经济结构。中国的城乡二元经济结构表现为现代产业部门与传统农业部门之间的二元对立。新中国成立以来，政府实施了一系列偏向于发展非农部门的经济政策，通过价格剪刀差等形式从农业部门提取了大量的经济剩余，资本、劳动力等生产要素在农业与非农部门之间错误配置，导致传统农业长期难以得到根本改造，工农业生产率和城乡居民收入差距不断扩大。

新中国成立初期，小农经济在当时的产业结构中占据主体地位。为实施重工业优先发展战略，政府只能通过汲取农业剩余来为重工业提供资金支持，农产品统购统销和人民公社制度正是基于这一目标而建立的。通过垄断工农业产品市场，政府以价格剪刀差等形式汲取了大量的农业剩余。冯海发、李澂（1993）通过测算指出，1952—1990 年间，中国政府通过价格剪刀差从农业中取走了 8708 亿元资金，如果把农业税收、农村储蓄净流出等形式也计算在内，那么这一数值将高达 11594 亿元。改革开放之后，农村实行家庭联产承包责任制，单家独户经营再次成为农村经济的主要组织形式。为做大经济总量，政府将大量财政资金投向非农产业部门，农村金融系统也在很大程度上演变为"农村资金抽水机"，这使得广大农户出现了普遍的融资困境，农业缺乏必要的资金投入。与此同时，城乡分割的户籍管理制度阻碍了农业剩余劳动力向城市流动，进城农民工也在各个层面备受歧视，这使得相对较多的劳动力滞留在农业部门，即使 2004 年以来出现的民工荒也被一些研究证明是结构性而非整体性的。这些因素都阻碍了农业生产率水平的提高。总体而言，在政府所实施的非农部门倾向性发展政策的作用下，工农业生产率和城乡居民收入差距不断扩大。

二是城乡二元社会结构。中国城乡二元社会结构表现为城乡居民所能享受到的公共服务存在巨大差异，形成于城乡分割的户籍管理制度。它是政府实施城市偏向政策的必然结果，其实质是城乡居民社会权利的不平等。

户籍制度及其他相关制度安排将城乡居民分割开来，在城市与农村之间实行两套不同的公共服务供给体制，这在使城市公共服务得到有效供给的同时，却导致农村公共服务供给严重不足。城乡居民在享受基础设施、社会保障、社会福利等公共服务方面的巨大差异，严重影响了农村居民生活质量和人口素质的提升。李实、罗楚亮（2007）研究认为，如果将城乡居民实际享有的社会保障和社会福利货币化，那么城乡居民之间的收入差距将会扩大近40%。更为严重的是，城乡公共服务差距使得城市居民成为一个相对独立的既得利益群体，进而成为维护城市偏向政策的重要力量（Solinger，1999），阻碍了农民工市民化进程。截至2014年年底，全国农民工总规模达到2.74亿人，其中外出农民工规模达到1.68亿人。[①] 尽管农民工已成为制造业、建筑业和城镇服务业的主力军，但由于户籍制度等因素的限制，大部分农民工及其家属难以享受到附着在城市户籍之上的相关福利。他们的职业是工人，而身份却依然是农民，其生活方式、消费理念明显区别于真正的市民，这就在很大程度上妨碍了城市功能的发挥和城市化水平的提高，使得城市化对经济增长和社会发展的拉动作用大打折扣（国务院发展研究中心课题组，2010；蔡昉，2010）。

三是城乡二元政治结构。中国城乡二元政治结构表现为城乡居民在政策制定与社会管理方面权利的不平等。在城乡分割的户籍管理和政治体制下，农村居民缺乏表达利益诉求的机制与渠道，城市则单方面拥有制定城乡政策的权利，这使得农村居民的政治地位相对低下，而且城乡间政治地位的差别有极强的继承性。

---

① 数据来源于中华人民共和国人力资源和社会保障部。

在城乡分割的户籍管理制度下，由于农民缺乏利益代言人和利益表达机制，导致他们在制定国家政策方针过程中难以发挥实质作用。这样，农民的利益往往被选择性忽视，一定程度上加剧了城乡二元结构的固化。以作为国家最高权力机关的全国人民代表大会为例，1979 年颁布的《中华人民共和国全国人民代表大会和地方人民代表大会选举法》规定，省、自治区、直辖市应选全国人民代表大会代表的名额，由全国人民代表大会常务委员会按照农村每一代表所代表的人口数八倍于城市每一代表所代表的人口数的原则分配；1995 年第三次修订之后的选举法将这一比例改为四倍。换句话说，每一个农村居民的政治权利仅相当于四分之一或八分之一的城市居民的政治权利。① 而从历届全国人民代表大会的代表构成来看，即使这样的比例也难以实现。如表 1 所示，历届全国人民代表大会中农民代表所占比重一般不超过 10%。

表 1　历届全国人民代表大会代表构成情况

	第一届	第二届	第三届	第四届	第五届	第六届	第七届	第八届	第九届	第十届	第十二届
代表总数（人）	1226	1226	3040	2885	3497	2978	2970	2978	2979	2985	2987
农民代表所占比重（%）	5.1	5.5	6.9	22.9	20.6	11.7	23.0	9.4	8.1	18.5	13.4
工人代表所占比重（%）	8.2	5.6	5.8	28.2	26.7	14.9		11.2	10.8		

---

①　2012 年 3 月 14 日第十一届全国人民代表大会第五次会议通过的《第十一届全国人民代表大会第五次会议关于第十二届全国人民代表大会代表名额和选举问题的决定》指出，第十二届全国人民代表大会代表名额中，按照人口数分配的代表名额为 2000 名，省、自治区、直辖市根据人口数计算的名额数，按城乡约每 67 万人分配 1 名，这终结了农民政治权利仅相当于四分之一甚至八分之一个城市居民的历史。

	第一届	第二届	第三届	第四届	第五届	第六届	第七届	第八届	第九届	第十届	第十二届
干部代表所占比重（%）	—	—	—	11.2	13.4	21.4	24.7	28.3	33.2	32.44	34.9
知识分子代表所占比重（%）	—	—	—	12.0	15.0	23.5	23.4	21.8	21.1	21.1	20.4

资料来源：根据《历届全国人民代表大会代表构成统计表》，《人民日报》1999 年 9 月 15 日第 10 版，以及石国胜：《新的特点　新的构成——从十届全国人大代表名单看变化》，《人民日报》2003 年 3 月 4 日，以及《肩负起人民的重托——十二届全国人大代表构成特色分析》，新华网，2013 年 2 月 27 日等资料整理。

四是城乡二元文化结构。中国城乡二元文化结构表现为"市民文化"与"小农文化"的二元分割。城市工业文明催生了市民文化，而农耕文明的长期存在则为小农文化提供了深厚的土壤，这使得城乡居民在经济行为与社会交往形式上存在巨大差异。

农村是一种乡土熟人社会，农民长期生活在一定的地域范围内，其生产与生活方式具有极强的稳定性。在农业文明所孕育的小农文化中，农户的行为特征主要表现在以下两个方面：从经济行为特征看，由于农业生产受到自然风险和市场风险的双重影响，因而传统型农户往往坚守"安全第一"的经济原则[①]（斯科特，1976），他们倾向于规避经济风险，很少冒险追求平均收入最大化；从社会交往特征看，在乡土熟人社会中，农户交往遵循圈层"差序格局"（费孝通，1947），其社会关系和交易活动是以自己为中心而进行社会扩展，人与人之间的信任不是依靠契约关系，而是依赖于彼此间的熟悉程度。

① ［美］斯科特：《农民的道义经济学——东南亚的反叛与生存》，程立显等译，译林出版社 2013 年版。

与农村相比，城市是一种由流动人口所形成的集合体，市民的生产与生活方式具有极强的不稳定性。在工业文明所催生的市民文化中，市民的行为特征也主要表现在两方面：从经济行为特征看，城市经济主体遵循"效率第一"的原则，企业家具有强烈的冒险精神，倾向于追求利润最大化；从社会交往特征看，在以陌生人为主体的市民社会中，交易主体倾向于依靠契约来形成信任。一方面，尽管 2014 年中国的城镇化率已达到 54.77%，市民社会也日渐成熟；但另一方面，我国仍有 6 亿多农村人口。由于传统农业难以得到根本改造，小农文化对于中国社会尤其是农村社会仍然有着深刻影响，这就导致市民文化与小农文化长期并存与分割，进一步固化了中国的城乡二元结构。

五是城乡二元生态环境。中国城乡二元生态环境要比城乡二元经济、社会、政治、文化结构等都要复杂得多。1996 年，帕纳约托（Panayotou）借用 1955 年库兹涅茨界定的人均收入与收入不均等之间的倒 U 型曲线，首次将环境质量与人均收入间的关系称为环境库兹涅茨曲线（EKC）。环境库兹涅茨曲线揭示了环境质量开始随着收入增加而退化，收入水平上升到一定程度后随收入增加而改善，即环境质量与收入呈现倒 U 型的关系。

如果以环境库兹涅茨曲线来考察中国的情况，我们会发现似乎在环境库兹涅茨曲线的每个阶段，我国都有对应，这源自中国区域和城乡间的差异性。对于城市，有的城市已近进入了工业化后期甚至是后工业化的时代，而有的则仍处在工业化中期，这就造成了我国不同城市的生态环境状况差别较大，环境治理程度和水平的差异也较大。对于农村，同样存在类似的问题，有的农村环境基本没有破坏，保持了原生态的风貌；有的农村并未受到工业化的污染，但是人居过多也过于密集，导致生活垃圾遍地、污水横流；有的农村则工矿业发达，乡镇企业林立，但往往忽视污染物处理，已经造成了严重的生态问题；少数农村在工业化过程中注意了环境保护，或已实现了发展方式的转变，生态环境并未破坏或已扭转趋好。我们城乡发展一体化研究团队在全国调研时所观察到的情况也支持了上述判断。鉴于中国城乡生态环境的复杂性，我们把我国城乡生态环境现状描述为"三元并存"的城乡二元生态环境，即有的地区城市生态环境明显优于农村，有的地区农村生态环境又好于城市，而有的地区城乡生态环境水平大体相当。多元的情况决定了我们在构建中国城乡生态环境一体化过程中，只能实事求是、因地制宜，采取对症、合适的措施。

所以，针对中国所处时代的紧迫性和城乡关系结构的特殊性，需要我们对中国城乡和城乡发展一体化相关问题进行深入研究。

第二节　城乡发展一体化的相关概念及其内涵

一、城乡

在界定城乡关系、城乡一体化、城乡发展一体化概念之前，首先需对"城乡"这一概念进行界定。《辞海》中将"城"界定为"旧时在都邑四周用作防御的墙垣，里面的谓之城，外面的谓之郭"。"乡"则可从两个角度定义：一是基层行政区域单位。相传我国周代制度中以一万两千五百家为乡，后指县以下的乡村一级基层行政区域单位。另一是泛指城市以外的地区。从当代学术研究看，关于城与乡的界定，大体存在着"两分法"和"连续体"两种观点。

在"两分法"的视角下，城市和乡村在各个层面上相互独立，体系相对完整。经济学按照市场、产业、部门、要素的集聚程度划分城市与乡村。城市经济学按照人口、经济、政治、文化的集聚程度界定城市与乡村，将城市界定为"以非农活动为主体，人口、经济、政治、文化高度集聚的社会物质系统"。① 新古典经济学认为城市与城乡差别的出现是分工与个人专业化演进的结果。因此，将城市理解为一种比乡村分散布局更为有效的集中型产业空间组织形式，可以承载更多数量和种类的产业，并且具有进一步降低交易成本，促进分工发展的作用。地理学按照人口和房屋的集聚程度划分城乡，认为"城市是一个相对永久性的高度组合起来的人口集中的地方，比城镇和村庄规模大，也更重要"。② 地理学家拉采尔（F. Ratzel）认为城市指的是地处交通方便、覆盖有一定面积的人群和房屋的密集结合体。③ 可以发现，不论是经济学还是地理学，"两分法"的观点都强调城市聚集资源要素的能力，强调城乡在空间上的相对独立性。

在"连续体"的视域下，城市和乡村是一个连续体。城乡连续体的概念由美国人类学家雷德菲尔德（Robert Resfield）提出，具体是指从"俗民社会"④（乡村社会）至"都市社会"⑤ 之间一系列的"社会类型"，而在城市和乡村之间存在着一个被称为"城市边缘区"的过渡地带，同时也存在着具有城乡混合特征的乡村城市。因此，城乡可以继续被拆分为乡村、乡村城市、城市边缘区和城市，而城乡连续体则是由这四者组成的一个变化着的混合体。国内学者张小林（1998）也提出"界定乡村的困难在于乡村整体发展的

13

---

① 刘国光：《中外城市知识词典》，中国城市出版社 1991 年版，第 13 页。

② ［英］不列颠百科全书公司：《不列颠简明百科全书》（上、下册），中国大百科全书出版社编译，中国大百科全书出版社 2005 年版，第 546 页。

③ ［德］弗里德里希·拉采尔：《大城市的地理位置》，转引自 ［英］罗伯特·迪金森：《近代地理学创建人》，葛以德、林尔蔚等译，商务印书馆 1980 年版。

④ 俗民社会（Folk Society），是由美国人类学家、民族学家 R. 雷德菲尔德 1947 年在其著作《俗民社会》中提出的与都市社会相对照的传统社会模式。这种建立在基本水平上的组织形式，具有规模小、与世隔绝、无文字和匀质的特点。

⑤ 都市社会，或者称为城市社会，指的是在一定地域上，由从事各种非农业劳动的以社会分工为基础的密集人口结组的社会。

动态性演变、乡村各组成要素的不整合性、乡村与城市之间的相对性，以及由于这三大特性形成的城乡连续体"。① 可以看出，城乡连续体的概念强调城乡间的联系，这既反映在城乡空间上的接续，也反映在城乡社会形态的互融性。

在现实中，城市与乡村从动态演化过程、整合性和相对性上来看的确存在着"城乡连续体"，尤其是随着人口流动数量和规模的增加与膨胀，城乡之间相互交织的复杂关系变得更加难以厘清。但是，从行政建制上来看，城市与乡村之间的划分仍旧是清晰而明确的。

从实践来看，新中国成立以来城乡划分标准经历了三次大的调整：第一次调整是在1955年，国务院颁布的《我国城乡划分标准的规定》中提出了第一个城乡划分标准，按照市级行政机构的所在地、常住人口的数量、居民中非农业人口中任意一个条件的满足，作为划分城乡的标准。第二次调整是在1963年，国务院颁布了《关于调整市镇建制、缩小城市郊区的指示》，这次调整将1955年的人口数量标准提高到3000人以上，非农业人口占比提高到70%以上，或者人口2500人以上，非农业人口85%以上。第三次调整是在1984年，国务院批准了《民政部关于调整建镇标准报告》，对1963年的标准进行了进一步完善，将设镇的条件（划分城乡的标准）从原先的县级以上行政机构的所在地、人口规模、非农业人口占比这三个标准进一步完善和扩充。

我们认为，城市和乡村，无论是按照什么样的标准来划分和界定，都不是通过某一个层次就能够简单描述的。从城市的形成过程以及城市与乡村在经济社会历史中所扮演的不同角色来看，本书将城市和乡村分别界定为：城市是生产要素高度集中的区域，即人口、建筑物、产业的集聚程度较高的空间和地域类型；乡村是以第

---

① 张小林：《乡村概念辨析》，《地理学报》1998年第4期，第364—371页。

一产业和以农业为主的服务业及加工业为主要产业类型、人口聚集相对稀疏的空间和地域类型。城市与乡村的特征比较如表 2 所示。

表 2　城市与乡村特征比较

	城市	乡村
产业类型	以第二产业和现代服务业为主	以第一产业和与第一产业相关的服务业和加工业为主
产业聚集程度	高	较低
人口聚集程度	高	低
功能聚集程度	住宅、教育、医疗、商业等功能聚集程度较高	聚集程度较低
要素流动速度	快	较慢
区域景观	以人工景观为主	以自然景观为主

二、城乡关系

早在荷马时代反映城乡关系的雏形"德莫"（Demos）就已经出现。在当代社会中，随着城市与乡村之间的关系逐渐疏离而变得对立之时，城乡关系更是成为社会科学研究中的核心命题。目前对城乡关系的界定主要有以下四种观点：

第一，从城乡关系变化的根源给出城乡关系的概念。依据城乡关系变化的根源对城乡关系进行界定，马克思主义经典作家对城乡关系的界定最具代表性。他们认为城乡关系是指相应的社会地区集团之间的关系，而所谓的"城乡接近"和"克服城乡差距"是指拉平城乡居民的社会地位。①

第二，从空间视角给出城乡关系概念。城乡关系最直观地表

---

① 《马克思恩格斯全集》第 3 卷，人民出版社 1995 年版，第 57 页，第 2 卷第584 页，第 18 卷第 313 页；《列宁全集》第 30 卷，人民出版社 1957 年版，第 303 页；《列宁选集》第 2 卷，人民出版社 2012 年版，第 599 页。

现为城市和乡村这两大空间区域间的关系，《世界经济年鉴》将城乡关系直观界定为："城乡间的人口和空间关系。"[1] 从空间的角度对城乡关系界定的学者还有徐荣安（1989），他认为"城乡关系是指生产力各要素和生产关系在城市和乡村的空间分布，是一种社会学、经济学的概念，它是城乡之间经济、人口、文化、技术、生态等方面关系的总和"。[2]

第三，从相互作用的动态关系给出城乡关系的概念。随着对城乡关系不断恶化的反思以及对城乡关系不再是单纯的城市与乡村两个相互分割的空间的认识，更多学者从二者间的动态关系上对城乡关系进行界定。例如，黄晋太（2005）认为，"从广义上看，城乡关系是指城市与乡村作为一定区域内共同存在的两个空间实体，在政治、经济、文化等各领域的相互作用、相互制约的互动关系"；"狭义上看，城乡关系是指城乡之间在经济发展领域的动态关系"。[3] 赵权民（2007）从动态流动的视角提出"城乡关系指城市化进程中城市和乡村两个端点之间的经济交往和要素流动关系"。[4]

第四，从城乡间的综合视角进行城乡关系概念界定。这种观点认为"城乡关系是广泛存在于城市和乡村之间的相互作用、相互影响、相互制约的普遍联系与互动关系，是一定社会条件下政治、经济、阶级关系等诸多因素在城市和乡村两者关系的集中反映"。[5] 奚建武（2007）提出，"城乡关系是构成城乡关系的诸多相互依存

---

[1]　世界经济年鉴编辑委员会：《世界经济年鉴（1991）》，中国社会科学出版社1991年版，第276页。

[2]　徐荣安：《中国城郊经济学》，农业出版社1989年版，第464页。

[3]　黄晋太：《二元工业化与城市化——打开统筹城乡发展大门的钥匙》，中国经济出版社2005年版，第49页。

[4]　赵泉民：《从无差别的统一到对抗性形成——基于新式教育兴起看20世纪初期中国城乡关系演变》，《江苏社会科学》2007年第3期，第155—160页。

[5]　李泉：《中外城乡关系问题研究综述》，《甘肃社会科学》2005年第4期，第207—212页。

又相互制约的各种要素或单元组成的统一系统，其内部存在着一定的分工，每个要素或单元都发挥着各自的功能，维系城乡关系作为一个整合系统而存在"。①

综合以上学术界从不同角度对城乡关系概念所作的界定，我们认为，城乡关系是指城市与乡村在经济、社会、文化、政治、生态环境等诸多因素共同作用下，以土地、人口、资源、技术、信息等要素的动态流动和转移为表现，以城乡之间不同利益群体之间的相互对立、作用、依存为核心的关系。

三、城乡（发展）一体化

从一定程度上看，城乡发展一体化和城乡融合是同义词。马克思曾对城乡融合进行过这样的描述："通过消除旧的分工，进行生产教育，变换工种，共同享受大家创造出来的福利，以及城乡融合，使全体成员的才能得到全面的发展。"② 而城乡一体化作为一个正式的学术用语，是由我国学者面对着我国日益固化的城乡二元结构和城乡对立局面提出的。目前，学术界对于城乡一体化的概念界定存在着以下几类观点：

第一，从城市化角度进行界定。学术界对于城市化与城乡一体化存在一种普遍共识，即城乡一体化是城市化的高级阶段，是城市化发展到一定水平之后，城市和乡村作为两个空间载体寻求自身发展的内在要求。针对改革开放以来我国出现的大规模城市化以及最近几年出现的逆城市化现象，有学者就从城市化推进途径的视角对城乡一体化进行了界定。从城市化视角对城乡一体化的界定是站在城市发展以及城市对乡村发展的带动和辐射作用的基础上的，往往带有明显的城市偏向色彩。

---

① 奚建武：《治理视域下我国城乡关系的变迁》，《华东理工大学学报（社会科学版）》2007 年第 4 期，第 68—72 页。

② 《马克思恩格斯选集》第 4 卷，人民出版社 1958 年版，第 371 页。

　　第二，从综合视角进行界定。持这种观点的学者认为城乡一体化"是城乡之间的经济、技术、社会全方位、多角度的融合"①，是"城乡之间生产生活方式趋于一致的过程"②，是"在生产力高度发达的条件下，城乡之间通过生产要素的优化配置，实现城乡互为依托、互相服务、互相促进、协调发展的过程"③，是"城乡经济、社会、文化、空间和生态日益融合、持续趋优的动态发展过程"④。

　　第三，从城乡一体化目标和结果视角进行界定。这种观点认为城乡一体化的核心是一种结果，是"人口、资源、环境等基本要素在城市和乡村之间优化配置的过程。作为终极目标，城乡一体化要彻底消除现存的城乡二元结构，最大限度地缩小现存的城乡社会差别，实现城乡共享高度的物质文明与精神文明"⑤，是"破除城乡分割和对立，加强城乡联系，推进城乡平等与融合发展，形成农业现代化、乡村工业化、乡村城市化、生态和谐化、社会文明化整体推进的发展格局，实现城乡经济、社会、环境的和谐发展，使城乡共享现代文明"。⑥ 当然，有学者提出城乡一体化的结果并非城乡间的差别完全消失。例如，洪银兴（2009）认为，"城乡一体化是指在保持城乡各自特色的同时，从经济、社会、空间布局等方面融合城乡发展，并根据城市、城镇和乡村的不同特质和优势进行产业

18

---

　　① 武兆瑞：《中国农村经济重大问题观点荟萃》，中国农业科技出版社 1994 年版，第 121—122 页。

　　② 皮垂燕：《我国城市化的质量分析》，《统计与决策》2007 年第 19 期，第 127—128 页。

　　③ 赵立新、关善勇：《特色产业集群与城乡一体化》，《当代经济研究》2006 年第 11 期，第 30—32 页。

　　④ 吴丰华、白永秀：《城乡发展一体化：战略特征、战略内容、战略目标》，《学术月刊》2013 年第 4 期，第 87 页。

　　⑤ 袁莉、李明生：《论生态文明建设背景下的城乡一体化》，《农村经济》2010 年第 9 期，第 51—53 页。

　　⑥ 胡金林：《城乡一体化进程中的城镇化非均衡发展研究——以孝感7镇的个案调查为例》，《农村经济》2009 年第 10 期，第 6—8 页。

分工"。① 与承认城乡之间差距相比，这种观点更加偏向于承认城乡之间在承担经济社会功能上的差异性，并认为这种差别是城乡间进行合作和沟通的基础。可见，这是一种基于分工视角对于城市与乡村承担不同经济和社会功能，即不同分工下的城乡一体化界定。

第四，从城乡居民身份和生活方式转变的视角进行界定。持这种观点的学者抛开城乡二元结构的种种经济和社会现象，认为城乡一体化的未来图景尽管以产业、生产要素流动等经济现象为外在表现，但实际上最终是城市居民和农民身份以及城乡居民在生活方式上逐渐一体化的过程。例如，葛正鹏（2007）认为城乡一体化是"城乡二元结构逐渐模糊和消失，逐步实现城市与乡村在生产和生活上的一体化"。② 白永秀、吴丰华（2011）则从反方向来看待这个问题，提出城乡一体化过程中城市也要注意借鉴和吸收农村优秀的传统文化，特别是农村的人文关怀精神。③

但是，也有一些学者对我国现阶段实行城乡一体化持不同观点。一些学者从马克思、恩格斯关于城乡融合的内涵以及城乡融合和社会发展阶段的判断出发，认为我国在现阶段推进城乡一体化是不切实际的。早在 20 世纪 90 年代，就有学者提出这种观点。王圣学（1996）认为，处在不同历史阶段的社会形态与城乡关系之间应当存在着一一对应的关系，由于我国尚处于社会主义初级阶段，与初级阶段对应的城乡关系应主要表现为城乡结合，而不是城乡一体化。④ 周加来（2001）提出，城乡一体化是人类社会发展的终极目

19

---

① 洪银兴：《城乡互动、工农互促的新起点和新课题》，《江苏行政学院学报》2009 年第 1 期，第 58—64 页。

② 葛正鹏：《论三元经济结构下我国农民市民化的舞台和载体》，《经济体制改革》2007 年第 2 期，第 90—93 页。

③ 白永秀、吴丰华：《城市化进程中的农村人文关怀及其设想》，《改革》2010 年第 7 期，第 111—115 页。

④ 王圣学：《关于"城乡一体化"的几点看法》，《理论导刊》1996 年第 5 期，第 26—27 页。

标，是城市化的最高阶段，我国在现阶段不加限制地提出城乡一体化的设想是不切实际的。① 余斌、罗静（2005）认为："城乡一体化是城市化与城乡发展的终极阶段和理想境界，但不能作为当今发展中国家可供选择的过程模式。"他们认为真正意义上的城乡一体化的实现需要以生产力高度发达、农业现代化、城乡居民收入水平差距消失等条件为基本前提。而在目前推进城乡一体化战略，是一种"朴素的具有发展伦理学色彩的城乡一体化理论，容易使人陷入横向均衡发展和资源分散化配置的误区，其实质是否认城市化与乡村发展的规律，实践结果也只能给国家的经济和城乡发展带来损害"。②

21 世纪以来，随着学术界研究的逐渐深入，中央对城乡关系的认识也日渐深化，逐步提出了城乡发展一体化的命题。具体而言，这一命题的提出经历了三个阶段。

第一阶段：从"统筹城乡发展"具体到"新农村建设"。2002年 11 月，党的十六大在制定全面建设小康社会奋斗目标的同时，针对当时"城乡二元经济结构还没有改变"的问题，提出了"统筹城乡经济社会发展"的方针。2003 年 7 月，胡锦涛提出"科学发展观"的重要思想，把"统筹城乡发展"作为"科学发展观"的重要内容，并将其列为"五个统筹"（统筹城乡发展、统筹区域发展、统筹经济社会发展、统筹人与自然和谐发展、统筹国内发展和对外开放）之首。2003 年 10 月，党的十六届三中全会提出要"建立有利于逐步改变城乡二元经济结构的体制"。2005 年 12 月又作出了建设社会主义新农村的战略部署，提出中国"总体上已进入以工促农、以城带乡的发展阶段，初步具备了加大力度扶持'三农'

---

① 周加来：《城市化·城镇化·乡村城市化·城乡一体化——城市化概念辨析》，《中国农村经济》2001 年第 3 期，第 40—44 页。

② 余斌、罗静：《城市化与城乡发展：世界不同类型国家的比较与启示》，《地域研究与开发》2005 年第 5 期，第 17—20 页。

的能力和条件"，提出"统筹城乡经济社会发展，实行工业反哺农业、城市支持农村和'多予少取放活'的方针，按照'生产发展、生活宽裕、乡风文明、村容整洁、管理民主'的要求推进农村经济建设、政治建设、文化建设、社会建设和党的建设"。

第二阶段：从"新农村建设"到"城乡经济社会一体化"。2007年党的十七大提出"建立以工促农、以城带乡的长效机制，形成城乡经济社会发展一体化新格局"。同年，国家批准成都和重庆作为统筹城乡综合配套改革试验区。2008年，党的十七届三中全会指出，当前中国"总体上已进入以工促农、以城带乡的发展阶段，进入加快改造传统农业、走中国特色农业现代化道路的关键时刻，进入着力破除城乡二元结构、形成城乡经济社会发展一体化新格局的重要时期"，并提出加快"建立城乡经济社会一体化制度。尽快在城乡规划、产业布局、基础设施建设、公共服务一体化等方面取得突破，促进公共资源在城乡之间均衡配置、生产要素在城乡之间自由流动，推动城乡经济社会发展融合"。

第三阶段，从"城乡经济社会一体化"到"城乡发展一体化"。2012年，党的十八大提出"推动城乡发展一体化"，体现了我国经济社会发展战略的进一步深化。首先，由"三化同步"深化到"四化同步"。提出坚持走中国特色新型工业化、信息化、城镇化、农业现代化道路，推动信息化和工业化深度融合、工业化和城镇化互动、城镇化和农业现代化相互协调，促进工业化、信息化、城镇化、农业现代化同步发展。将农业农村发展真正融合在国民经济社会整体发展之中。其次，将城乡发展一体化作为解决"三农"问题的根本途径。提出既要加强农业基础地位，加快新农村建设；同时也要加大城乡统筹发展力度，逐步缩小城乡差距，着力促进农民增收，让广大农民平等参与现代化进程，促进城乡共同繁荣。最后，从制度建设上保障城乡一体化发展。党的十八大提出，加快完善城乡发展一体化体制机制，着力在城乡规划、基础设施、公共服务等方面推进一体化，促进城乡要素平等交换和公共资源均衡配置，形成以工促农、以城带乡、工农互惠、城乡一体的新型工农、城乡关系。①

综合学术界从不同视角对城乡一体化的定义和国家对这一问题认识的深入，我们认为：城乡发展一体化，是在保持城市与乡村各自特色的基础上，通过调整城乡间在经济、社会、文化、政治、生态环境等层面的二元对立关系，破解相关方面城乡二元结构，实现城乡协调发展的动态过程。

第三节　本书的基本思路、研究方法和主要创新

一、基本思路

在研究团队长期实地调研，与全国城乡发展问题、"三农"问题研究学者座谈研讨以及大量文献阅读的基础上，我们感觉一些关系到城乡发展的基本理论问题并不清晰，对中国城乡关系中存在的问题把脉也不够准确。这主要源自两方面的不足，一方面是对世界城乡发展的历史脉络和中国城乡关系演进历史的把握不够清晰和准确，另一方面是对城乡二元结构、城乡关系、城乡（发展）一体化等文献梳理得不够系统和细致。基于这样的思考，本书决定聚焦城乡发展一体化中重大的历史与理论问题，基于对世界与中国城乡关系发展历史的具体分析和城乡发展一体化理论的具体梳理，提出城乡发展一体化的战略选择。

在历史考察部分，我们首先归纳论述了人类社会城乡关系演进的一般性规律；进而刻画了国外城乡关系变迁的总体图景，分析

---

①　张岩松：《统筹城乡发展和城乡发展一体化》，《中国发展观察》2013年第3期。

了典型国家城乡关系的演进历程，并指出了对我国推进城乡发展一体化的借鉴与启示意义；最后分五个阶段详细分析了中国自奴隶社会以来的城乡关系变迁历程，考察了每个阶段的变化过程、变迁原因和该阶段城乡关系不同于以往时代的特征性事实。在理论演进部分，我们首先从古希腊经典、古典经济学、空想社会主义、马克思主义经济学、当代西方经济学（即发展经济学）五个方面系统回顾了城乡发展一体化的理论渊源；其次梳理并评述了近二十年来国内外学者对城乡关系与城乡一体化问题进行研究的新进展。在实践推进部分，我们首先阐述了城乡发展一体化在我国国民经济运行中的整体地位与作用；其次设定了我国推进城乡发展一体化的战略目标、重点任务、主要内容和战略措施；最后分析了我国城乡发展一体化的载体、重点难点和保障。

二、研究方法

本书以历史主义和理论归纳统领。在历史主义方面，我们在对世界城乡关系史和典型国家，以及中国自奴隶社会以来的城乡关系变迁历史，尤其是相关历史文献、数据和经济史文献的详细考据的基础之上，归纳人类社会和中国城乡关系变迁的轨迹和特征。力争做到每一个城乡关系特点的得出，都建立在对历史数据和史料挖掘的基础上；每一个命题的论证，都建立在对史实和数据充分占有和分析的基础上。在理论归纳方面，我们对自古希腊哲学和经济学萌芽以来直至当代国内外二元经济、城乡关系、城乡一体化发展的代表性文献进行了系统梳理，并从多维度、多视角进行了评述。力争反映出学术界对城乡关系问题研究的最精华。

在具体研究方法上，本书主要采取四个相结合的方法，即历史统计与历史归纳相结合、大时代研究与分阶段研究相结合、经典研究和前沿研究相结合、理论研究和对策研究相结合的方法。

第一，历史统计与历史归纳相结合的方法。对人类社会和中

23

国四千多年城乡关系变迁史的研究，必须将历史统计与历史归纳方法结合起来。历史统计是在充分占有历史资料、历史数据①基础上的研究方法。历史史料、历史统计、历史数据将贯穿第一篇历史考察的写作过程，在对人类社会一般、国外典型国家和中国每个阶段城乡关系演进过程和城乡关系的特点的分析中，都会进行较为详细的历史统计分析。历史归纳是遵循城乡关系变迁轨迹，结合历史统计的分析结果，对纷繁复杂的城乡关系变迁现象进行归纳，从中提炼出城乡关系演进的一般规律和特点。在对人类社会三个阶段城乡关系一般演进规律的分析，对国外城乡关系演进一般阶段划分的分析，对中国呈现关系变迁阶段总体图景的描绘，以及对中国每个阶段城乡关系演进原因的分析等方面，则结合历史统计方法，侧重于运用历史归纳法。

第二，跨时代研究与分阶段研究相结合的方法。城乡关系变迁是一个系统性问题，它涉及城市与农村两类空间、农业与非农产业两大产业、农民与市民两大群体。基于其复杂性和系统性，对城乡关系演进历史的研究，必须同时兼具大历史观与小历史观两种视野，大历史观表现为跨时代研究，小历史观表现为分阶段研究。在大时代研究上，人类社会数万年城乡关系的演进，典型国家数百年城乡关系的变迁，中国进入奴隶制以来四千多年城乡关系的发展，包含不计其数的事件、人物、关系等历史片段，如果过分陷入具体史实之中，就会一叶障目而无法把握历史的全貌。所以，本书首先坚持大历史观，对人类社会、典型国家和中国的城乡关系演进给出统领性的分析。在此基础上，充分考察每个分阶段中国家形态、政治制度、经济制度、生产力发展水平等因素的发展与变化，将人类社会城乡关系演进划分为三大阶段，将中国城乡关系演进划分为五

①　这些历史资料包括：1840年以来的统计资料、调研报告、报纸刊物等；研究中国近代经济史的著作、文章和资料汇编等；研究中国二元经济、城乡关系、"三农"问题的文献。

大阶段，进行更加深入的研究。

第三，经典研究和前沿研究相结合的方法。本书对城乡关系演进及其变迁、二元经济结构形成及其转化、城乡（发展）一体化提出及其构建等涉及城乡关系的文献进行了系统梳理。一方面，我们追溯了城乡发展一体化理论形成的渊源，具体分析了其发展框架、脉络和具体观点；另一方面，我们更注意追踪城乡发展一体化理论的新进展，在梳理代表性文献的基础上，对近三十年来城乡发展一体化的研究做了系统评述。

第四，理论研究和对策研究相结合的方法。对于城乡发展一体化的研究，本书一方面注重从一般理论上实现突破，另一方面注重从对策研究上突破，实现理论研究与对策研究有机结合。在理论上，我们厘清了城乡发展一体化的相关概念，并以第二篇共两章的篇幅分析了城乡发展一体化的经典理论和新发展。在对策上，我们结合理论研究的成果，以第三篇共三章的篇幅重点研究了中国未来推进城乡发展一体化的战略构想，在明确城乡发展一体化在整个国民经济运行和国家全面改革中的地位和作用的基础上，设计未来推行城乡发展一体化的战略，并重点阐释城乡发展一体化过程中的几个关键性问题。

25

三、主要创新

本书的主要创新体现在以下三方面：

关于城乡关系历史研究的创新：一是借鉴和运用马克思提出并分析的人类社会城乡关系"依存—分离—融合"三阶段演进的规律：在第一阶段，重点把握和分析农村孕育城市而形成的城乡低水平相互依存状态；在第二阶段，重点研究从被动城市化到主动城市化这两种在时序上相互继起的城乡分离状态；在第三阶段，从被动融合与主动融合两个分阶段，以制度变迁和产业联动两种动力来分析城乡融合阶段。二是在对中国城乡关系演进整体图景考察的基础上，以经济制度作为划分依据，分奴隶制经济形态、封建制经济形态、半封建半殖民经济形态、计划经济形态、市场经济形态五大阶段对四千多年中国城乡关系演进的过程、原因、特点进行了详细的分析。

关于城乡发展一体化理论综述的创新：一是以古希腊、古典经济学、空想社会主义、马克思主义经济学、西方经济学五大方面，从城乡发展一体化视角对相关理论（如二元经济结构理论、城乡关系变迁理论、"三农"问题理论等）进行了统一梳理。二是系统梳理和评述了国内外自20世纪90年代以来城乡关系、城乡一体化等相关代表性文献，力争反映国内外城乡关系及城乡发展一体化相关理论的最新进展。

关于城乡发展一体化对策的创新：一是论证了城乡发展一体化在全面深化改革中的地位，从扩大内需、稳定社会、促进农民市民化、推动政府转型、保护环境等方面论证了城乡发展一体化在国民经济社会运行中所起的重大作用。二是从顶层设计的角度确定并论述了城乡发展一体化的战略目标、战略步骤和战略重点。三是分析了城乡发展一体化的载体建设——培育产业、城乡发展一体化的空间重点——实现县域发展一体化、城乡发展一体化的难点——制度破冰，以及城乡发展一体化的保障——公共服务均等化四个方面的关键性问题。

第一篇　历史考察

第一章　城乡关系的一般演进规律

　　城乡关系既是人类文明的规律性现象，也是生产力发展的阶段性现象。人类经济发展进入一定阶段之后，便出现了社会交换，同时其又促进了社会分工。伴随着农业技术进步带来的劳动剩余增加，社会交易扩大，由此产生了交易活动的地理结点——城镇。因此，城乡关系的演进与人类生产力发展水平密切相关，生产力的发展推动着人类生产方式与生活方式的变革，由此带动城乡关系不断演进。在人类发展的历史长河中，城乡关系先后经历了城市依赖农村发展、城市发展背离农村以及城市与农村协调发展、相互融合三种状态。

第一节　第一阶段：农村孕育城市，城乡互相依存

一、城市形成前的城乡关系

　　农村既是人类社会发展的产物，又是城市形成与发展的基础。从历史演进的角度考察，人类早期生产与居住的状态经历了四个阶段，而在城市形成前大致可以分为三个阶段。

　　第一阶段，人类生产与居住处于流动状态，居无定所。人类

学家认为，类人猿最早出现在非洲东部和南部的热带草原上，距今约250万年。这种与人相像的两足动物的运动系统是与猿脑般的大脑结合在一起的。智力水平低，语言和创造工具的水平自然也相应的低。旧石器时代的人之所以能成为人，是由于他们学会了说话、制作工具和使用火。这些本领使他们远远地胜过周围的其他动物。不过，就下述这一基本方面而言，他们与其他动物仍是十分相近的。他们仍像猎食其他动物的野兽那样，靠捕捉小动物为生；仍像完全倚靠大自然施舍的无数生物那样，靠采集食物谋生。由于他们依赖大自然，所以就被大自然所支配。为了追猎动物、寻找野果地或渔猎场地，他们不得不经常过着流动的生活；由于一块地方所能供给的食物有限，他们只好分成小的群体行动。① 虽然旧石器时代晚期比起早50万年的旧石器时代初期来，技术要先进得多，但由于生产率低，这种技术仍是很原始的。人们靠采集野生植物和捕捉动物过着朝不保夕、勉强糊口的生活。② 在这样的情况下，人类选择的居住方式主要是到处流动，随着食物来源的变化而变化。

第二阶段，人类生产与居住进入相对稳定的状态，出现了穴居等居住形式，人类的活动范围也相对固定下来。在前一个发展阶段基础上，随着制造工具的知识和技术的积累，以及生存能力的进一步提高，为了抵御凶猛的野兽和严寒酷暑，人类发现了能满足这种需求的天然去处——山洞。山洞系统最重要的两项指标——温度和湿度都相对稳定，适合居住。正是因为这一点，早期的人类文明，才主要体现为洞穴文明。

第三阶段，人类生产与居住进入固定化的状态，村庄聚落形成，农业生产活动主要在村庄周围的土地上进行。人类告别了旧石

---

① ［美］斯塔夫里阿诺斯：《全球通史》，吴象婴、梁赤民、董书慧等译，北京大学出版社2005年版，第23页。

② ［美］斯塔夫里阿诺斯：《全球通史》，吴象婴、梁赤民、董书慧等译，北京大学出版社2005年版，第5—7页。

器时代，跨入新石器时代。人类对大自然的依附性在人类社会的各个方面都留下了印记。但是，当人类拥有划时代的新发现——不仅靠采集食物，而且通过栽培植物也可养活自己时，这一依附性大大减弱了。新石器时代的人不再是用打制法，而是用磨制法制作石头工具；他们的食物来源大半甚至全部是靠栽培植物和畜养动物，而不是靠狩猎或采集。这两方面的变化，以后者重要得多。新石器较旧石器要更锋利、更经久耐用；新石器时代末期的重大发明如犁和轮子正是由于经过用磨过的石头制成的各种切削器的加工，使用起来才极为便利。早在农业革命之前，人们已普遍了解促使植物生长的方法，史前时期的人类是在与现代原始人相仿的环境下获得有关动植物的知识的。可以栽培的植物和可以驯养的动物也出现了，尽管为数较少。农业首先在那些少数有可以驯服的动植物地区成为主业。在驯化过程中，野生动植物长得越来越大，从而提供了越来越多的食物。靠捕猎为生的原始人花费越来越多的时间去做食物生产者，而不是食物采集者，最后他们演变成了居住在村庄中的农民。[1] 也就是说，新石器时代人类生产方式的转变，使得人类居住状态也出现了较大变化，人类生产与居住进入固定化的状态，村庄聚落形成。

二、城市形成后的城乡关系

人类生产与居住的条件不断完善，最终形成了高度集中的状态，即城市形成。在城市形成后，城乡关系发生了较大变化，构成了人类居住发展史上的第四阶段。

公元前3500—公元前3000年间，先是在尼罗河流域，然后是两河流域，出现了人类历史上最早的一批城市。公元前3000年左

31

---

[1] ［美］斯塔夫里阿诺斯:《全球通史》，吴象婴、梁赤民、董书慧等译，北京大学出版社2005年版，第25页。

右，埃及形成统一的王国，定都在提尼斯，以后又建新都孟菲斯。公元前 3000—公元前 2500 年，两河流域的苏美尔地区开始了最初国家的形成过程，出现了很多城市国家，重要的有埃利都、乌尔、乌鲁克、拉伽什等。这些早期城市国家是由几个地区围绕一个中心城市联合而成的。在尼罗河和两河流域文明共同影响之下，公元前 2000 年左右，在小亚细亚的赫梯和地中海东部沿岸的腓尼基也开始有城市出现。腓尼基诸城有发达的手工业和商业，与埃及、克里特等地发生着商业往来。约在同时，东地中海上的克里特岛上也开始出现城市文明。印度河流域是人类文明的又一发源地。1922 年，先是在信德地区的摩亨卓达罗，后在西旁遮普的哈拉帕发现古城遗址，它们被统称为哈拉帕文化。这两个城市成为世界上已知的最早的城市。哈拉帕时期的居民主要从事农业，但手工业和商业也相当发达。城市有又高又厚的城墙，并占据相当大的面积。在公元前 2000 年前后，这两个城市进入繁荣期，人口估计为 2 万左右，是当时世界上最大的城市之一。中国也是世界城市文明的发源地之一：约公元前 2500—公元前 2000 年，出现城市的雏形；公元前 2000—公元前 1600 年间出现城市。美洲和非洲作为另两个城市发源地，城市的出现略晚一些。总之，公元前 3000—公元前 1500 年，是世界上城市产生的主要时期。在亚欧非大陆上，从西部到东部，城市文明蓬勃地兴盛起来，城乡之间的界限或区分不是很明显。

从公元前 1000 年以后至公元 5 世纪罗马帝国衰亡为止，欧洲产生了光辉灿烂的希腊、罗马文化，这一文化的出现是与城市的发展息息相关的。在亚欧大陆的另一端中国，产生了可以与之媲美的春秋战国及秦汉文化，同样是以城市的发展为主要标志。公元前 8—公元前 6 世纪，希腊各地社会生产力有了很大发展。尔后，随着与地中海沿岸各国的贸易往来，商业也大大发展起来。这些因素促进了希腊奴隶制关系和阶级分化的发展，城邦国家也一个接一个地出现了。希腊城邦还通过移民在希腊以外的地方建立移民城邦，将城市文明扩散到地中海西部和黑海地区。在新建立的移民城邦中，包括意大利的那不勒斯、叙拉古，高卢南部的马赛利亚，黑海南岸的西诺普等，它们都是重要的工商业中心。雅典位于希腊东南沿海的阿提卡平原上，这里有肥沃的农田、大片的黏土（用以制造陶器）、丰富的银矿和曲折的海岸线。这种良好的地理条件使雅典的人口、权力和威望大大发展起来。雅典的人口超过了 40 万，其贸易往来远达埃及、南俄罗斯、利比亚、意大利和法国南部沿海地区。古希腊城市是早期城市的典型，其特点是：第一，大多数坐落在有利于农业、防御和贸易的地方；第二，大都有城墙环绕；第三，从富人住宅的周围一直延伸到城墙的地带是非富人居住的地方；第四，商人和工匠住在他们工作的地方，这里称为市；第五，城市统治其周围的农业土地，从农民那里取得粮食，作为回报，城市保护农民不受侵犯。此后，尽管在15世纪至17世纪城市发展较为迅速，但是，在产业革命之前，世界城市人口占全部人口的比例仍很低，世界人口的绝大部分还分散在广大农村地区。18世纪60年代，产业革命促进机器工业迅速发展，促使人口向城市迅速集中。不仅如此，工业化还带动了第三产业的长足发展，同时为现代化大农业生产方式的确立提供了技术保障。在当时，世界城市人口也只占世界总人口的 6.5%。由此可见，农村是城市的摇篮，农村的发展推动了城市的诞生。在工业革命以前，城市化总体上呈现一种低水平扩张的相对稳定状态，城乡互相依存。

前工业化时期的城乡关系主要有以下三个特征：在经济上，古代城市依赖于农村。在古代，农村是整个社会财富创造的源泉，不仅从事农业，而且还从事相当大部分的手工业和商业。农村为整个社会提供了最基本的生活需求。而城市则很少从事物质生产活动，城市居民所需的大部分物质财富都来源于农村。在政治上，古代城市统治着农村。城乡之间是一种政治上的隶属关系。古代城市是朝廷、各级官吏、贵族的聚居地，乡村则是广大农民的聚居地，城市与乡村是统治与被统治的关系。但这种关系不是城乡居民之间的对立，而是统治阶级和被统治阶级之间的对立。"城乡分离的实质是统治阶级和被统治阶级之间的对立，国家组织与领土内居民的对立，一切都渲染着浓厚的政治色彩。村社向城堡、都城的统治者纳贡，以及城堡、都城的统治者组织村社兴修水利等经济活动，也与政治统治者有着不可分割的联系。"[1] 在空间上，古代城市和农村仍然处于混沌合一阶段，城乡之间的分化尚处于萌芽状态。古代城市还没有独立的经济职能，"在古代社会，城市连同属于它的土地是一个经济整体"。因此，此时的城乡关系表现为浑然一体的城乡统一，城市在经济上是乡村的附庸，只是作为政治、军事的据点而存在，对农村有强烈的依赖。城乡间除了统治阶级和被统治阶级的对立之外，古代城乡居民的生活方式和社会地位还没有出现重大的分化，城乡关系整体上表现为混沌的统一。[2]

34

第二节　第二阶段：城乡分离

在这一阶段，工业革命加快了城市化进程，城乡逐渐分离、对立。工业革命于 18 世纪中期首先在英国爆发，工业化的迅猛发展大大加快了城市化的进程。这种急剧推进的城市化，一方面通过提供不断增长的工业就业机会而吸引越来越多的农民进入城市，另一方面也不可避免地造成了"被动城市化"[3] 现象。工业化和城市

---

① 《马克思恩格斯全集》第 46 卷（上），人民出版社 1979 年版，第 480 页。

② 马军显：《城乡关系：从二元分割到一体化发展》，中共中央党校博士论文，2008 年，第 13 页。

③ 这里的"被动城市化"，不是指城市化类型中与"主动城市化"相对应的"被动城市化"，而是特指农民主观上不愿意被城市化或还没有做好城市化的准备，但由于受各种客观因素的影响而不得不放弃农业生产方式和乡村生活方式，最终被迫融入城市的过程，准确地说是"被城市化"。

化侵占了城郊农民的土地，迫使这些农民放弃农业生产方式和乡村生活方式，作为"被动城市化群体"而卷入城市生活，艰难地进行生活空间从乡村到城市、社会身份从农民到市民的转变。这一阶段，工业革命所引起的城市化导致城乡分离进一步强化，出现了严重的城乡对立问题，城市剥削农村、城市统治农村的格局最终形成。

一、被动城市化阶段——失地农民被动成为产业工人的过程

被动城市化伴随着世界工业化进程，其核心特征表现为失地农民被动成为产业工人的过程。

我们以城市化率先发展的英国为例考察这一过程。英国城市化的发生，是多种动力机制起作用的结果——农业革命加速了生产者与生产资料相分离，大量农民脱离了土地，许多村庄荒芜，出现了资本主义大农场和大量无地农业雇工，为城市工业提供了充足劳动力；商业革命使英国成为世界贸易中心，国际市场的建立带来了人口向城市的大规模迁移和流动。但是，在诸多动力共同作用的机制中，只有工业革命及其引起的工业化，才是英国城市化进程的核心动力。

表1-1　英国16、17世纪城市人口占总人口比重

(单位：%)

年份	1520	1600	1670	1700	1750	1801	1851
比例	5.25	8.25	13.5	17.0	21.0	27.5	51.0

由表1-1可以看到，英国城市化在1801年至1851年期间实现了"起飞"，城镇人口比例由27.5%增至51.0%，同期英国5000人以上的城镇由106座增加到265座。

工业革命导致小城镇迅速发展为大城市。英国的棉纺织部门

最早采用机器进行生产，并且发展迅速。1813年英国有动力织布机2400台，1820年就达14000台，1829年为55000台，1933年达到10万台。机器的广泛应用，不仅使生产规模不断扩大，还促使城镇的范围不断拓展，并迅速发展为大都市，如格拉斯哥在18世纪末还是一个默默无闻的小城镇，但到1831年已成为人口达到二十几万的大工业都市。与此同时，工厂制度迅速发展，从1777年建立第一个工厂算起，到1835年全国已有棉纺织厂1262家。工厂的广泛建立，不仅使生产规模进一步扩大，而且有力地推动了英国城市化的进程。如曼彻斯特，1835年它的活动地域聚集了棉纺织工业80%的工人，1840年这一比例则上升到85%。曼彻斯特的居民由1801年的7.5万增加到1871年的35.1万。[1] 表1-2反映了产业革命后19世纪上半叶英国主要城市人口增长的情况。随之而来的是英国农业劳动力占比的下降：农业、林业和渔业所占用的劳动力，由先前占总劳动力的40%以上，到1801年降为35.9%，1851年降为21.7%，1901年降为8.7%。[2]

表1-2　英国主要大城市人口的增长

（单位：万人）

年份 城市	1801	1811	1821	1831	1841	1851
大伦敦	1117	1327	1600	1907	2239	2635
伯明翰	71	83	102	144	183	233
曼彻斯特	75	89	126	132	235	303
利物浦	82	104	138	202	285	376
格拉斯哥	77	101	147	202	275	343
利兹	53	63	84	123	152	172

---

[1]　朱攀峰：《中国新型城市化道路选择研究》，中共中央党校博士论文，2009年，第39页。

[2]　高德步：《英国工业化过程中的农业劳动力转移》，《中国人民大学学报》1995年第3期，第21—26页。

年份 城市	1801	1811	1821	1831	1841	1851
谢菲尔德	46	53	65	92	111	135

注：大伦敦位于英格兰东南部，是英格兰下属一级行政区划之一，范围包含英国首都伦敦
　　及其周边的卫星城镇。
资料来源：巴顿：《城市经济学》，上海社会科学院城市经济研究室译，商务印书馆 1984 年
　　版，第 18 页。

　　工业化促使城市手工作坊转变为工厂，城市由原来的商品集散地转变为工业生产集中地，非农人口逐渐向城市集中并最终超过农业人口，城市化成为近代工业化的产物。以美国为例，工业化是美国城市化的直接动力。受欧洲工业革命的影响，美国工业生产技术和生产手段得到提高，商业更加组织化，农业生产率以及农业生产能力有了很大提高，随着农业对劳动力需求的减少，农村人口向城市的移民促进了城市化进程。与此同时，高水平的农业生产可以满足不断增长的外来移民的需求，给新工厂的工人提供充足的食品，加速了城市的发展。工业化促进了美国的城市化，产生了一大批工业城市、矿业城市、能源城市、交通枢纽城市，由波士顿、纽约、费城、巴尔的摩、匹兹堡、克利夫兰、底特律、芝加哥等城市组成的制造业经济带成为美国的经济中心，这个中心的产业扩散带动了其他地区的工业发展，从而促进了中西部地区的工业化与城市化进程。工业化的启动以及国内市场的扩大使城市数量迅速增加、城市规模逐渐扩大，城市空间结构也随之发生显著变化。美国经历了两次工业革命，与此同时，美国的城市化进程也出现了两次高潮。第一次是 1790—1830 年，1790 年，纽约是美国最大的城市，人口只有 3 万多。此后，美国东北部地区燃起了工业革命的星火并带来了本地区的繁荣，推进了城市化的起步。1790 年全国城市化率为 5.1%，东北部地区为 8.1%，到 1830 年全国为 8.8%，东北部

地区为 14.2%，2500 人以上的城市数目为 90 个，一个城市系统在美国初步形成。第二次是 1860—1920 年，这个阶段美国城市网迅速向西扩展，一批城市化程度很高的经济中心在工业化的基础上先后形成。到 1910 年，西部城市化率为 47.9%，中北部区为 45.1%，东北部区已达到 71.8%，而南部稍低，只有 22.5%[①]。到了 1920 年，城市人口超过了农村人口，城市化率达到 51.2%。

从工业化过程中的城乡关系来看，在工业化前期，城乡关系主要表现为农业部门对工业部门的贡献，农村为城市的发展提供了最初的资本原始积累。农业除了为整个社会提供了生活必需的粮食之外，还为城市工业的发展提供原材料及源源不断的廉价劳动力和大量的资金支持。农村为城市工业所生产出来的商品提供了广阔的市场。但在不少发展中国家，农村农业的发展并未得到政府的足够重视，生产力落后，农民的生活水平很低，这就造成农村人口的购买力低下，农村市场萎缩。在工业化过程的中后期，城乡关系开始发生重大变化。首先，城市工业的迅速发展为农业部门提供了先进的技术和新的观念，从而促进了传统农业的改造，推动了农业现代化的历史进程；其次，城市工业经过长期的高速发展和积累，逐渐成熟并成为国民经济的绝对主体，其完全可以靠自身而获得进一步的发展，城市工业这时就可以通过资金、技术的支持，国家可以通过政策、体制的倾斜反哺农村发展。在各国工业化过程中是一个共同的趋势。[②]

二、主动城市化过程——城乡之间收入差距导致的城市化过程

发展经济学家刘易斯（Lewis，1954）、费景汉（Fei，1964）

---

① 杨雁：《工业革命时期美国城市化道路评析》，《牡丹江大学学报》2008 年第 8 期，第 84—86 页。

② 马军显：《城乡关系：从二元分割到一体化发展》，中共中央党校博士论文，2008 年，第 14 页。

经典的二元经济结构理论表明，在经济发展的初级阶段，由于农村存在劳动力剩余，城市部门工资提高时不会立即影响到农村，城乡收入差距将不断扩大，收入差距扩大在农村剩余劳动力被城市吸纳完毕后停止。从现实来看，城市化发展到一定时期，特别是在加速发展时期，城乡出现分化，世界城市化进程中出现了城乡差距不断扩大的情形。随着城乡收入差距扩大，在经济因素刺激下，农民等经济主体不断向城市流动或迁移，进一步推动城市化。

从英国城市化的历程来看，农业劳动生产率迅速提高，农业产值比例和从业人口比例迅速降低，城市以前所未有的速度发展。工业革命导致大机器工业生产方式的出现，迅速改变了城市的性质，使之由军事性、商业性、政治性和相对封闭性的城市变成国家开放型的经济中心。同时，在工业化和城市化的旗帜下，先进的文化意识、生产方式和生活方式、先进的技术和方法不断向农村扩散，最终导致了农业革命，确立了大农业生产方式。农业劳动率的大幅度提高，为大量的人口从事非农生产活动创造了条件。大机器的出现改变了原有落后的、分散的生产方式，确立了规模效益、聚集效益和比较优势的改变；制造业革命大大提高了劳动生产率，高质量的新产品不断涌现，社会需求迅速提高，导致供需市场容量不断扩张，高利润率、高工资以及现代城市生活吸引大量人口从农村奔向城市。科学技术和经济发展相互促进，使城市功能不断完善，城市"扩散效应"（Spreading Effects）和"回流效应"（Baekward Effeets）不断增强。从 18 世纪 50 年代的产业革命开始，英国用 90 年的时间成为世界上第一个城市人口超过总人口 50% 的国家①，基本上实现了城市化。从 1750 年到 1800 年，英国的城市化水平从 17%—19% 提高到 23%，1839 年，英国城市化水平超过了 40%，到 1851 年，英国城市人口首次超过了农村人口，城市人口比例达

39

① 乌卜沧萍：《世界人口》，中国人民大学出版社 1983 年版，第 365 页。

到 51%；同时期世界其他国家主要城市人口分别为：底特律，38 万人；汉堡，89 万人；慕尼黑，50 万人；科隆，43 万人；巴黎，333 万人。

大城市的发展不仅仅表现为人口规模的扩张，更主要的是生产规模的扩张。以美国为例，1920 年东北部城市化率已达 75.7%，属于高度城市化，此后城市化进程缓慢，而西部和南部一直保持旺盛增长势头，到 20 世纪 70 年代南部地区城市化率达到 64.6%，西部地区则为 82.9%，超过美国东北部地区。1920 年以后，美国城市就业结构不断发生变化，农业就业人口不断下降，从事制造业、建筑业、交通和通讯业、商业和个人服务业的就业人口比重不断上升。从小城镇发展来看，以美国为例，1790 年、1840 年和 1890 年的城镇数目分别为 24 个、131 个和 1384 个，但是，小城镇拥有的人口占城市人口的比重稳定在 19%—22%。表 1–3 反映了 1800 年至 1990 年美国城市化的扩张过程。

表 1–3　1800—1990 年美国城市化的历史沿革

年份	人口 5000 以上的城市数目	总人口（单位：百万人）	城市人口比例（单位：%）
1800	21	5.3	5.2
1810	28	7.2	6.3
1830	56	12.9	7.8
1850	147	23.2	13.9
1890	694	62.9	31.5
1900	905	75.9	35.9
1910	1202	91.9	41.6
1920	1467	105.7	47.1
1930	1803	122.7	52.3
1940	2042	131.6	52.7
1960	3293	179.3	59.8

续表

年份	人口 5000 以上的城市数目	总人口 （单位：百万人）	城市人口比例 （单位：%）
1980	5084	226.6	66.2
1990	5831	248.7	71.2

资料来源：王春艳：《美国城市化的历史、特征及启示》，《城市问题》2007 年第 6 期，第 92—98 页。

在城市化进程中，发达国家工业的发展带动了交通运输、银行金融、文化教育、服务等行业的迅速发展，刺激了对劳动力的大量需求，而靠城市人口自然增长又满足不了这一需求，于是吸引了农村人口进入城市；而发展中国家，则是由于人口，尤其是农村人口增长太快，发展缓慢的农村经济容纳不了更多的劳动力，导致越来越多的人口从农村流入城市寻求生计。在这一过程中，发展中国家由于城市基础设施建设尚不完善，人口向城市过度集中造成巨大的、严重的社会问题。比如，发展中国家生活在官方确定的贫困线下的城市人口占 27.7%。他们大多生活在缺水、缺电的贫民区或棚户区，拥挤，通风和污水排放条件极差，使这些地方成为各种传染病的温床。城市住房的缺乏是造成社会不稳定的主要因素之一。不断增加的城市人口使供水日益困难，许多城市过度抽取地下水造成地面下沉，威胁到了城市设施的安全。由于工业生产和交通运输的集中，一些大城市空气和水污染严重。

第三节　第三阶段：城乡融合

从城乡关系角度来看，在经历了前两个阶段后，城乡逐渐融合，最终实现城乡发展一体化。随着经济社会的发展，被动城市化逐渐转变为主动城市化，城市化的带动作用不断加强，进而取代工

41

业化而成为推动经济社会发展的首要因素。与此同时，城市化推动着城市各个方面的协调发展和城市功能的完善，并通过其渗透、辐射作用，带动农村地区的发展。在此基础上，城市和农村的各自优势和作用得到充分发挥，教育、医疗、社会保障等公共资源在城乡之间获得均衡配置，劳动力、资金等生产要素在城乡之间实现自由流动，城乡互为资源、互为市场、互相服务、功能互补、协调发展，城乡经济社会逐渐融合，最终实现城乡发展一体化。因此，从城乡关系演进的三个阶段来看，城乡发展一体化不仅是城市化的最高阶段，而且是人类社会发展的必然趋势。

一、被动融合阶段——以制度变迁推动城乡融合

城市化过程中出现了城乡分离与分割的状态，造成严重的城乡二元结构，影响经济社会协调发展。所以，很多国家在城市化发展到一定阶段后，主动通过制度变迁或政策体系的调整，缩小城乡二元差距，推动城乡融合。

在城市化加速发展时期，城市形成极强的吸引力，但农村向城市转化仍障碍重重。由于在这个阶段城市容量低，城市第二、第三产业的劳动力吸纳能力差，但是农村人口增长无论是基数还是速度都很高，因此，如果不设置一定壁垒，农民无序涌入城市，将会加剧"城市病"。但是，政府采取的"城市偏向"政策，不仅进一步吸引农民进城，更在思想上造成了"乡村歧视"，一方面为农民在城市的生活增添障碍，另一方面加剧了农民摆脱农村的决心。此外，如果没有自然资源作为保证，一个非资源指向型的新城市的兴起需要时间的积淀、资金的积累、人才的积聚，这样的城市在初期对农民的吸引力远不如大城市，对资金和人才要素的吸引力更是微乎其微。因此，在这个阶段的城市化过程中，通常表现为城市规模大、首位度高、座数少。一座大型城市是一个地区内的经济增长中心，这个中心持续吸引周边地区的资金和人口涌入，最终很可能导

致大都市的诞生。这样，一国的经济增长压力分布在有限的城市中，若超过其承载能力，不可遏止的城市化潮流与庞大的人口压力会导致人口爆炸，从而带来严重后果。

由于受到来自城市各阶层的压力，政府当局通常会采取城市偏向的制度。原因在于，后发国家都面临着经济增长的压力，都有相应的赶超目标，发展中国家的领导人坚信，工业部门是经济迅速增长的催化剂，为了实现经济增长的目标，就选择了牺牲农业发展工业的工业化发展战略，配合这一战略的是城市偏向的制度。也就是说，发展中国家领导人在城乡利益关系上的制度偏好是城市偏向。领导人的制度偏好之所以能够实现，还与发展中国家的政治结构有关。李普顿（Lipton，1977）、贝茨（Bates，1981）从发展中国家的政治结构出发解释了城市偏向制度为什么能够成为现实并被执行下去。他们认为这主要是因为发展中国家的政治结构造成城乡居民在政治谈判地位和政策影响力上面存在着严重不对等。城市居民比农村居民具有更高的政治谈判地位和政策影响力。这样，在城市阶层的压力下，许多制度和政策就不合理地偏向城市。发展中国家的农村人口多于城市人口，占人口多数的农民缺乏政治力量的原因在于他们居住分散和生产规模狭小。由于居住分散，导致农民在采取集体行动时，需要付出很高的沟通成本；由于生产规模狭小，导致单个农民的产品只是农业产出的微小份额，每一个农民通过谈判获得的经济利益有限，于是寄希望于别人谈判而自己"免费搭车"，结果造成农民缺乏参与政治的动力。

具体来看，城市偏向制度表现为：第一，经济资源分配制度上的城市偏向。以中国农业财政支出占国家财政支出的比重为例，长期以来，农业财政支出占国家财政总支出的比例远低于农业在国内生产总值中的比例，前者仅仅是后者的1/2—1/3，与农业在国民经济中的地位与作用不相称（孙立平，2003）。根据《中国农业统计年鉴》和《中国统计年鉴》的数据，可以发现，作为一个农业人口

43

占绝大多数的国家，我国农业支出占国家财政支出的比重在多数年份不足 10%。即使在"九五""十五"期间，除 1998 年外，国家财政用于农业的支出占财政支出的比重仍然不足 10%，并且存在下降趋势。第二，城乡交换制度上的城市偏向。城乡交换制度安排上的城市偏向体现在价格制度的设计上。在城乡交换中，通过一系列制度安排，人为压低农产品价格、农村土地价格和农村劳动力价格，通过价格的"剪刀差"实现农村向城市、农业向工业、农民向市民的"输血"。政府通过扭曲农产品价格和生产要素价格，创造一种不利于农业、农村和农民的政策环境，获取农业剩余以补贴工业建设。第三，再分配制度上的城市偏向。再分配制度安排上的城市偏向，主要表现在两个方面：一是城乡居民在税负承担上的城市偏向，即收入低下的农民长期承担了超过收入较高的城市居民的税赋；二是社会福利和社会保障制度严重向城市倾斜，最需要得到救济和保障的农村居民成为被遗忘的死角。税收、价格、投资等政策直接影响着城乡经济的发展和城乡居民的收入水平，在这些政策上的城市偏向必然导致城乡收入差距的扩大。

44

城市偏向制度属于强制性制度安排，它是在政府主导下形成的，体现了政府的意志和利益要求。比如，我国的城市偏向制度是在新中国成立初期通过国家制定的一系列有利于工业、有利于城市的法规、政策而形成的，它的出现源于重工业优先发展的战略对该制度的强烈需求。20 世纪 50 年代，我国选择了重工业优先发展的工业化道路，重工业的发展要求大量的资金支持。在工业基础薄弱、工业自身积累能力有限的条件下，农业的"剩余"成为工业快速发展所需资金的重要来源。同时，资本密集型的重工业对劳动力的需求有限，为了保证城市劳动力的就业，就必须限制农村人口向城市的自由流动。重工业优先发展的战略要求实施城市偏向的制度安排。

由于路径依赖的作用，城市偏向的制度一旦形成，就会不断得到自我强化。路径依赖是指具有正反馈机制的体系，一旦在外部偶然性事件的影响下被系统所采纳，便会沿着一定的路径发展演进，而很难被其他潜在的甚至更优的体系所替代。比如，在改革开放前，我国政府不仅是城市偏向制度最初的供给者，也是该制度的最大需求者。路径依赖下制度变迁的方向与政府的需求相一致，在路径依赖和政府推动双重作用下，城市偏向的制度一直处于不断强化过程中。路径依赖会导致不同的结果。一种情况是某种初始制度选定后，具有报酬递增的效果，促进了经济的发展，其他相关制度安排向同方向配合，导致有利于经济增长的进一步的制度变迁。这是一种良性的路径依赖。另一种情况是某种制度演变的轨迹形成后，初始制度的效率降低，甚至开始阻碍生产活动，那些与这种制度共荣的组织为了自己的既得利益而尽力维护它。此时社会就会陷入无效制度，进入"锁定"（Lock-in）状态。这是恶性的路径依赖。也就是说，一种制度形成以后，会围绕该制度形成一个既得利益集团，他们对该制度有强烈的需求，进而要求巩固和强化该制度，即使有新的更有效的制度他们也仍会忠于该制度。

所以，改变城市偏向的制度安排对于实现城乡之间初次分配的相对公平十分重要。其中，改变城市偏向的经济发展战略，改革二元户籍制度，推动劳动力自由流动以及公共政策调整，在缩小城乡收入差距方面具有根本性的作用。因此，需要确立城乡一体化发展和城乡平等发展的制度及政策体系；改善户籍制度，允许农民自由流动；建立社会保障制度；农村土地制度必须体现农民作为农村财产所有者的权益，使土地成为农民真正的财富等。

二、主动融合阶段——通过城乡产业联动

在解决了由制度因素导致的城乡分割，以及取消了城市偏向政策后，城乡间的互动和联系趋于正常，特别是在市场机制的作用下，要素在城乡之间自由流动、企业受利益刺激，在不同区域进行

区位选择，进而促进产业在城乡之间的互动，呈现出在集聚中扩散的格局，最终在城乡之间形成相对比较稳定的产业分布格局。城乡之间在被动城市化阶段已经采取的公共服务均等化战略基础上，随着城乡之间的产业联动，最终实现城乡之间市场一体化、产业一体化、生活方式一体化。

城乡市场一体化发展必然会带来土地、资金、劳动力等生产要素在城乡之间的自由流动，但当前我国城乡资源要素配置存在诸多问题和矛盾，抑制了城乡一体化的发展。城乡资源要素的合理流动和优化配置，是统筹城乡发展的重要任务，也是实现城乡一体化发展的基础，城乡之间资源占用、流动和组合的情况，直接决定着城乡一体化发展的进程与效果。库兹涅茨（1955）在继承了刘易斯二元经济假设前提下，利用库兹涅茨曲线（Kuznets Curve，也称倒 U 曲线）分析城乡发展差异与经济增长率之间的关系，认为城乡资源配置从隔离不均到流通均衡是出现倒 U 曲线的原因；[1] 张泓（2007）、赵彩云（2008）等学者指出，只有健全市场配置城乡要素的机制，促进城乡之间的要素合理流动和优化配置，才可能实现城乡一体化目标；[2] 杨晓娜、曾菊新（2004）指出，城乡要素已由城市流向乡村或由乡村流向城市的单向流动发展成为城乡之间各种要素网络化的双向互动，对区域城市化的发展发挥着极其重要的作用。[3] 在研究单一要素流动配置对城乡经济发展的影响方面，李文政（2006）认为在城乡一体化进程中，人力资源的配置是建设城乡经济社会发展一体化新格局的关键问题之一，劳动力边际生产力

[1]　Kuznets, S., "Economic Growth and Income Inequality", *American Economic Review*, Vol.45, 1995, pp.1-28.

[2]　张泓、柳秋红、肖怡然：《基于要素流动的城乡一体化协调发展新思路》，《经济体制改革》2007 年第 6 期，第 100—103 页。

[3]　杨晓娜、曾菊新：《城乡要素互动与区域城市化的发展》，《开发研究》2004 年第 1 期，第 83—85 页。

的明显改善是我国经济增长的一个重要源泉;[1] 黎翠梅（2009）指出，东部和中部地区的农村金融发展影响农村经济的发展，而在西部地区并非如此。[2] 就目前而言，城乡之间劳动力、土地、资本的流动障碍最大。对于城乡劳动力转移而言，受到城乡户籍分割的影响，农民工进城变成真正的市民困难重重，而城市劳动力流向农村又会受到生活条件、公共服务等因素的制约，意愿不强。在土地流动方面，我国土地资源市场配置制约大。现行法律政策对农村集体土地流转有着严格的规定限制，从而制约着农民利用土地资源来换取农村相对稀缺的资金。在资金流动方面，长久以来，城乡之间的资金流动状况是资金从农村流向城市，造成农村资金越来越缺乏的局面，这也成为制约农村经济快速发展的巨大障碍之一。要实现城乡市场走向一体化，就要破除阻碍城乡之间要素自由流通的各种障碍，建立城乡间平等合理的要素市场，促进城乡之间各要素自由流通。

城乡产业一体化是我们解决城乡二元经济结构问题，最终实现城乡一体化的重要途径。城乡产业发展一体化不是城乡产业发展同质化，它要求加速区域经济的协调发展，实现农业、工业和服务业的协调发展，使城乡经济相互促进，为城乡协调发展提供坚实的物质基础，最终实现共同繁荣。

城乡产业一体化首先必须重视农业产业，必须加快农村土地规模化集中，以农业产业基地为依托，强力推进农业产业化，进而为工业和服务业的发展提供支撑。根据市场需求和农村自身资源禀赋特点，适时发展具有高附加值、高品质的种植、畜牧、养殖品种，延伸农村地区农产品生产加工的产业链条，重点培育农业产业

47

---

① 李文政：《城乡一体化与人力资本配置问题探究》，《安徽农业科学》2009 年第 5 期，第 2260—2262、2264 页。

② 黎翠梅：《农村金融发展对农村经济增长影响的区域差异分析》，《湘潭大学学报（哲学社会科学版）》2009 年第 5 期，第 75—80 页。

支柱作为农业增效、农民增收、农村稳定的支撑。在生产经营方面，采取企业支持、示范带动、合作经营、规模促进产业、效益推动规模的方式，发展特色农业，面向市场，走农业产业化、市场化道路。

其次，要通过市场调节与政府调控相结合的方式，大力促进城乡工业协调发展。根据城市与农村各自的技术经济实力以及资源禀赋状况，按照各自的比较优势形成合理分工，即城市要围绕已经形成的装备制造、高新技术等资本密集型与技术密集型产业，加快发展强势产业群，将大部分劳动密集型工业、农产品加工业等向城乡结合部的县城、小城镇、开发区转移和集中；农村则承接城市转移出来的劳动密集型产业，大力发展农产品加工业，提高农业资源的利用率和加工深度。此外，打造专业产业园区，以配套设施齐全的专业产业园区为载体，大力推进产业集聚，在产业集聚过程中促进城乡产业的融合。

最后，协调配置服务业资源。以信息、商贸、物流、金融业为重点，要鼓励和引导城市服务业向农村延伸，拓展农村服务市场。在信息领域，以信息网络建设为基础，以信息技术应用为重点，提升农村地区网络和技术水平，加快推进农村的经济社会信息化进程。提高广播、电视覆盖率，提高计算机的拥有量和普及率，努力实现城乡信息产业一体化目标。在商业贸易领域，建设城乡商贸流通中心，在广大农村地区构建起覆盖全区、局部集中的商业网络结构。鼓励连锁超市向农村延伸，千人以上农村建成小型超市，在农村地区形成商品较为齐全、购物便利化的商贸中心。在物流领域，积极引导物流企业拓展农村业务，提升农村地区物流服务水平。截至目前，农村地区仍是我国物流运输的薄弱环节，而同时我国电商企业的进一步发展离不开农村地区物流业的发展，做好从商家到农户这短短的最后一步对于农民依托电商发展农业、信息化服务农民生活十分关键。因此，要进一步完善综合物流运输网络，构建适应现代化物流业发展需要的安全、快速、畅通的现代化运输网络，促进城乡间生产要素的流通，加速现代文明和先进服务业向农村扩散，促进城乡共同繁荣。在金融领域，鼓励各大金融机构开拓农村业务，大力发展农村金融。自20世纪90年代末四大国有银行撤离农村后①，融资难、借贷难等问题一直困扰着农村居民的生产生活。应积极推动国有银行重返农村，鼓励商业银行开展农村业务，同时支持政策性银行在农村地区开展便农、惠农的金融业务，解决农村居民融资借贷难问题，以实现城乡间金融发展均衡化，为促进农村经济更好的发展保驾护航。

后工业化时期，城乡关系典型地表现为城乡一体化，城市和农村相互依赖、相互促进、共同发展、共同繁荣。其实质在于城乡之间生产要素的自由流转，在互补性基础上，实现资源共享和合理配置。需要指出的是，城乡一体不是城乡一致，农村不是城市社会在农村地区的简单复制或模仿，而是农村社会基于自身的特点形成与城市本质上相似、水平上接近的发展形态；不是城乡之间的界限完全消失，而是在劳动方式、生活方式和文明水平趋于一致基础上的新型城乡关系的建立。②"随着生产力的发展，农业技术现代化、农业服务社会化、农业劳动知识化程度不断提高，城乡差别、工农差别、脑体差别大为缩小，尤其是农村小城镇的迅速发展和日益现代化，形成一批新兴的城镇，有力地推动了农村生活质量和社会环境日益趋向城市化，大量农民有条件由农村向城市转移。随着现代生产力的集中，从而使城市化水平不断提高。随着大城市承载能力的日趋饱和，产业和劳动力又不断从大城市向农村尤其是小城镇转移扩散。这两种趋势的汇合，使城市和乡村向一体化迈进。"③由此

49

①《国有商业银行的退出与回归之路》，中国财经报网，2009年4月2日。

② 陈国灿：《江南社会农村城市化历史研究》，中国社会科学出版社2004年版，第70页。

③ 国家统计局城市社会经济调查总队：《2004年中国城市发展报告》，中国统计出版社2005年版，第29页。

实现"融合式的城乡一体居住"的目标，关键在于完成"两个结合"：第一，将城市居住与农村居住结合起来，将城市现代化居住方式中的积极因素和农村原生态居住方式中的优秀因素结合起来，实现城乡居住条件和生活方式一体化；第二，将城市生活文化同农村生活习俗结合起来，重拾城市化中丢失的文化遗产——人文关怀，探寻一种新的具有传统文脉的城市居住模式。

第二章　国外城乡关系的演进及启示

马克思主义经济学认为，人类社会城乡关系的演进要经历城乡依存、城乡分离、城乡融合三个阶段，这可以从一些国家的城乡关系演进历程得到印证。工业革命以前，城乡相互依存，农村的发展推动了城市的诞生。工业革命后，工业化和城市化加快，城市加速扩张，农村与城市的矛盾日益加剧，形成了城乡分离格局。随着经济社会进一步发展，城市通过其渗透与辐射功能，带动农村经济社会的发展，城乡逐渐融合。本章第一节对城乡关系的演进进行总体的描述，整体考察城乡关系的演进历程。第二节对欧美发达国家（英、法、德、美）、日本、韩国和拉美国家的城乡关系演进历程进行考察，研析这些国家城乡关系的演进特点（尤其是城乡融合的演进）、城乡关系演进中出现的问题等，为我国城乡发展提供借鉴经验。第三节具体论述国外的城乡关系演进历程对我国城乡发展的借鉴经验，可概括为"一融合，两职能，三关系，四均等"。

第一节　城乡关系演进的总体描述

一、城乡关系演进的一般阶段划分

把城乡发展这一命题放到人类社会发展的历史长河中考察，我们不难发现，城乡关系的演进要经历辩证发展的三个历史阶段

(见图 2–1)。①

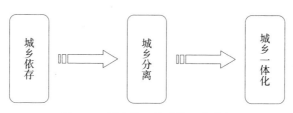

图 2–1　城乡关系演进的三个阶段

第一阶段：农村孕育城市，城乡互相依存。农村既是人类社会发展的产物，又是城市形成与发展的基础。从历史演进的角度考察，人类早期生产与居住的状态经历了四个阶段：第一阶段，人类生产与居住处于流动状态，居无定所；第二阶段，人类生产与居住进入相对稳定的状态，出现了穴居等居住形式，人类的活动范围也相对固定下来；第三阶段，人类生产与居住进入固定化的状态，村庄聚落形成，农业生产活动主要在村庄周围的土地上进行；第四阶段，人类生产与居住的条件不断完善，最终形成了高度集中的状态，即城市形成。由此可见，农村是城市的摇篮，农村的发展推动了城市的诞生。在工业革命以前，城市化总体上呈现一种低水平扩张的相对稳定状态，城乡互相依存。

第二阶段：工业革命加快了城市化进程，城乡分离与对立。工业革命于 18 世纪中期首先在英国爆发，工业化的迅猛发展大大加快了城市化进程。这种急剧推进的城市化，一方面通过提供不断增长的非农就业机会来吸引越来越多的农民进入城市，另一方面也不可避免地造成了"被动城市化"② 现象。工业化和城市化侵占了城

---

①　白永秀、赵伟伟、王颂吉：《城乡经济社会一体化的理论演进》，《重庆社会科学》2010 年第 10 期，第 51—57 页。

②　被动城市化是指农民主观上不愿意被城市化或还没有做好城市化的准备，但由于受各种客观因素的影响而不得不放弃农业生产方式和乡村生活方式，最终被迫融入城市的过程。

郊农民的土地，这些城郊农民被迫放弃农业生产方式和乡村生活方式，作为"被动城市化群体"[①]而卷入城市生活，艰难地进行生活空间从乡村到城市、社会身份从农民到市民的转变。[②]这一阶段，工业革命所引起的城市化导致城乡分离进一步强化，出现了严重的城乡对立问题，城市剥削农村、城市统治农村的格局最终形成。

第三阶段：城乡逐渐融合，最终实现城乡发展一体化。随着经济社会的发展，被动城市化逐渐转变为主动城市化，城市化的带动作用不断加强，进而取代工业化成为推动经济社会发展的首要因素。与此同时，城市化推动着城市各个方面的协调发展和城市功能的完善，并通过其渗透、辐射作用，带动农村地区的发展。在此基础上，城市和农村各自的优势和作用得到充分发挥，教育、医疗、社会保障等公共资源在城乡之间获得均衡配置，劳动力、资金等生产要素在城乡之间实现自由流动，城乡互为资源、互为市场、互相服务、功能互补、协调发展，城乡经济社会逐渐融合，最终实现城乡发展一体化。[③]从城乡关系演进的三个阶段来看，城乡发展一体化不仅是城市化的高级阶段，而且是人类社会发展的必然趋势。

53

二、城乡关系演进的总体图景

城乡关系的演进与生产力发展水平密切相关。生产力的发展推动着人类生产方式与居住方式的变革，城乡关系由此不断演进（见图 2-2）。从旧石器时代到新石器时代再到铁器时代，生产力的发展推动着人类由逐水草而居向定居农业转变，农村与城市由此诞

---

① 张海波、童星：《被动城市化群体城市适应性与现代性获得中的自我认同》，《社会学研究》2006 年第 2 期，第 89 页。

② 章光日、顾朝林：《快速城市化进程中的被动城市化问题研究》，《城市规划》2006 年第 5 期，第 48 页。

③ 杨荣南：《城乡一体化及其评价指标体系初探》，《城市研究》1997 年第 2 期，第 19 页。

生，此时城乡之间是一种互相依存的关系。工业革命的兴起极大地推动了生产力的发展，机器大工业逐渐成为最主要的生产方式，城市化水平不断提高，城乡之间出现了明显的分离与对立。在后工业化时代，城乡经济社会联系日趋紧密，生活条件不断趋同，最终实现城乡发展一体化。

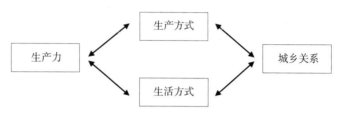

图 2-2 生产力发展与城乡关系演进关系图

在旧石器时代，生产力水平很低，人类生产活动以流动性的采集、狩猎为主，很少有食物贮存，没有出现商品生产和交换，居住地点和居住形式也很不固定。到新石器时代，生产力水平发展诱发了农业革命，原始农业和畜牧业逐渐从采集与狩猎活动中分离出来，人们选择水源丰富、土壤肥沃、气候适宜的地域从事定居农业，从而产生了原始的农业村落。公元前 7000—公元前 6000 年前后，西亚已经出现了一些比较发达的农业村落。[1] 随着农业经济的发展，农业和畜牧业所提供的剩余粮食和剩余劳动力不断增加[2]，人们的交易活动日益频繁，社会协作关系也日益紧密和秩序化，从而出现了城镇。公元前 5000 年前后，苏美尔地区出现了最早的城市——萨利都。[3] 城市是经济社会发展的产物，它作为商业和手工业的主要集聚地，在城乡经济交流中发挥了重要作用。在欧洲中世纪 1000 年的时间里，欧洲缓慢产生了近 1000 个城镇，这些城镇作

---

[1] 高德步：《世界经济通史》（上卷），高等教育出版社 2005 年版，第 36 页。

[2] ［美］刘易斯·芒福德：《城市发展史——起源、演变和前景》，宋俊岭、倪文彦译，中国建筑工业出版社 2005 年版，第 12 页。

[3] 高德步：《世界经济通史》（上卷），高等教育出版社 2005 年版，第 68 页。

为地区商业中心，刺激了经济生活的商业化与货币化。① 但总体而言，在以农业经济为主的发展阶段并不存在真正意义上的城市化，世界各地的城市化水平长期徘徊在 3%—5% 左右，人们大多散居于农村，规模不大的城镇为人们提供了交换剩余农产品的场所，城乡之间是一种互相依存的关系。

18 世纪中期兴起的工业革命极大促进了生产力的发展，引发了资本主义社会的工业化与城市化进程，新的城市不断兴起，已有的城市其规模也进一步扩张，城乡加速分离。领风气之先，在工业革命的推动下，1800 年英国的城市化水平达到 19.2%，是欧洲平均水平的两倍。此后，英国城市化水平一路攀升，19 世纪前 20 年城市人口翻了一番，城市化水平达到 40%。到 19 世纪末，英国已有 70% 的人口生活在城市地区，成为第一个实现城市化的国家。在英国的带动之下，法、美、德、日等资本主义国家的工业化与城市化水平不断提高。第一次世界大战时，美国的城市人口比重达到 40%，而在 60 年前这一比重仅为 5%。②1800—1850 年世界城市人口平均每 10 年增长 16.4%，1850—1900 年平均每 10 年增长 16.3%，1900—1950 年平均每 10 年增长 15.7%。③ 工业革命兴起之后，发达国家经济结构的转变表现出两个基本特征：一是由传统农业经济发展到现代工业经济；二是服务导向型经济迅速兴起。发达国家的城市化与工业化相伴而生，劳动力的"乡—城"流动与经济结构的变动具有一致性，这被称为金斯利·戴维斯的经典城市化曲

55

---

① ［美］罗伯特·L.海尔布罗纳、威廉·米尔博格：《经济社会的起源》（第十二版），李陈华、许敏兰译，格致出版社、上海三联书店、上海人民出版社 2010 年版，第 39 页。

② 世界银行：《2009 年世界发展报告：重塑世界经济地理》，胡光宇等译，清华大学出版社 2009 年版，第 70 页。

③ 黄坤明：《城市一体化路径演进研究：民本自发与政府自觉》，科学出版社 2009 年版，第 68 页。

线理论。① 也就是说，发达国家的城市化是一个平滑的过程。随着工业化的逐步深入，城市非农产业对劳动力的需求不断增加，而农业技术进步也允许农村剩余劳动力向城市转移，因此这一时期存在着从农村到城市的稳定的移民流。

第二次世界大战之后，世界城市化的主流由发达国家转移到发展中国家，拉丁美洲、亚洲和非洲的城市化进程尤为迅速。发展中国家的城市化进程与经典的城市化曲线并不完全相符，这主要表现在：发展中国家人口长期快速增长，就业机会的增长与人口的城乡转型不相适应，少数大城市迅速扩张，城市化水平高于工业化水平。这在拉美国家表现得尤为显著，被称为"过度城市化"。同时，由于医疗卫生条件的改善，发展中国家城市的收入水平和健康指标均优于农村地区，而发达国家在同等收入水平的 19 世纪仅在收入水平上优于农村地区②，这就进一步加大了发展中国家的城市对农村移民的吸引力，城乡发展差距也不断扩大。当前，随着后工业化时代的到来，发达国家的城乡经济社会已经趋于一体化；而受发展阶段和发展路径的制约，发展中国家的城市化进程仍远未结束，城市化问题依然严重，城乡之间存在着较大差距。表 2-1 反映了世界各地区的城市化发展水平。

表 2-1　1925—2025 年世界各地区城市化水平

（单位：%）

年份	1925	1950	1975	2000	2025
世界平均	20.5	29.7	37.9	47.0	58.0
发达地区	40.1	54.9	70.0	76.0	82.3
欠发达地区	9.3	17.8	26.8	39.9	53.5

① 顾朝林：《城市化的国际经验》，《城市规划》2003 年第 6 期，第 20 页。
② 世界银行：《2009 年世界发展报告：重塑世界经济地理》，胡光宇等译，清华大学出版社 2009 年版，第 70—72 页。

年份	1925	1950	1975	2000	2025
欧洲	37.9	52.4	67.3	74.8	81.3
北美洲	53.8	63.9	73.8	77.2	83.3
大洋洲	48.5	61.6	71.8	70.2	73.3
亚洲	9.5	17.4	24.7	36.7	50.6
非洲	8.0	14.7	25.2	37.9	51.8
拉丁美洲	25.0	41.4	61.2	75.3	82.2

注：2025 年城市化水平是预测值。

资料来源：郑秉文：《拉丁美洲城市化：经验与教训》，当代世界出版社 2011 年版，第 4 页。

第二节　国外典型国家的城乡关系演进历程

由于工业革命之前并不存在真正意义上的城市化，因此我们通过选取典型国家和地区，重点论述工业革命以来国外城乡关系的演进历程。

一、欧美发达国家的城乡关系演进历程

在工业革命的推动下，欧美发达国家在世界范围内率先经历了快速城市化过程，成为城乡关系演进的先行者。我们选取英国、法国、德国和美国四个典型的欧美发达国家，论述其城乡关系演进历程。

1. 英国的城乡关系演进历程

近代城乡关系的变迁肇始于英国，工业革命引起了产业结构的重大变化，现代工业取代传统农业而成为国民经济中的第一大产业，由此导致劳动力由农村向城镇非农产业转移，城乡关系也由城乡依存转变为城乡分离与对立。马克思和恩格斯在《共产党宣言》(1848) 中指出："资产阶级在它的不到一百年的阶级统治中所创造

的生产力，比过去一切世代创造的全部生产力还要多，还要大"；"它创立了巨大的城市，使城市人口比农村人口大大增加起来，因而使很大一部分居民脱离了农村生活的愚昧状态"；但与此同时，"资产阶级使农村屈服于城市的统治"①，造成了城乡之间严重的分离与对立。

在工业革命之前，农业一直是英国国民经济的基础产业，1750 年农村人口约占全国人口的 3/4，属于典型的农业社会。18 世纪中期开始的工业革命引发了英国生产方式和经济结构的重大变化，工业取代农业而成为国民经济中的第一大产业，人口就业结构也随之发生重大变化。表 2–2 反映了英国 1801—1955 年国民经济结构的变动情况。随着农村圈地运动的推进和农业生产力的发展，英国农村中出现了大量的剩余劳动力；与此同时，城市制造业、建筑业和服务业创造了大量的非农就业岗位，城市工人的工资收入往往高于农村雇工，加之英国阻碍人口流动的法律障碍逐渐消除，交通运输方式的变革也为人口流动提供了廉价快捷的交通工具，由此吸引着农村剩余劳动力向城镇转移。

表 2–2　英国 1801—1955 年国民经济结构变动表

(单位：%)

行业 年份	农、林、牧、渔业	制造业、采矿业和建筑业	商业、交通运输和海外收入	政府、家庭和其他服务业	住房
1801	32.5	23.4	17.4	21.3	5.3
1851	20.3	34.3	20.7	18.4	8.1
1901	6.1	40.2	29.8	15.5	8.2
1955	4.7	48.1	24.7	19.2	3.2

注：1801 年、1851 年、1901 年的数据不包含北爱尔兰。

资料来源：表格数据转引自王章辉、黄柯可：《欧美农村劳动力的转移与城市化》，社会科学文献出版社 1999 年版，第 7 页。

---

① 《马克思恩格斯选集》第 1 卷，人民出版社 1995 年版，第 276—277 页。

研究认为，英国农村人口向城市的流动以短距离为主，先是城市周围地区的农村居民向城市迁移，他们走后所形成的真空由较远一些地方的居民迁来补充。以普雷斯顿 1851 年的外来移民为例，40% 以上的外来移民出生地不超过该市周围 10 英里，70% 以上不超过 30 英里。①1801—1911 年，英格兰和威尔士新增的 2700 万人中有 94% 被城市吸收，城市新增人口中有近 1/3 来自于移民。② 随着农村人口大量流向城镇非农产业部门，英格兰和威尔士的城市人口占总人口的比重也随之不断上升，从 1750 年的 25% 左右提高到 1801 年的 33.8%，1851 年则进一步提升到 50.2%，基本实现了城市化。从 1851 年到 1911 年，英格兰和威尔士的城市人口从 899 万人增加到 2816 万人，农村人口则由 893.7 万人减少到 790.7 万人，城市人口比重达到 78.1%。③

在英国城市化过程中，工业化大城市、港口和旅游城市的人口快速增长，而一些工业化程度低和交通运输不便的城镇人口增长则相对缓慢。英国大城市的人口增长速度在 1821—1831 年期间达到顶峰，在这十年间，布莱顿的人口增长了 69.7%，布拉德福增长了 65.5%，索尔福特增长了 55.9%，利兹增长了 47.3%，利物浦增长了 45.8%。④ 经过持续约半个世纪的快速增长之后，英国大城市的人口增长从 19 世纪下半叶开始有所放缓。进入 20 世纪之后，新技术革命的兴起使英国的经济结构发生重大调整，南部新兴工业区城市人口迅速增加，北部老工业基地城市人口增速则明显放

59

---

① 王章辉、黄柯可：《欧美农村劳动力的转移与城市化》，社会科学文献出版社 1999 年版，第 24 页。

② 王章辉、黄柯可：《欧美农村劳动力的转移与城市化》，社会科学文献出版社 1999 年版，第 21 页。

③ 王章辉、黄柯可：《欧美农村劳动力的转移与城市化》，社会科学文献出版社 1999 年版，第 21 页。

④ 王章辉、黄柯可：《欧美农村劳动力的转移与城市化》，社会科学文献出版社 1999 年版，第 27 页。

缓。例如，1911—1951 年期间，英国南部的米德尔塞克斯郡人口从 112.6 万增加到 226.9 万，增长 101.5%；萨里郡人口从 84.6 万增加到 160.2 万，增长 89.3%；而工业革命时期人口增长很快的兰开夏郡同期人口仅增长 7.4%。[①] 到 20 世纪上半叶，除两次世界大战期间之外，农村人口向城市流动的规模逐渐减小，城市之间的人口流动上升到主要地位。随着英国城市化进程的不断推进，城乡基本公共服务已经实现了均等化，城乡居民可以根据其个人兴趣自主选择居住地点，城乡经济社会实现了一体化。

2. 法国的城乡关系演进历程

紧随英国之后，法国的工业革命开始于 18 世纪末 19 世纪初，但其工业化进程却相对缓慢，与此相对应，法国城市数量直到 20 世纪 30 年代之后才有显著增加。1806 年法国农村人口与城市人口分别为 2450 万人和 515 万人，农村人口是城市人口的近 5 倍；经历了一个世纪的工业化与城市化进程之后，1906 年法国农村人口与城市人口分别为 2360 万人和 1747 万人，农村人口是城市人口的 1.4 倍；到 1982 年，法国农村人口下降至 1450 万人，城市人口则跃升至 3990 万人[②]，法国城市化率达到 73.35%，成为高度城市化国家。

18 世纪初，法国有 80%—85% 的劳动力从事农业生产，是一个典型的农业国家。18 世纪末 19 世纪初，法国开始从英国引进纺纱机，机器纺织业迅速发展，到 19 世纪 40 年代末，冶铁、采煤、造纸、制糖等工业也逐渐发展起来。从工业化起步到第一次世界大战前夕，法国工业产值和劳动力就业结构变化幅度不大。第二次世界大战之后，法国工业化迎来了快速发展时期，农业现代化进程也加速推进，从而带动了法国城市化的快速发展。法国农业现代化经

[①] 王章辉、黄柯可：《欧美农村劳动力的转移与城市化》，社会科学文献出版社 1999 年版，第 39 页。

[②] 王章辉、黄柯可：《欧美农村劳动力的转移与城市化》，社会科学文献出版社 1999 年版，第 98 页。

历了一个长期、渐进的过程，大致可分为两个阶段：第一阶段包括整个 19 世纪，直到第一次世界大战之前；第二阶段为第一次世界大战之后，尤其是第二次世界大战之后的时期。在第一阶段，法国农业现代化虽有所发展，但总体上进展缓慢，这在很大程度上阻碍了法国的城市化与工业化进程。两次世界大战期间，法国农业有了一定程度的发展。第二次世界大战之后的 25 年间，法国农业现代化进程明显加速，农业生产率接近欧洲最发达国家的水平。

与工业化、农业现代化的缓慢发展相对应，法国的城市化也经历了一个渐进的过程。如表 2-3 所示，从 19 世纪初到 20 世纪 30 年代，法国的城市化比重虽然不断上升，但进展缓慢，直到 1931 年城市人口才首次超过农村。第二次世界大战之后，法国城市化进程迅速加快，到 1975 年城市化率已达到 73%，跻身高度城市化的国家行列。从 1806 年到 1982 年，法国城市人口由 515 万人增加到 3990 万人，而农村人口则由 2450 万人减少到 1450 万人，农村人口向城市的迁移在城市化过程中发挥了重要作用。在城市人口增加的同时，法国的城市规模和城市数量也不断增加，城市郊区和农村城市化现象日益明显，城乡之间逐渐融合。从 1911 年到 1982 年，法国有近 3000 个集镇由于人口增加而升级为城市。①

61

表 2-3　1806—1982 年法国城乡人口变化状况

年份	农村人口		城市人口	
	数量（万人）	比重（%）	数量（万人）	比重（%）
1806	2450	82.63	515	17.37
1851	2722	74.64	925	25.36
1901	2390	58.75	1678	41.25
1931	2040	49.16	2110	50.84
1975	1420	27.00	3840	73.00

① 王章辉、黄柯可：《欧美农村劳动力的转移与城市化》，社会科学文献出版社 1999 年版，第 189 页。

年份	农村人口		城市人口	
	数量（万人）	比重（%）	数量（万人）	比重（%）
1982	1450	26.65	3990	73.35

资料来源：转引自王章辉、黄柯可：《欧美农村劳动力的转移与城市化》，社会科学文献出版社1999年版，第137页。

　　其实，在经济社会发展过程中，法国的城乡及区域发展不协调问题也较为突出，对此，法国政府于第二次世界大战之后制定并实施了一系列相关政策，取得了一定效果。为加快农业产业化发展，法国政府制定了一系列扶持和保护农业发展的政策措施，例如1960年颁布的《农业指导法》、1962年颁布的《补充农业指导法》、1980年颁布的《农业指导法》等，成立了多个扶持农业发展的机构，鼓励银行对农业提供贷款，实行农业合作经营、扩大农场规模，并且加强对农民的技能培训。在这些措施的推动下，法国的农业产业化发展取得了明显成效。与此同时，法国政府实施了领土整治计划和工业分散政策，力图通过发展巴黎以外的大城市和中小城镇，缓解大城市人口与工业集中的压力，加快落后地区的经济社会发展。在领土整治计划和工业分散政策的引导下，1955—1964年间从巴黎迁往外省的工厂达到1800家，外迁工人50多万人，① 波尔多、图卢兹、里尔、斯特拉斯堡等巴黎之外的城市在国民经济中的地位得以加强，很多位于农村地区的小城镇得以复兴，从而推动了法国城乡与区域经济社会的协调发展。

3.德国的城乡关系演进历程

　　德国的工业革命始于19世纪三四十年代，虽然晚于英法等国，

---

　　① 　王章辉、黄柯可：《欧美农村劳动力的转移与城市化》，社会科学文献出版社1999年版，第210页。

但进展却十分迅速。随着工业化的展开，德国大批农村人口向城市转移，推动了城乡经济社会的发展。19世纪之前，德国是一个封建农奴制占统治地位的农业国。此时的德国在政治上四分五裂，经济发展远远落后于英法等国。从19世纪30年代中期开始，德国经历了两个阶段的工业化进程：第一阶段从19世纪30年代中期到1871年德国统一，是德国工业化的奠基时期；第二阶段从1871年德国统一到20世纪初，在这一时期德国完成了工业化。1834年，大多数德意志诸侯国结成德意志关税同盟，同时加快铁路建设，工业化开始起步。在工业化的第一阶段，德国在制造业发展、铁路建设等领域取得了很大进展，但总体而言工场手工业仍然是主要的生产组织形式。1871年德国实现了国家统一，从而为工业化的加速推进创造了条件。在工业化发展的第二阶段，德国重工业迅速崛起。到20世纪初，现代化大工业在德国基本建立起来，工业产值在国民经济中的比重由1860年的24%上升到1907年的39%，农业产值则由32%下降到18%，实现了从农业国到工业国的过渡，成为仅次于美国的工业强国。与此同时，德国大量土地逐渐集中到容克地主手中，建立起了资本主义大农场经营方式，农业机械化水平不断提高，新式农作物和农业耕作技术也得到广泛应用，从而为城市非农产业的发展提供了充足的农业剩余与劳动力。

63

工业化与农业现代化的推进改变了德国的就业人口结构，1843年德国农业（包括林业）劳动力占总就业人口的比重为61%，工业（包括手工业）劳动力比重为23.37%；从1882年到1907年，德国农业劳动力占总就业人口的比重从42%下降到35%，工业劳动力比重则从39%上升到42%，服务业由19%增加到23%。[1] 随着农村人口不断向城市非农产业转移，德国城市数量和城市人口不

---

① 王章辉、黄柯可：《欧美农村劳动力的转移与城市化》，社会科学文献出版社1999年版，第148—151页。

断增加，城市规模不断扩大，城市功能日趋完善。依托当地的优势资源或便利的交通运输条件，德国自 19 世纪 30 年代以来兴起了诸多新兴城市，如鲁尔区的杜塞尔多夫、多特蒙德、杜伊斯堡、艾森等，洛林—阿尔萨斯区的斯特拉斯堡等，大型港口城市汉堡、基尔等。1875 年德国 10000 以上人口的城市有 271 个，1890 年增加到 394 个，1910 年进一步增加到 576 个。1871 年德国统一时，全国 4105.9 万人口中有 63.9% 为农村人口。到 1900 年，德国农村人口下降到 2570.3 万人，占全国人口的 45.6%；城镇人口增加到 3066.4 万人，占全国人口的 54.4%，1910 年这一比重进一步上升为 60%。[①] 表 2-4 展示了 1875—1910 年间德国 19 个大城市的人口增长情况。

表 2-4　1875—1910 年德国 19 个大城市人口增长情况

城市 ＼ 年份	1875（人）	1910（人）	增长比例（%）
柏林	966859	2071257	114.2
不莱梅	102532	217437	112.1
布勒斯劳	239050	512105	114.2
克姆尼茨	78209	287807	268.0
多特蒙德	57742	214226	271.0
德累斯顿	197295	548308	177.9
杜塞尔多夫	80695	358728	344.5
埃森	54790	294653	437.5
法兰克福	103136	414576	302.0
汉堡	264675	931035	251.8
基尔	37246	211627	468.2
科隆	135371	516527	281.6

① 王章辉、黄柯可：《欧美农村劳动力的转移与城市化》，社会科学文献出版社 1999 年版，第 220—221 页。

续表

城市＼年份	1875（人）	1910（人）	增长比例（%）
科尼斯堡	122636	245991	100.6
莱比锡	127387	589850	363.0
马格德堡	87925	279629	218.0
慕尼黑	193024	596467	209.0
纽伦堡	91018	333142	266.0
斯图加特	107273	286218	166.8
汉诺威	106677	302375	183.4

资料来源：参考王章辉、黄柯可：《欧美农村劳动力的转移与城市化》，社会科学文献出版社1999年版，第220—221页。

以1910年为标志，农村人口大规模向城市流动的现象基本结束。第一次世界大战之后，第一产业产值和就业人数继续呈缓慢下降趋势，第二产业缓慢上升，第三产业则平稳向前发展。经过第二次世界大战之后的恢复和发展，德国城市化水平进一步提高，城市对农村的辐射作用不断增强。在此过程中，德国政府制定了一整套社会保障制度框架，推动了城乡经济社会的融合。1950年德国农村人口占全部人口的比重为25.5%，1980年下降到6.1%，1996年进一步下降到5.4%，农林业从业人员仅占全国总就业人口的2.8%。[①] 德国发展成为高度城市化的国家，城乡经济社会基本实现了一体化。

4. 美国的城乡关系演进历程

1776年建国时，农业在美国国民经济中占主导地位，北部为小农经济，南部则雇佣黑人奴隶实行种植园大农场制度。在英国工业革命的带动之下，美国东北部的新英格兰地区在18世纪与19世

---

① 王章辉、黄柯可：《欧美农村劳动力的转移与城市化》，社会科学文献出版社1999年版，第170页。

纪之交开始出现机器工业生产。但19世纪20年代之前，美国工业化进展缓慢，农村人口向城市转移也不明显，1810年美国城市化水平仅为7.3%。19世纪20年代是美国工业化进程的转折点。此后，美国工业化进程加快，交通运输条件日益改善，农村人口加速向城市转移。到美国内战前夕，北方地区已经基本实现了工业化。19世纪30年代至50年代，美国掀起了轰轰烈烈的"西进运动"。"西进运动"不但开发了美国西部的农业，而且有力推动了中西部地区的城市化进程。

1861—1865年美国内战中，工业发达的北方战胜了南方，长期束缚南方经济发展的奴隶制被消灭。此后，从19世纪70年代到20世纪初的30年间，美国工业化进程全面加快，产业结构发生重大变化，极大地推动了美国的城市化进程。在这一时期，美国工业化、城市化与农业现代化同步推进，形成了三者良性循环的态势。随着美国农业开发的推进，农业劳动力人数从1870年的644万人上升到1910年的1239万人，但农业从业人员在社会总劳动力中所占的比重却迅速下降，1870年占51.5%，1890年下降到40.6%，到1920年则进一步下降到25.6%。与此相对应，农业产值在国民经济结构中所占的比重也不断下降。1870年农业在国民经济中占首要地位，1890年工业上升到第一位，1900年工业产值已是农业产值的3倍。[①]到19世纪末，美国基本实现了工业化，在世界工业总产值中的比重上升到30%左右，跃居世界第一位。

19世纪90年代至20世纪20年代，美国迎来了农村劳动力转移的高潮时期，其总趋势是向北部和西部的城市转移，北部工业城市人口迅速增加，西部则有很多新城市崛起，美国城市化进程快速推进。1860—1910年，美国10万人以上的城市由9个增加到60个，

---

① 王章辉、黄柯可：《欧美农村劳动力的转移与城市化》，社会科学文献出版社1999年版，第57—58页。

1万至2.5万人的城市由58个增加到369个。与此相对应，美国城市人口占总人口的比重由1870年的25.7%提高到1890年和1910年的35.1%与45.7%；[1] 到1920年，美国城市化率达到51.2%，初步实现了城市化。特别需要指出的是，外来移民在美国城市化以及经济社会发展中发挥了重要作用。从19世纪20年代至20世纪20年代基本实现城市化的100年间，美国外来移民总数达到3300万人，其中1900—1910年10年间就高达800万人。[2] 表2-5反映了美国的城乡人口比重与农业就业情况。

表2-5　1890—1930年美国城乡人口比重及农业就业情况

年份	1890	1900	1910	1920	1930
农村人口比重（%）	64	60	54	48	44
城市人口比重（%）	36	40	46	52	56
农业就业人数（万人）	1170	1280	1360	1340	1250
农业就业比重（%）	42	37	31	27	22

资料来源：转引自王章辉、黄柯可：《欧美农村劳动力的转移与城市化》，社会科学文献出版社1999年版，第76页。

随着大量人口向城市聚集，城市范围不断向郊区扩展。从19世纪末到1910年，纽约的面积扩大了7倍，波士顿仅在19世纪末的10年间面积就扩大了30倍，费城同一时期面积则扩大了近60倍。[3] 第二次世界大战之后，大都市规模进一步扩大，在中心城市与卫星城连成一片的地方，形成了城市群和城市带。20世纪

67

---

① 王章辉、黄柯可：《欧美农村劳动力的转移与城市化》，社会科学文献出版社1999年版，第58页。

② 王章辉、黄柯可：《欧美农村劳动力的转移与城市化》，社会科学文献出版社1999年版，第260—261页。

③ 王章辉、黄柯可：《欧美农村劳动力的转移与城市化》，社会科学文献出版社1999年版，第290—291页。

五六十年代，美国农业现代化进程进一步推进，国防工业和高新技术产业方兴未艾，高速公路连接成网，由此促进了农业人口继续向城市转移。1950 年美国城市化率达到 64%，1970 年进一步提升到 73.5%[1]，美国进入高度城市化的国家行列，城市化进程基本完成。20 世纪 70 年代初，美国城市人口趋于饱和，人口开始由大城市向中小城市和农村地区回流，出现了"逆城市化"现象，这成为缓解大城市压力、实现城乡融合的一种有效途径。随着城市化和农业现代化水平的提高，美国的城乡差别不断缩小，城乡经济社会逐渐实现了一体化。

二、日本、韩国的城乡关系演进历程

受欧美工业化国家的影响，日本在近代快速融入了世界发展洪流，城市化加速推进，在亚洲率先实现了城乡发展一体化。第二次世界大战之后，韩国依托出口导向型战略，城市化进程不断加快，并通过实施"新村运动"实现了城乡之间的融合。由于地域与文化相近，日本与韩国的城乡关系发展经验对我国具有重要的借鉴意义。

1. 日本的城乡关系演进历程

1868 年明治维新之后，日本开启了工业化与城市化进程。在 20 世纪 50 年代之前，日本的城市化水平落后于欧美发达国家。第二次世界大战之后，随着经济的快速发展，日本的城市化水平不断提高，逐步成为高度城市化国家。

明治维新以来，日本的城乡发展经历了以下四个阶段。[2] 第一阶段是工业化与城市化的准备阶段（1868—1920 年）。在这一阶段，日本政府颁布了一系列促进农业发展的措施，并通过征收高额

---

① 王章辉、黄柯可：《欧美农村劳动力的转移与城市化》，社会科学文献出版社 1999 年版，第 81 页。

② 孙波、白永秀、马晓强：《日本城市化的演进及启示》，《经济纵横》2010 年第 12 期，第 84—87 页。

农业税来为工业发展积累资本。与此同时，政府大力推进基础设施建设，从而为工业化与城市化准备了必要条件。第二阶段是工业化与城市化的初始阶段（1920—1950 年）。在这一阶段，日本的工业化发展比较迅速，形成了京滨工业带、中京工业带、阪神工业带和北九州工业带。1940 年日本的城市化率达到 37.7%。第三阶段是工业化与城市化的快速发展阶段（1950—1977 年）。在这一阶段，以朝鲜战争爆发为契机，作为欧美国家的战略物资基地，日本经济得到了快速恢复与发展，工业化、城市化水平迅速提高，人口向东京、阪神和中京三大都市圈集中。1970 年日本的城市化率达到72.1%。第四阶段是工业化和城市化的成熟、完善阶段。受 20 世纪 70 年代国际经济危机的冲击，日本经济发展速度放缓。在这一阶段，日本进入后工业化阶段，第三产业占国民生产总值的比重不断提高。由于大城市人口已基本饱和，日本人口开始向中小城镇甚至农村迁移，城乡经济社会逐渐融合。表 2-6 反映了第二次世界大战之后日本三次产业的就业人口变动情况。

表 2-6　第二次世界大战后日本三次产业劳动力就业变动情况

年份 \ 产业	第一产业		第二产业		第三产业	
	人数（千人）	比重（%）	人数（千人）	比重（%）	人数（千人）	比重（%）
1950	1748	48.5	7838	21.8	10671	29.6
1960	14389	32.7	12804	29.1	16841	38.2
1970	10146	19.3	17897	34.0	24511	46.6
1980	6102	10.9	18737	33.6	30911	55.4
1990	4391	7.1	20548	33.3	36421	59.0
2000	3173	5.0	18571	29.5	40485	64.3

资料来源：日本国立社会保障与人口问题研究所：《人口统计资料集》，2005 年；转引自孙波、白永秀、马晓强：《日本城市化的演进及启示》，《经济纵横》2010 年第 12 期，第 85 页。

日本城乡发展的主要特征表现在以下三个方面：第一，政府在工业化和城市化过程中发挥了重要作用，最终形成了高度集中的城市化模式。日本政府通过多种措施引导工业与城市的发展，形成了东京、大阪、名古屋等大都市，1998 年三大城市人口占到全国总人口的 46.8%。① 第二，工业化、城市化与农业现代化同步推进。农业发展为日本的工业化与城市化创造了前提条件；日本的轻重工业比较协调，轻工业吸纳了大量的农业剩余劳动力，重工业则为整个国民经济的发展提供了先进的技术设备，这都推动了城乡经济的发展。第三，外资在工业化和城市化过程中发挥了重要作用。第二次世界大战之后日本国内资金严重不足，朝鲜战争的爆发为日本提供了利用外资的机会。1950—1973 年，日本共引进技术 21863 项，累计金额 43.56 亿美元②，这极大地带动了日本经济的发展。在城市化中后期，日本注意到农业与农村发展滞后的问题，制定了大批法律促进农村发展，如《过疏地区活跃法特别措施法》《半岛振兴法》《山区振兴法》等③，加大了对农村地区的资金投入，从而促进了城乡经济社会的协调发展。

2. 韩国的城乡关系演进历程

韩国位于朝鲜半岛南部，国土面积 99460 平方公里，人口 4840 万。韩国受中国文化影响很深，曾经是一个落后的农业国，自古就有"农业天下之大本"之说。自 20 世纪 60 年代开始，韩国实施外向型经济发展战略，实现了经济的迅速起飞。20 世纪 60 年代，韩国在基础设施比较完善的汉城—釜山铁路沿线重点发展劳动密集型出口创汇产业；70 年代，政府重点扶持重点产品、原材料及资本密集型产品的生产，形成了以釜山为中心的东南沿海经济增长

---

① 徐同文：《城乡一体化体制对策研究》，人民出版社 2011 年版，第 46—47 页。

② 高强：《日本城市化模式及其农业与农村的发展》，《世界农业》2002 年第 7 期，第 28—30 页。

③ 徐同文：《城乡一体化体制对策研究》，人民出版社 2011 年版，第 47 页。

极；80 年代，韩国大力发展技术和知识密集型产业，西海岸第三代区域增长极形成。伴随着三十多年的快速工业化，韩国的城市化水平由 1960 年的 28% 跃升至 1990 年的 74.4%，2000 年进一步发展到 79.68%。[①] 到 20 世纪 90 年代中叶，韩国人均国民生产总值已超过 1 万美元，跻身新兴工业化国家之列。

在经济发展过程中，韩国城市化的特点主要表现在以下三个方面：第一，工业化带动城市化。韩国的城市化进程与工业化发展紧密相连。从 1962 年起，韩国中央和地方政府先后开发建设了 9 个重工业区和 24 个地方工业区，1965—1984 年韩国的工业增长率是农业增长率的 6.3 倍。出口导向型的工业发展战略带动了韩国经济的快速发展，同时也吸引着农村劳动力迅速向城市流动。第二，高度集中的城市化模式。韩国实行非均衡发展战略，其六大城市分布在以汉城为中心的京仁工业区和以釜山为中心的东南沿海工业区及其连接两地的高速公路沿线，其人口集中居住在占国土面积 2.4% 的区域，工业活动在占国土面积 0.5% 的空间上展开，而农耕地和林地则占到国土面积的 87%。[②] 第三，政府在城市化过程中发挥了重要作用。韩国政府通过发展工业开发区，推动人口等生产要素向特定区域快速集聚，实现了工业化与城市化的迅速发展。与此同时，韩国首都在全国经济、政治、文化中发挥着突出作用。1975—1991 年，以汉城（现称首尔）为中心的首都经济圈 GDP 占全国的比重由 40.4% 上升到 45.8%，而东南沿海地区的 GDP 比重则一直徘徊在 30% 左右[③]，这在很大程度上体现了政府引导的作用。

71

---

①　黄坤明：《城市一体化路径演进研究：民本自发与政府自觉》，科学出版社 2009 年版，第 80 页。

②　黄坤明：《城市一体化路径演进研究：民本自发与政府自觉》，科学出版社 2009 年版，第 81—82 页。

③　黄坤明：《城市一体化路径演进研究：民本自发与政府自觉》，科学出版社 2009 年版，第 82 页。

由于实行城市和工业优先发展的非均衡发展战略，韩国农村发展滞后，成为制约经济社会发展的重大障碍。从 1970 年 4 月起，韩国政府主导实施了以"勤奋、自助、合作"为宗旨的"新村运动"，力图实现传统落后农村的现代化。韩国的"新村运动"大致经历了以下四个阶段：第一阶段为基础建设阶段（1970—1973 年），主要是改善农民的生产生活环境；第二阶段为扩散扶助发展阶段（1974—1976 年），主要是帮助农民发展现代农业，增加农民收入；第三阶段为自主发展与政策引导并重阶段（1977—1989 年），主要是在政府适度引导的前提下，依靠农民自身的力量大力发展农村工业；第四阶段为自我发展、自我完善阶段（1990 年至今），主要是加强农村社区的道德文明建设与法制教育。韩国的"新村运动"取得了积极成效，1970 年韩国农业就业人数超过总就业人数的一半，到 1997 年这一比重下降到 11%。①20 世纪 90 年代末，韩国农村与城市居民的生活条件已无明显差别，城乡之间基本实现了经济社会一体化。

三、拉美国家的城乡关系演进历程

拉丁美洲由墨西哥、大部分的中美洲、南美洲以及西印度群岛组成，这一地区总面积 2070 万平方公里，有 33 个独立国家，2000 年总人口为 5.25 亿。虽然拉美各国建国时间先后不一，经济社会发展历程也有较大差异，但它们地域与文化相近，在城乡关系演进中也存在诸多共同点，因此可以将拉美作为一个整体来分析其城乡关系演进历程。

19 世纪 70 年代到 20 世纪 30 年代，拉丁美洲国家经历了一个以初级产品出口为特征的经济增长阶段，这一时期的发展带动了该

---

① 陈昭玖、周波、唐卫东、苏昌平：《韩国新村运动的实践及对我国新农村建设的启示》，《农业经济问题》2006 年第 2 期，第 72 页。

地区的早期城市化进程，布宜诺斯艾利斯、里约热内卢、墨西哥城等城市开始崛起。到 1925 年，拉美国家的城市人口已占总人口的 25%，远高于亚洲和非洲地区。20 世纪 30 年代，在国际资本主义危机的冲击之下，部分拉美国家开始执行进口替代型工业化战略，农村人口迅速向城市迁移。1940 年以来，拉丁美洲的城市化进程经历了两个阶段：第一阶段从 1940 年到 1975 年前后，是拉丁美洲城市化的快速发展时期；第二阶段从 1975 年前后至今，这一时期拉丁美洲的城市化速度明显放缓。在拉丁美洲城市化发展的第一阶段，工业化进程的快速推进、人口高速自然增长以及农村人口大量向城市移民等因素共同造就了拉美国家的快速城市化，推动了拉美城乡关系的变迁。①1975 年以后，拉丁美洲城市化进入第二阶段，城市化速度放缓，城市化水平缓慢上升。到 2010 年，拉丁美洲城市化率由 1975 年的 61.2% 提升到 79.6%，仅次于北美洲（80.7%），高于欧洲（72.8%）、大洋洲（70.2%）、亚洲（39.8%）和非洲（37.9%）②，进入高度城市化的国家和地区行列。在这一阶段，拉丁美洲"超大城市"的人口规模已接近极限，中等城市的人口规模则继续扩张，人口在城市之间的流动成为人口迁移的主要形式。表 2-7 反映了拉丁美洲各主要国家 1950—2030 年的城市化水平。

与工业化发展水平相比，拉美国家的城市化显得过于"超前"，城市化水平与经济发展阶段脱节。2000 年，拉美各主要国家的制造业产值占 GDP 的比重大都低于 20%，其中巴西为 19.8%，

73

---

① 拉丁美洲在殖民时期形成的大地产制度，对于农村人口持续快速地向城市迁移产生了重要影响。拉丁美洲的耕地由少数富人所控制，这种制度在拉美国家独立之后得到进一步强化，大部分农民缺乏赖以生存的耕地。在拉美国家的农业现代化过程中，农业机械化进一步排挤了农村劳动力，使得广大农民被迫向城市迁移。与此同时，拉美国家对于城乡人口流动没有任何约束，这就进一步加快了农村向城市的移民。

② 郑秉文：《拉丁美洲城市化：经验与教训》，当代世界出版社 2011 年版，第 45 页。

表 2–7　拉丁美洲主要国家 1950—2030 年城市化水平

(单位：%)

年份	1950	1960	1970	1980	1990	2000	2010	2020	2030
乌拉圭	78.0	80.1	82.1	85.2	88.7	91.2	93.0	94.1	94.7
阿根廷	65.3	73.6	78.4	82.9	86.5	89.9	92.0	93.1	93.9
委内瑞拉	46.8	61.2	71.6	79.4	84.0	86.9	89.1	90.7	91.8
智利	58.4	67.8	75.2	81.2	83.3	85.7	87.8	89.5	90.7
巴西	36.0	44.9	55.8	66.2	74.7	81.3	85.2	87.3	88.9
古巴	49.4	54.9	60.2	68.1	73.6	75.3	77.3	79.7	82.3
波多黎各	40.6	44.5	58.3	66.9	71.3	75.2	78.5	81.3	83.6
墨西哥	42.7	50.8	59.0	66.3	72.5	74.4	76.7	79.3	81.9
哥伦比亚	37.1	48.2	57.2	63.9	69.5	73.9	77.6	80.5	83.0
秘鲁	35.5	46.3	57.4	64.6	68.9	72.8	76.3	79.3	81.9
厄瓜多尔	28.3	34.4	39.5	47.0	55.1	65.3	73.1	77.8	80.6
多米尼加	23.8	30.2	40.3	50.5	58.3	65.1	70.5	74.5	77.7
玻利维亚	37.8	39.3	40.7	45.5	55.6	62.5	67.8	72.1	75.7
巴拿马	35.8	41.3	47.7	50.5	53.7	56.2	59.6	64.0	68.6
尼加拉瓜	34.9	39.6	47.0	50.3	53.1	56.1	60.3	65.1	69.5
牙买加	26.7	33.8	41.5	46.8	51.5	56.1	60.0	65.9	70.3
巴拉圭	34.5	35.6	37.1	41.7	48.7	56.0	62.3	67.3	71.5
洪都拉斯	17.6	22.8	28.9	34.9	41.8	52.7	61.2	66.7	71.0
哥斯达黎加	33.5	36.6	39.7	43.1	45.8	47.8	51.2	56.0	61.4
萨尔瓦多	36.5	38.4	39.4	41.6	43.9	46.6	51.0	56.6	62.0
危地马拉	29.5	32.5	35.5	37.4	38.1	39.7	43.5	49.4	55.4
海地	12.2	15.6	19.8	23.7	29.5	35.7	42.3	48.8	54.9
合计	41.4	49.3	57.5	65.0	71.1	75.4	79.6	81.1	83.3

注：2020 年、2030 年城市化水平为预测值。

资料来源：郑秉文：《拉丁美洲城市化：经验与教训》，当代世界出版社 2011 年版，第 10—11 页。

阿根廷为 16.1%，墨西哥为 21.2%，委内瑞拉为 15.1%[①]，但城市化率却大都高于 80%。与此同时，在未完成工业化的情况下，拉美国家第三产业却异军突起，导致其经济结构出现了严重扭曲。据拉美经济委员会统计，2001 年拉丁美洲地区三大产业产值结构中，农业占 4.6%，工业占 29%，服务业占 66.4%。[②] 在拉丁美洲城市化过程中，"大城市化"与"超大城市化"现象极为突出。1950 年拉美国家拥有的人口在百万以上的城市数量为 7 个，总人口为 2840万人；到 2000 年，拉美国家百万人口以上的城市数量已达到 49 个，人口 1.65 亿人，占拉美人口总数的 31.4%，占其城市人口总数的42.2%。与此同时，2000 年拉美国家人口在 500 万以上的超大型城市为 7 个，人口总数为 7830 万人，占到拉美国家城市人口总数的20%。[③] 由于产业地域布局过于集中，多数拉美国家第一大城市（或称"首要城市"，一般为其首都）的人口数量占据了全国城市人口的很大比重，城市首位度远高于世界其他地区。虽然 20 世纪 80 年代以后拉美国家的超大城市人口增速有所减缓，但拉美国家的城市人口仍主要集中于少数几个大城市，这一方面导致国内区域和城乡经济社会发展不均衡，另一方面也对大城市治理造成了诸多障碍。表 2-8 反映了拉美各主要国家第一大城市人口占其城市总人口的比重。

　　在拉丁美洲持续快速的城市化过程中，政府缺乏规划与引导，导致拉美各国的城市化表现出明显的自发性和盲目性，"过度城市化"问题严重，出现了一系列难以解决的经济社会难题。其一，城

---

　　① 郑秉文：《拉丁美洲城市化：经验与教训》，当代世界出版社 2011 年版，第30 页。

　　② 郑秉文：《拉丁美洲城市化：经验与教训》，当代世界出版社 2011 年版，第30 页。

　　③ 郑秉文：《拉丁美洲城市化：经验与教训》，当代世界出版社 2011 年版，第24 页。

表2-8　拉丁美洲各主要国家第一大城市人口占其城市总人口的比重

(单位：%)

年份 国家	1950	1960	1970	1980	1990	2000
阿根廷	45.0	44.6	44.8	42.6	39.7	37.7
委内瑞拉	28.3	27.6	26.8	21.5	17.5	15.0
智利	37.5	39.4	39.7	41.0	41.9	42.5
巴西	14.8	15.0	15.0	15.5	13.6	12.8
墨西哥	24.4	28.9	30.4	31.0	25.1	24.7
哥伦比亚	14.5	16.0	18.4	20.0	20.5	20.1
秘鲁	35.9	36.7	38.7	39.3	39.2	39.9
厄瓜多尔	26.4	29.4	29.7	28.8	26.4	27.8

资料来源：郑秉文：《拉丁美洲城市化：经验与教训》，当代世界出版社2011年版，第26—27页。

市失业率高，就业岗位不足。由于拉美各国制造业吸纳就业人口的比重大都不足20%，畸形发展的服务业难以为爆炸式增长的城市人口提供充足的正规就业岗位，导致拉美国家的失业率长期在10%左右的高位运行。其二，收入分配不均，城市贫困问题严重。拉美国家的少数富人控制了国民收入的很大比重，70%的低收入者仅占有国民收入的1/3，基尼系数长期居高不下。拉美国家的高失业率和收入分配不均导致城市贫困问题严重，2002年城市贫困人口占总人口的38.4%，此后虽有所下降，但2008年仍高达27.6%。[①]其三，社会保障等公共服务覆盖面窄，贫民窟现象突出。20世纪下半叶以来，拉美国家虽然进行了社会保障制度改革，但相对于规模庞大的城市人口而言，社会保障覆盖面仍然过窄，而且医疗卫生

————

① 郑秉文：《拉丁美洲城市化：经验与教训》，当代世界出版社2011年版，第57页。

和教育等公共资源分配严重不公。与此同时，拉美国家城市居民住房严重不足，2005 年拉丁美洲 1.27 亿个家庭中住房赤字大约为5000 万套①，这导致拉美地区贫民窟现象严重。总体而言，尽管拉美国家的城市化取得了明显成就，但城市化过程中仍然存在很多问题，城乡发展一体化的实现仍是一个较为长期的过程。

第三节　国外城乡关系演进的经验借鉴

通过系统回顾国外典型国家和地区的城乡关系演进历程，我们认为，国外城乡关系演进可以为我们提供以下四个方面的经验借鉴，概括而言，即"一融合、两职能、三关系、四均等"。

一、注重农村移民与城市原住民的融合

国外城乡关系的演进历程表明，农村移民与城市原住民之间的融合与和谐，是城乡发展尤其是城市治理过程中的一个重要问题。农村移民与城市原住民之间要实现融合，必须具备以下三个条件：其一，农村移民要完成生活空间从乡村到城市、社会身份从农民到市民的转变，必须要在生活方式、观念以及心理上作出必要调整；其二，城市原住民必须要在日常生活中容纳农村移民，给农村移民应有的理解和尊重；其三，政府要为农村移民提供与城市原住民均等的公共服务，给予农村移民参加公共事务管理的权利。农村移民与城市原住民的融合，是一个较为长期的过程。但如果农村移民与城市原住民不能实现真正的融合，那么将付出巨大的社会成本。

---

①　郑秉文：《拉丁美洲城市化：经验与教训》，当代世界出版社 2011 年版，第79 页。

以法国为例，在早期城市化过程中，农村移民与城市原住民之间存在很强的社会分割。农村移民以地缘或业缘为基础，在城市中形成了不同的聚居区和社交网络，同乡之间与外界封闭，保留了他们的方言、宗教与风俗习惯，与城市原住民形成了很深的文化和心理隔阂。与此同时，城市中还依据贫富和社会地位的差异形成了不同的社区。在19世纪下半叶，巴黎西部地区居住的往往是社会上层人士，那里有漂亮的住宅和宽阔的道路；巴黎东部和东北部地区则是工厂区与贫民区，农村移民往往聚居于此。此外，由于农村移民大都文化素质不高，他们从事最繁重的体力劳动，生活环境极为恶劣，城市原住民通常把他们与犯罪活动联系在一起，对他们采取警惕和不信任的态度，加剧了农村移民与城市原住民之间的排斥与对立，成为农村移民融入城市社会的巨大阻力，产生了高昂的经济社会成本。

由于新中国成立以来长期实行城乡分割的经济社会政策，导致我国城乡居民之间存在严重的分割与对立，农民工市民化、失地农民市民化困难重重。鉴于此，我国必须高度重视农村移民与城市原住民之间的融合与和谐，加快实现二者在就业、公共服务、生活方式等方面的一体化。

二、注重政府与市场在推进城乡发展中的职能分工

国外城乡关系演进实践表明，政府与市场在推动城乡关系演进过程中发挥着不同的作用。一般而言，依据市场与政府作用的不同，可划分为两种模式：一种是市场主导型模式，以英国和美国为代表；另一种是政府主导型模式，以日本和德国为代表。两种不同的城乡发展模式各有其特色，关键在于根据本国国情制定出切合实际的城乡发展框架。市场在推进城乡协调发展过程中发挥着重要作用，但同时必须注重政府作用的发挥。市场配置资源的原则是经济效益最大化。由于农业比较收益相对较低，农村规模经济不明显，

使得农业和农村发展过程中容易出现市场失灵，导致城乡之间、工农之间差距不断扩大，出现富者愈富、穷者愈穷的马太效应。因此，要破除城乡二元结构，必须充分发挥政府的作用。在德国、日本、韩国的城乡关系变迁中，政府都发挥了积极作用。如德国通过制定一整套社会保障制度框架，保障了城市化的顺利进行；日本先后四次制定"全国综合开发计划"，促进了城乡协调发展；韩国通过实施"行政推动型"工业化，实现了工业化和城市化的快速发展。

借鉴国外城乡关系演进实践，我们认为要推进中国的城乡发展一体化进程，必须在充分尊重市场规则的前提下，积极发挥政府在保障城乡协调发展中的重要作用：一是制定科学的开发战略与区域发展规划，加快推进城市化进程；二是加快破除户籍分割制度，推进农民工市民化，实现劳动力在城乡之间的自由流动；三是加快农村地区的发展，建立完善的农村社会保障体系，实现城乡基本公共服务均等化。图 2-3 反映了政府与市场在城乡发展中的职能分工。

79

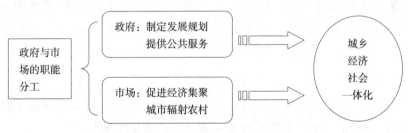

图 2-3 政府与市场在城乡发展中的职能分工

三、注重发挥工业化、城市化与农业现代化的相互促进作用

国外城乡关系的演进实践表明，工业化、城市化与农业现代

化三者之间是一种相互促进的关系。具体而言，工业化是城市化的前提条件，工业化使工业生产的各个环节、各个生产部门以及门类众多的相关服务都集中到城市，向社会提供了大量的就业机会，从而极大地推动了城市化进程；城市化是推动工业化深入发展的必要条件，城市的集聚作用和规模效应有助于工厂规模的扩大和集约化生产，从而进一步加快工业化进程；农业现代化可以为城市发展提供充足的农业剩余和丰富的农产品供给，同时可以释放大量的剩余劳动力，从而为工业化与城市化提供了农产品和劳动力保障；与此同时，城市化为现代农业生产提供了广阔的市场，工业化实现了农产品的深加工，工业还为现代农业的发展提供了先进的机械装备、技术支持，从而有力地推动了农业现代化的深入发展。实现工业化、城市化与农业现代化三者之间的良性互动，是推动城乡关系有序发展的必由之路。

以美国为例，其工业与城市的发展提供了大量的就业机会，形成了对农民向城市转移的拉力。而美国农业的大发展极大地增加了每个农业劳动者所能供养的人数，这一数字在 1820 年为 4.1 人（包括该农业劳动者自己在内），1900 年为 7.0 人，1950 年增加到 15.5 人，1964 年和 1970 年则进一步增加到 33 人和 47 人。[①] 美国农业劳动力供养人数的增加为城市人口提供了充足的农产品，同时为农村剩余劳动力向城市转移创造了条件，形成了农民向城市转移的推力。在这种推力与拉力协同作用之下，美国农村人口源源不断地流入城市，最终实现了城乡经济社会的协调发展。

我国是农业大国，新中国成立尤其是改革开放以来，在工业化、城市化快速推进的过程中，传统农业却长期难以得到根本改造，这不仅形成了日趋严重的"三农"问题，也不利于工业化、城

---

① 王章辉、黄柯可：《欧美农村劳动力的转移与城市化》，社会科学文献出版社 1999 年版，第 65 页。

市化的健康发展。鉴于此，我国必须高度重视农业发展问题，加快实现由传统农业到现代农业的根本转变。

四、注重城乡四个领域的公共服务均等化

世界银行在《2009 年世界发展报告》中指出，任何期望减少风险和确保慎重的城市化战略都必须努力改善乡村地区的公共服务。[①] 发达国家的城乡关系演进历程表明，工业革命兴起之后，在工业化和城市化的早期阶段，生产要素迅速向城市集中，城乡之间在收入、公共服务等方面的差距不断扩大。例如，OECD（经济合作组织）国家的城乡不平等现象贯穿了整个 19 世纪和 20 世纪早期阶段。[②] 但在进入高度城市化和后工业化阶段之后，随着城市化水平的提高和政府公共服务能力的提升，城乡之间的不平等得以逐步消除，城乡经济社会实现了协调发展。以公共服务为例，在城市化高度发达、城市化水平接近自然最大值的国家，城乡居民在享有公共服务上的差别已基本消失。而城市化水平较低的国家，城乡居民享有公共服务的差别则相对较大。[③] 具体而言，拉美国家在城市化进程中由于未能有效解决城市人口膨胀所引致的教育、卫生、就业、社会保障等公共服务供给问题，导致社会阶层之间矛盾尖锐，形成了严重的社会问题。与此相反，德国政府通过建立完善的公共服务制度体系，解决了城市化中出现的问题，实现了城乡社会的良性发展。

在中国城乡二元社会结构下，户籍制度把城乡居民分割开来，

81

---

① 世界银行：《2009 年世界发展报告：重塑世界经济地理》，胡光宇等译，清华大学出版社 2009 年版，第 65—72 页。

② 世界银行：《2009 年世界发展报告：重塑世界经济地理》，胡光宇等译，清华大学出版社 2009 年版，第 57—64 页。

③ 世界银行：《2009 年世界发展报告：重塑世界经济地理》，胡光宇等译，清华大学出版社 2009 年版，第 65 页。

农村与城市之间实行两套不同的公共服务供给体制，在城市公共服务得到有效供给的同时，农村公共服务供给严重不足，城乡人口在享受教育、医疗、就业、社会保障等公共服务方面存在着巨大差异，这严重影响了农村居民消费水平、生活方式和生活理念的提升。鉴于此，我国必须加快推进城乡基本公共服务均等化，使城乡居民享受到基本均等的教育、医疗、就业、社会保障等公共服务，实现城乡之间的融合与和谐。

第三章　中国城乡关系的演进及启示

　　中国从奴隶制算起有四千多年的文明史，从某种程度上讲，中国的文明史就是一部城乡关系的变迁史和发展史。了解中国四千多年城乡关系发展演进的历史对于我们深刻认识城乡关系、统筹当前城乡发展具有重要的意义，本章将会对中国城乡关系的发展演进进行系统的论述。在本章首节中，我们会对中国城乡关系演进做一总体考察，并分析影响中国城乡关系演进的原因，然后对中国城乡二元结构的扩展过程进行论述。在本章的其他部分，我们会以生产力发展水平和社会经济制度的重大变化为标准，将中国城乡关系变迁划分为奴隶制经济形态下的城乡关系演进阶段（约公元前2070—公元前221年）、封建制经济形态下的城乡关系演进阶段（公元前221—1840年）、半封建半殖民地经济形态下的城乡关系演进阶段（1840—1949年）、计划经济形态下的城乡关系演进阶段（1949—1978年）和市场经济形态下的城乡关系演进阶段（1978年至今）这五大阶段，对四千多年来的中国城乡关系的演变进行考察；每个阶段又都会从城乡关系演进的过程、城乡关系演进的原因和该阶段城乡关系的特点三部分进行考察和梳理。

第一节　中国城乡关系演进的总体考察

一、中国城乡关系演进的总体描述

公元前 2070 年，中国由原始社会进入奴隶社会，文字被发明，由此进入到了文明时代。生产力水平较原始社会有了较大发展，大规模的种植业和畜牧业已经出现，生产力的发展使得社会大分工开始出现：畜牧业和手工业从农业中分离出来，商人群体出现。分工又带动了生产力的进一步发展，产品剩余出现了，私有制便随之产生。随着私有者个体实力的壮大和群体数量的增长，他们便提出了政治要求，接着作为政治活动的场所，城市诞生了。同时，城市作为市场的经济职能也开始发展，中国城乡正式进入二元分离过程。在奴隶制经济形态下，首次明确提出了城乡之间的区别，城郭区域被称为"国"，农村区域被称为"野"，而城乡之间的中间缓冲地带则称为"郊"。进一步，人的身份也出现了二元分离，居住在城郭中的统治族群被称为"国人"，居住在农村的被统治族群被称为"野人"。"国人"和"野人"之间在经济上也出现了分工，"野人"主要从事农业生产，"国人"主要从事工商业活动，这种在经济领域的分工进一步表现为政治身份的差别。但是，奴隶制经济形态下的城乡分离是低程度的：城乡功能，尤其是城市功能极不完善，农业和畜牧业、手工业和农业的分工极不充分导致城乡分工水平很低。

进入封建社会，中国城乡关系逐渐发展，并相对固定下来。在生产力方面，生产力水平逐渐提高，带动农业、以纺织业为代表的手工业和以金属冶炼、农业生产工具制造为代表的工业进步速度加快；在土地制度方面，封建土地私有制逐渐完善，建立在此基础上的农业生产方式和生产关系也趋于稳定；在阶层划分上，城市官员阶层、贵族阶层、商人阶层、小手工业者阶层和农村大地主阶层、农民阶层逐渐区分开来，中国的社会阶层逐渐形成。这些变化都影响到了中国的城乡关系变迁：从空间上看，城市经济快速发展，经济重心由北方的城市转移到了南方，城市和农村的分离趋势已十分明显；从时间上看，经过了 2000 年封建经济形态下的演进，中国城乡关系趋于稳定，全国范围内的城乡融合程度加深。

1840 年，西方世界用坚船利炮打开了我们不想打开的国门，工业文明和市场经济给中国农业文明和自然经济带来巨大冲击，城乡关系也进入加速分离时期。其一，城市中心地位确立。开埠城市逐渐成为商业和工业城市，城市工商业的发展加深了城市与农村联系的深度与广度，城市生产中心和流通中心的地位逐渐确立。其二，城市与农村之间的经济联系日益加强。城乡社会分工持续扩大，并不断深化，城乡间人口流动也日益频繁。其三，城市获得了对农村的支配权。借助新式工业、交通运输业和服务业，以及逐渐遍布中国城乡的贸易网络，城市将其影响逐渐辐射到周边农村和农村腹地，对外贸易与城市工商业的发展引致农村农产品和手工业品的商品化趋势。其四，城乡差距加速拉大。外部冲击一方面带来工商业城市的畸形繁荣，另一方面却也导致广大农村的衰败与凋敝。

1949 年，中华人民共和国成立，逐步建立起了计划经济体制，城乡关系进入空前固化的阶段。1949—1952 年，我国工业化、城市化进程较快，劳动力在城乡间的迁徙比较自由，但劳动力仍主要集中在农村，城市化水平比较低。这一阶段，城乡融合的新型城乡关系得以初步建立。经过短暂的三年国民经济恢复后，国家选择了一条重工业优先发展的战略道路，从 1952 年开始，中国进入了大规模工业建设时期，在这一时期我国城乡融合的新型城乡关系发展基本顺利。但从 1958 年开始，国家为推进工业化并尽快建立起社会主义制度，在农村和城市进行了一场规模浩大、持久深远的社会

变革，逐步建立并不断完善计划经济体制，城乡关系逐渐扭曲，形成了三对矛盾：城市和农村被人为割裂，农村为城市建设提供大量资金，实际上帮助城市完成了工业发展的资本积累任务，农村剩余劳动力向城市转移被户籍制度所限制，城乡矛盾凸显；工业发展以牺牲农业发展为代价，农业严重滞后于工业，工农业矛盾尖锐；农民没有自由择业权，大量农村富余劳动力被束缚在土地上，人地矛盾加剧。可以说，1958—1978 年间城乡关系在国民经济总体困难的情况下曲折发展并逐步僵化。

经过二十多年计划经济体制的运行，历经"一化三改造"和"一体两翼"的社会主义改造、人民公社化运动、"大跃进"和三年困难时期、国民经济巩固调整和十年"文化大革命"，中国城乡建设取得了巨大成就，但也出现了极其严重的问题。为此，国家迫不得已采取了改革开放政策，将工作重心回归经济建设。改革开放以来，市场化取向改革、农业技术进步以及国家城市化和工业化的发展从根本上改变了中国的城乡面貌：其一，农村土地制度创新极大地解放了中国农民本就具有但被长期压抑的巨大生产力和致富热情。其二，农业技术创新使得农业生产力稳步提高，不仅解决了超过 10 亿人口的吃饭问题，更为改革开放下中国经济的起飞奠定了粮食安全基础。其三，城市化取向的改革使得农村的资源配置和要素整合得到极大改善，农业和农副产品加工业大力发展使农业经济结构发生了显著变化，农村经济结构也不断优化。其四，农村劳动力在城市化和非农产业化发展过程中不断转移、积极参与，一方面这提高了农村居民的收入、提高了他们的收入水平；另一方面农业劳动力的转移也带来了单位土地上人均劳动率的提高，进一步提高了农民的收入水平。但这一时期，中国城乡关系也出现了严重问题，城乡差距持续拉大，城乡公共服务水平差异巨大，城乡文化鸿沟难以填平。如何缩小城乡差距，建设城乡发展一体化新格局，考验着执政者和整个中华民族的智慧和决心。

二、中国城乡关系演进的原因

我们认为，中国城乡关系演进的原因可以从内部和外部两个方面来考察。从内部看，经济发展、分工深化、技术进步等都是城乡关系发展的原因；从外部看，地理环境、频发的自然灾害、重农抑商的国家政策、战争等都是导致城乡关系变迁的因素。

1. 影响中国城乡关系演进的内部原因

第一，经济社会发展是中国城乡关系演进的决定性原因。一方面，经济社会发展必然带来城乡关系变化；另一方面，城乡关系变化又是经济社会发展的一个重要组成部分。把城乡关系放到社会发展的历史长河中考察，中国城乡关系演进经历了三个阶段：城乡互相依存—城乡对立分离—城乡统筹发展。在第一阶段"城乡互相依存"中，农村既是人类社会文明发展的产物，又是推动城市发展的重要因素；城市诞生于农村，农村是城市形成与发展的基础。在生产力水平低下的时代，城乡是互相依存的。在第二阶段"城乡对立分离"中，市场经济在中国的发展与扩散加快了城市化的进程。这种"被动城市化"，即工业化推动的城市化，使得本来就存在的城乡分离进一步被强化，出现了城乡的严重对立，使城市统治农村的格局最终形成。在第三阶段"城乡统筹发展"中，随着城市化的发展，"被动城市化"转变为"主动城市化"，即城市化成为经济社会发展的首要因素，带动各种产业发展，从而推动城市各方面协调发展，并通过其渗透辐射作用，推动城乡逐步融合，最终实现城乡统筹发展。由此可见，经济社会发展是中国城乡关系演进的决定性因素。同时，这也是世界城乡关系演进的决定性原因。

第二，分工深化是中国城乡关系演进的根本性原因。人对于更好生活的追求、交易效率提升的需要促进了社会分工的拓展，推动了专业化生产者在地域层面的聚集，从而使城乡经济发生分离，城市得以兴起和发展。一般而言，城市集聚经济所具有的高交易效

率特质，决定了其分工水平相对较高，城乡经济之间的这种交易效率和分工发展水平的不平衡性，是导致中国城乡关系演进和城乡二元结构形成与强化的根本原因。同时，我们要认识到中国历史上城市和农村的分工、农业和工商业的分工与工业革命后西方古典市场经济、第二次世界大战后现代市场经济条件下的分工相比，是低层次和不彻底的分工：一是对农村而言，其手工业和商业是无法分割的，同时工商业和农业经营是难以分离的；二是对城市而言，城市工商业对政权和上层社会的依附十分明显[①]，长期以来官营工商业和私营工商业之间分野明显，这种局面自汉武帝实行盐铁官营为核心的经济干预政策开始，横亘整个中国古代社会，影响甚至持续到了今天。

第三，技术进步是中国城乡关系演进的内生性原因。中国古代经济技术曾长期领先于世界，不论是其农业生产技术还是手工业生产技术，抑或是技术体系，都是这样。首先看农业技术。中国古代的农业耕作技术、水利灌溉技术和农产品加工技术都是领先的，这保证了在中国这样一个人地矛盾突出的内陆型国家可以进行精耕细作式的农业生产。农业技术的进步和农业知识的累积使得农业生产技术与农业产量在相当长的一个历史时期内达到了一个相当高的水平，带来了整个农业经济的繁荣。其次看手工业和工业技术。中国手工业和工业技术的特点是实用性，但实用技术很难上升到科学层面。我们可以看到，希腊哲学的基点是原子论，即"一分为二，二分为四，究其本源的方法论"，西方近代科学的基础是实验；而中国古代哲学的基础是"道"，即"道生一，一生二，二生三，三生万物"，道是一个抽象的理念，中国的技术又多是一种经验。这种抽象式的理念与经验式的技术可以在一个特定的时空取得领先优势，但却不便于在不同区域之间传播，也不便于在不同代际之间继承。

---

① 齐涛：《中国古代经济史》，山东大学出版社2011年版，第10页。

这就导致技术的集散地——城市,在空间上容易被孤立,在时间上容易被切断。

2.影响中国城乡关系演进的外部原因

第一,地理环境影响了中国城乡关系演进的基本格局和走向。其一,尖锐的人地矛盾决定了中国农业是精耕细作式的农业。中国平原面积仅有 12 亿亩,占国土面积的 8.5%,即使加上海拔 500 米以下的丘陵地区,中国理论可垦地面积也只有 19 亿亩(2011 年,我国耕地面积为 18.26 亿亩);而与中国面积相当、历史上人口相当的欧洲,可用于农业生产的平原面积可达到 100 亿亩,占其全部面积的 57%。中国有限的耕地面积和其上所承载的人口之间产生了巨大的矛盾和压力,由此形成了建立在精耕细作基础上的以土地经营为核心的中国传统农业经济。① 其二,大陆型国家决定了中国城市经济只能是农村经济的附属。中国作为一个拥有广阔内陆的国家,决定了其在生产力水平较低的时代,城市经济和城市文明只能作为农业经济和农业文明的附属。中国虽有漫长的海岸线,但是其文明却起源于大河冲击所形成的平原上,良好的农业条件使得农业发展迅速;通过陆路的商品交换提高了交易成本,因此大多数生活必需品(包括粮食、衣服、生产工具、生活用品等)都要自行生产而非通过贸易获得;一个封闭的大陆又会使任何知识、技术都要自行从原点发现与创造,以上因素造就了一个"自我供给与支持的大陆型经济 + 尖锐的人地矛盾 = 自然经济形态的农耕社会"的中国。② 在

---

① 在全国范围内,那种游离于精耕细作式的土地经营之外的畜牧业,仅在夏商时代占有一席之地;在局部范围内,仅仅在北方少数民族聚居地区占据主要地位,而一旦他们中的杰出代表蒙古族和满族人成为整个中国的统治者之后,就不得不依循这个农业经济的传统,否则他们的统治将无以为继。

② 中华文明的发源和欧洲文明的发源的地理条件截然不同。欧洲文明起源自希腊地中海沿岸的诸多城邦之中,面朝大海、背靠山峦、没有多少腹地的地理形态决定了希腊城邦间自然发展出一种依靠海上商品贸易、知识和技术在各个城邦间便利传播、城邦中工商业发达的海洋文明和城市文明。

这样的经济模式下，城市经济是为农村经济服务的，或者说城市是寄生于农村的。从某种程度上说，"城市是农村的城市，是农村的集合和代表"。①

第二，频发的自然灾害严重阻碍中国城乡关系的正常发展。据统计，公元前206年至1936年间，我国历史上有案可查的较大规模的自然灾害就达5150次②，即平均每半年就有一次，而没有记录的和区域性的自然灾害更是不计其数。其一，自然灾害造成了农作物减产和饥荒。自然灾害对农业生产的影响是巨大的。有研究显示，在其他条件不变的情况下，年均气温每下降1℃，单位面积粮食产量就会比正常年份下降10%，年降水量每下降100毫米，单位面积粮食产量也会比正常年份下降10%。③据《汉书·高帝纪》记载，"二年六月，关中大饥，米斛万钱，人相食"。《旧五代史·晋少帝本纪》记载，"天福八年，州郡二十七蝗……饿死者数十万"。其二，自然灾害影响社会安定，甚至会导致封建政权的灭亡。自然灾害会导致大批灾民的产生，灾民的存在本身就是引发社会动荡的因素。政府如果不能及时救灾（荒）、安置灾民并帮助他们恢复生产，甚至为了解决危机而对灾民进行更为严苛的剥削，那么灾民十分可能铤而走险，进行起义。西汉末年的绿林赤眉起义、东汉末年的黄巾起义、隋炀帝七年的山东长白山起义、唐朝末年的黄巢起义、明末崇祯年间的陕北农民起义等都属这种情况。

第三，重农抑商的国家政策导致农商发展严重不均。重农抑商是秦汉以来历代王朝一以贯之的重要政策，这一政策的思想核心就是农本思想。中国社会是典型的大陆型农业社会，农业受到了历代统治者和整个中国社会的重视。而"商"的高利润会吸引农民放

90

---

① 齐涛：《中国古代经济史》，山东大学出版社2011年版，第12页。

② 邓拓：《中国救荒史》，三联书店1958年版，第22页。

③ 张家诚：《气候变化对中国农业生产影响的初探》，《地理学报》1982年第2期，第8—15页。

弃农业生产，商业资本膨胀又会导致其进入土地兼并市场，这都不利于农业生产的稳定。明朝开国皇帝朱元璋曾颁布"贱商"令，"农民之家，许穿绸纱绢布，商贾之家，只许穿布。农民之家，但有一人为商贾者，亦不许穿绸纱"。[①] 所以直到清代，仍认为"市肆之中多一工作之人，即田亩中少一耕稼之人"[②]，"农为天下之本务，而工商皆其末也"。[③] 重农抑商政策导致商业发展受到抑制，商人权益得不到合法保护，商人地位难以提高。这一方面致使商业和商业聚集而成的城市相对于农业和进行农业生产的农村来说，在整个中国封建社会都处于劣势地位；另一方面导致中国工商业与农业的分工、城市与农村的分离是低层次的、不充分的。

第四，战争对中国城乡关系变迁造成的巨大冲击。以唐朝的安史之乱为例，公元754年，安史之乱爆发，黄河中下游成为主战场，历时七年多的战争和战乱后出现的藩镇割据使北方经济遭受巨大打击，导致人口锐减：唐元和时期，户数较开元、天宝时期大大减少，宪宗元和二年（807年）编户数为244万户，仅为天宝十三年（754年）民户数的25.4%；以后虽有回升，但到了武宗会昌五年（845年），也仅为天宝十三年（754年）民户数的51.6%。[④] 尤其是战争集中地区，人口减少情况更为严重，如宋州（今河南商丘）、光州（今河南潢州）、麒州（今陕西麒县）元和时户数分别只有开元时户数的1/20、1/30、1/40。[⑤]

① 徐光启：《农政全书》卷三，《国朝重农考》。

② 《清世宗实录》卷五七。

③ 《清世宗实录》卷五七。

④ 齐涛：《中国古代经济史》，山东大学出版社 2011 年版，第 117 页。

⑤ 梁方仲：《中国历代户口、田地、田赋统计》，中华书局 1980 年版，第 96—104 页。

三、近代中国城乡二元结构的扩展过程及其关系

1.近代中国城乡二元结构的扩展过程

中国城乡二元结构内容的特殊性在于它不仅仅局限于二元经济结构的层面，而是渗透到政治、社会、文化等方面。近代以来中国城乡二元结构扩展的路线图如下：城乡二元经济结构→城乡二元政治结构→城乡二元社会结构→城乡二元文化结构。

第一，城乡二元经济结构的形成与扩展。1840年鸦片战争爆发，西方国家的商品、资本及其所承载的工业文明、商品经济文化和市场经济逻辑开始冲击我国传统的农业文明、小农经济文化和自然经济逻辑，随着一次次战败后国门逐渐被打开，中国商品市场逐步扩大（见表3-1）。城乡间维持了几千年的模糊边界被逐渐划分开来，城乡分离趋势越来越明显，程度也越来越深。1870年后，官僚资本和民族资本也加入到分离中国城乡的队伍中。第一次世界大战前后的10年间，中国民族资本有了长足发展，城市经济进一步壮大。民国时期，官僚资本、买办资本、外国资本三股势力继续冲击原本就脆弱的中国城乡关系，城乡进一步分离。农村逐渐成了城市工业部门的生产要素来源地，也是城市工业部门产品的去路之一。这样，中国城乡二元经济结构逐步形成。这时虽然出现了城市人和农村人的差别，甚至在农村中的士绅阶层也逐渐壮大，但城乡二元结构主要局限在经济领域，并未向政治和社会领域扩展。

表3-1　1895年与1913年中国商品市场扩大情况对比

	1895 年	1913 年	增加倍数
铁路里程（公里）	364	9618	25.4
铁路货车（辆）	5937	10652	0.8
通商口岸进出船只（艘）	37132	190738	4.1
通商口岸货运量（千吨）	29737	93335	2.1

续表

	1895 年	1913 年	增加倍数
内河货运量（千吨）	54	120	1.2
进口贸易值（千两）	171679	570163	2.3

资料来源：汪敬虞：《中国近代工业史资料》（第二辑）下册，科学出版社 1957 年版，第 1096 页。

第二，城乡二元政治结构的形成与固化。新中国成立后，为了配合优先发展重工业的国家战略，在劳动力流动方面国家制定了严格的户籍制度，将公民分为农村户籍与城市户籍，对人口在城乡间的流动、城市招工范围、农转非的途径等做了极其详细的规定。一方面，将农民"钉在"土地上，强制他们完成为城市工业部门和城市建设提供积累的任务；另一方面，将广大农民享受城市较充裕的粮食供给、较高的工资与福利待遇、较完备的公共产品提供的权利剥夺了。同时，户籍制度还带来了空间、历史差距、二元部门和社会地位四重锁定效应（见图 3-1）。这样，在很长一段时间内，中国农民为国家工业化战略作出了巨大牺牲与贡献，但却不能享受与他们的贡献相匹配的收入水平和生活水平。而且随着时间的发

93

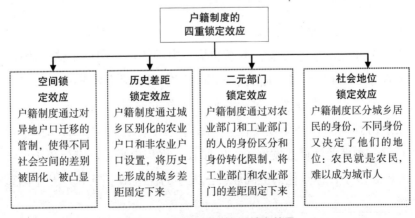

图 3-1　户籍制度的四重锁定效用

展，户籍制度不断被完备，不断被强化。由此，中国城乡二元政治结构完成了由形成到固化的过程。

第三，城乡二元社会结构的产生与表现。伴随着城乡二元经济结构的不断形成与深化，计划经济体制下城乡二元政治结构的逐步形成与固化，中国城乡二元社会结构也逐渐形成。其主要表现在以下三方面：

一是城乡居民享受社会保障的水平存在较大差异。近代以来，在中国享受社会保障就是城市人的专利，而将农民排斥在外。新中国成立以来也没有改变这种状况，1951—1966 年，国家陆续制定和颁布了《中华人民共和国劳动保险条例》《革命工作人员伤亡褒恤暂行条例》《国家机关工作人员病假期间生活待遇试行办法》《工人、职员退休处理暂行规定》《关于改进公费医疗问题的通知》《关于改进企业职工劳保医疗制度几个问题的通知》等一系列政策法规，在城市建立起了水平虽低但却完备的社会保障体系，但农村却几乎是一片空白。在改革开放三十多年后的今天，社会保障也未能实现城乡一体化。其进步只在于：农村社会保障从无到有，城市社会保障锦上添花。

二是以教育机会不平等为代表的城乡机会不平等问题十分突出。教育扩张并不能导致教育机会分配的平等化，相反，只要处于优势地位的群体还有可能去提高他们的教育机会，教育机会不平等就会维持，这就是关于教育扩张与教育不平等之间的著名假设——最大化维持不平等假设。不幸的是，中国的现实印证了这一假设。2009 年 1 月 4 日新华社播发了一篇温家宝同志谈论教育的文章："有个现象值得我们注意，过去我们上大学的时候，班里农村的孩子几乎占到 80%，甚至还要高，现在不同了，农村学生的比重下降了……本来经济社会发展了，农民收入逐步提高了，农村孩子上学的机会多了，但是他们上高职、上大学的比重却下降了。"[1] 中国重

94

---

[1]　温家宝：《赞同教育资金来源多样化》，中国新闻网，2009 年 1 月 4 日。

点大学农村学生比例自 1990 年起不断滑落：北京大学农村学生所占比例从 1978—1998 年的三成落至 2000 年以后的一成，清华大学 2010 级农村生源仅占 17%。①

三是农村居民通过努力成为城市人和富人的渠道不畅通。在计划经济年代，这条渠道因为户籍制度等的锁定效应，几乎是封闭的。改革开放之初到 20 世纪 90 年代中期，社会舆论对成功的评判标准较为单一，即致富，那时农民通过兴办乡镇企业、进城打工、考取大学等方式致富或进入城市，规模很大。但现在城市人和农村人分野明显，虽然身份转化的制度障碍减少了许多，但是转化的渠道却不顺畅，农民成为城市人和富人越来越困难。

第四，城乡二元文化结构的存在与强化。城乡二元文化结构自中国城乡差别形成之初就存在了，在数千年中变化甚小。而 1978 年开始进行市场化取向改革后，中国城乡二元文化结构则呈现加速分离的趋势。

一是城市市场经济文化和农村自然经济文化的差异逐渐扩大。改革开放后，西方市场经济文化逐渐渗透到城市人的生活中，人们的自主理念、竞争理念、创新理念、开放理念逐渐形成。这与农村自然经济文化形成了鲜明对比。在中国农村，尤其是中西部地区的农村至今仍是依赖理念、同情弱者的理念、封闭理念在人们的意识中占据主导地位。

二是城市人思维方式和农村人思维方式的差异明显。一个形象的说法是：在中国现阶段"城市人偏好关注自己的明天，而农村人喜欢关注别人的昨天"。即由于市场经济的发展，城市人的生存压力很大，要不断考虑自己明天如何发展、在哪里谋生；而一定程度的自然经济存在使农村人生存压力较小，有更多的时间去议论别

95

---

① 《农村学生难入名牌大学，北大占比从三成跌至一成》，《重庆晚报》2011 年 8 月 7 日。

人，谈论是非。

三是城市人和农村人生活方式的差异逐渐扩大。城市居民越来越崇尚健康、休闲、享受型消费，他们运动健身、休闲娱乐、出境旅游、购买奢侈品。而对于中国绝大多数农民，这样的生活方式还很遥远。

2. 中国四重城乡二元结构之间的关系

上节的分析已经显示，中国城乡二元结构在内容上的扩展，经历了由城乡二元经济结构到城乡二元政治（体制）结构，再到城乡二元社会结构，直至城乡二元文化结构。那么，这四重二元结构之间的作用机理是什么呢？可以从时间、空间和关系三个方面进行分析：

第一，四重二元结构在时间上不是完全继起的。城乡经济、政治、社会、文化四个二元结构的扩展在时间上并不是完全先后继起的，四个过程虽然有相互重叠的部分，但产生和发展在时间上又不完全重合。可以说，城乡二元经济结构贯穿中国城乡关系发展的整个历史阶段；城乡二元政治结构则是新中国成立后，由于实行以户籍制度为代表的计划经济体制所造成的特殊的、比别的国家更加明显的城乡对立局面；城乡二元社会结构则是城乡二元经济结构和政治结构共同起作用的结果；城乡二元文化结构则处在一个不断被强化的螺旋式累积增长通道之中。

第二，四重二元结构在空间上是并存的。一方面，在中国的每个地区、城乡关系演变的每个阶段，四重城乡二元结构几乎同时存在；但另一方面，在不同地区，四重城乡二元结构又不是完全一致的，其中有些二元结构在这些地区占主导地位，而在另一些地区只是处于从属地位。如在我国现阶段，东部发达地区的城乡二元经济结构和社会结构已经有了一定程度的改善，其主要任务是破解城乡文化二元结构，推进城乡文化一体化。而西部地区的城乡二元经济结构还十分严重，其主要任务是统筹城乡经济发展，推进城乡经济一体化。

第三,四重二元结构在关系上是互动的。城乡经济、政治、社会、文化四个二元结构互为条件、相互促进,形成了比较稳定的格局（见图3–2）。城乡二元经济结构居于基础性地位,从物质基础上决定了其他三个二元结构的形成和发展。城乡二元社会结构则是在城乡经济、文化、政治二元结构联合作用下,所表现出的中国城市和农村、城市人与农村人在社会发展上的二元差异。城乡二元政治结构是由于实行计划经济体制而引致的中国比其他国家更为突出的体制性二元结构,对其他三方面二元结构也起到了强化和固化作用。城乡二元文化结构是中国特殊城乡二元结构形成的文化和哲学根源,而且城乡二元文化也是四重二元城乡结构中最顽固、最难以转变的一个。中国传统的小农文化、自然经济文化已经深深地渗透到每位国人的意识中,并且世代相传。可以说,时至今日,相当一部分城市人和绝大多数农村人本质上仍信仰自然经济文化,思维方式受这种文化影响,行为方式自觉不自觉受这种文化支配。而且,文化的稳定性和传承性决定了其转变的困难性和滞后性,中国小农文化和自然经济文化转变的困难与滞后又会使城乡经济、政治和社会二元结构的破解面临更大的困难和不断反复的危险。

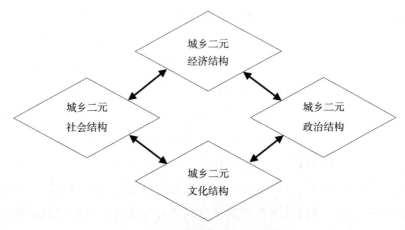

图3–2 中国四重城乡二元结构关系

97

第二节　奴隶制经济形态下的城乡关系演进
（约公元前 21 世纪—公元前 221 年）

约公元前 2070 年，夏朝建立，中国进入了奴隶制社会。在奴隶制经济形态下，生产力获得了一定发展，金属工具开始出现并逐渐推广使用；社会出现了三次大分工，畜牧业从农业中分离了出来，手工业也从农业中分离了出来，商人群体从整个社会群体中分离了出来；中国城乡关系出现了初步的分离态势，但是城乡分工程度并不高，城市功能还极不完善。

一、奴隶制经济形态下城乡关系演进的过程

我国在奴隶制经济形态下就已出现城市，并发生了城乡之间关系的初步分离。今人对河南偃师二里头、山东章丘城子崖、郑州商城等古城的考古发掘验证了古代文献的记载。可以确定，早在夏、商时期我国就出现了最早的城市。以河南偃师二里头遗址为例，这座位于伊、洛二水之间，距今近 4000 年的夏代都城遗存，东西长约 2.5 公里，南北宽约 1.5 公里，占地面积达 375 万平方米，其中宫殿区占地 10.8 万平方米，城中不仅分布有城墙围绕的宫殿、民居和宗教祭祀建筑，还拥有青铜冶铸作坊、制陶、石器作坊等遗址，俨然是一座兼具政治中枢和工商业职能的大城市。

到了周代，政治因素在推动城乡分离时发挥了显著作用。周人在灭商成为"天下共主"之后，为了尽快掌控东部新征服的广大领土，不得不通过分封子弟与功臣，并建立众多诸侯国的方式来实现其带有武装殖民性质的统治。既然分封诸侯是为了镇戍地方、屏藩王室，那么各国按照礼制规定修筑带有军事政治性质的城堡就成为其履职的必要手段。除诸侯修筑城池外，由诸侯进一步分封的卿

大夫也同样修筑了数量可观的城邑。而且，当时出现了并不严格的城乡之间的人的身份的"二元"分离，居住在城郭中的统治族群被称为"国人"，居住在农村的被统治族群被称为"野人"，而城乡之间的中间缓冲地带则称为"郊"。这种分类方法的影响一直持续到了今天，形成了"城市""农村""郊区"的分野。"国""野"之间在经济上已经出现了分工，而且这种在经济领域的分工进一步表现为政治身份的差别。"野人"主要从事农业生产，并为统治者提供劳役或实物贡赋；而"国人"在从事工商业活动的同时，也在"郭"内或"郊"外的土地上进行着小规模的农业生产。

春秋战国时期，各诸侯国出于武装争霸的需要，城市数量与规模都有了一定程度扩张，城乡也进一步分离。一方面，筑城数量有了进一步的增加。《史记·乐毅传》记载，乐毅攻齐一役"下齐七十余城"，《史记·穰侯传》曾提到，穰侯攻魏"取城大小六十余"，由此可见各国筑城之普遍。另一方面，城市规模明显扩大。齐国国都临淄有居民 7 万户，按五口之家计，总人数估计可达 35 万左右，按四口之家计，也可达 28 万人，城中人烟之稠密已达到"临淄之途，车毂击，人肩摩，连衽成帷，举袂成幕，挥汗成雨"[1]的程度。《战国策·赵策》中也曾提及，西周时还只是"城虽大，无过三百丈者，人虽众，无过三千家者"，而到战国时则已发展到"千丈之城，万家之邑相望也"的地步了。

二、奴隶制经济形态下城乡关系演进的原因

从我国城市起源与城乡关系发展看，私有制的出现、三次社会大分工、国家组织诞生与军事战争需要等因素导致了奴隶制经济形态下中国城乡关系的演进。

第一，从所有制角度看，私有制的产生是导致奴隶制经济形

---

[1]　刘向：《战国策·齐策一》。

态下城乡初步分离的根本原因。在原始社会，城乡处于"低水平的高度融合"状态，当时社会生产力极其低下，人们从事采集和狩猎活动，过着几乎完全平均主义的氏族生活，所有制形态是所有氏族成员的公有制。而演进到奴隶制社会后，社会生产力获得了实质性发展，金属生产工具出现，尤其是奴隶制社会后期出现了铁质的生产工具；家畜养殖、农业工作的生产方式逐步代替了狩猎和采集。于是，剩余产品出现了，氏族首领首先演化为了占有氏族共有剩余产品的人，这样私有制就产生了。生产力的进步、剩余产品的出现、私有制的产生自然意味着人员聚集的出现，初步的交换就产生了，市场诞生了，由此产生了城市。

第二，从社会分工角度看，分工是促进奴隶制经济形态下城乡分离的直接原因。从原始社会到奴隶制社会，中国社会经历了三次大分工：第一次社会分工是原始畜牧业和原始农业的分工；第二次社会分工是手工业从农业中分离出来成为一种独立的社会生产部门的分工；第三次社会分工是商业与农业、手工业的分工，其标志是一个完全不从事生产单纯进行交换的群体——商人群体的出现。这三次分工成为推动这一时期中国城乡关系变迁的根本原因：原始畜牧业和原始农业的分工使得真正的农业出现了，人们的生活方式和居住方式固定下来了；手工业从农业中分离出来则意味着农业生产有了剩余，一部分人可以脱离农村和土地的束缚了，这就为商业的出现和城市的诞生提供了基础；商人群体的出现则意味着生产力发展到了相当高的水平，产品剩余丰富，可以支持一个完全脱离土地的群体的生存，商人活动需要场地，由此市场出现了，随着参与交换商品的逐渐增加和商人群体的日益壮大，不断扩大的市场成为最早的城市。

第三，从政治军事角度看，国家诞生和军事战争是城乡分离的外部诱因。奴隶制下城乡分离是"广义社会分工"的产物，是政治军事活动从一般社会事务中分化出来之后的产品，政治军事因素是推动我国奴隶制下城市兴起与城乡关系初步分离的主导性力量。尤其是周代及之后的春秋战国时期，由一系列政治军事因素所驱动的筑城行为以及城市所发挥的实际作用，规定了我国古代城市在功能上的显著政治性，它促成了奴隶制经济形态下城市的初步兴起与第一次大发展，同时也昭示了此后城市的职能定位、推动力量和发展方向。

三、奴隶制经济形态下城乡关系的特点

第一，奴隶制经济形态下城乡分离程度极低。其一，奴隶制下中国城乡关系的分离是低层次的，也是极不充分的，处在低水平的城乡依存阶段。其二，城乡之间的分工不明显、不充分，城乡之间的生活并没有完全划分开。如作为"不愿仕"的"国人"颜回，"有郭外之田五十亩，足以给飦粥，郭内之田十亩，足以为丝麻；鼓琴足以自娱"。① 因此，"国""野"之间尽管存在着某种经济上的分工，也定期发生着工农业产品的交换，但城市的主要作用还在于自卫和巩固对辖区的政治统治。其三，奴隶制下中国城市发展还极不充分，从某种程度上说，那时的城市只是具有一定防御功能和初步商业职能的堡垒式聚居区。

第二，奴隶制经济形态下城市功能极不完善。在奴隶制经济形态下，中国城市更多体现政治军事职能。其一，这一时期的大部分城市是为了分封割据、占领地盘所建立的，城市建立本身就是军事行动的需要和延续。其二，在城市规划布局方面也有所反映，城外环绕着城墙和壕沟等军事防御设施，而且宫殿区、行政区和祭祀场所往往在城市中占据着显要的位置。尽管早期城市也具有多重职能，并且活跃着多种工商业活动，但以政治统治职能为中心，其他活动为之提供经济、安全方面的保障，还是这一时期城市的主要

101

① 《庄子·杂篇·让王第二十八》。

特征。

第三，奴隶制经济形态下城乡分工极不充分。其一，手工业和农业的分工极不充分。一是独立的手工业发育的不完善；二是家庭手工业发达。这两点是紧密结合的，氏族手工业和官营手工业产品与农业生产没有实际联系，独立手工业者又相对缺乏，这就导致许多手工业生产保留在了个体家庭之中，未能和农业分离，成为独立的手工业部门。其二，农业和畜牧业的分工极不充分。那个时期广大中原地区既没有单纯从事畜牧业的游牧部落，也没有单纯从事农业生产而畜牧业极弱的农业部落。农业和畜牧业相结合是当时黄河流域经济的显著特点。①

第三节　封建制经济形态下的城乡关系演进 （公元前 221—1840 年）

102

公元前 221 年，秦始皇统一六国，中国步入封建社会。在封建制经济形态下，中国生产力水平逐渐提高，农业、以纺织业为代表的手工业和以金属冶炼、农业生产工具制造为代表的工业进步速度加快；封建土地私有制逐渐完善，建立在此基础上的农业生产方式和生产关系也趋于稳定；城市中阶层划分完成，分工逐渐细化，城市经济快速发展；经济重心完成了由北方向南方的转移，全国范围内的城乡融合程度加深。经过了两千多年封建制经济形态下的演进，中国城乡关系趋于稳定，融合深入。

一、封建制经济形态下城乡关系演进的过程

封建制经济形态下，中国城乡关系经历了秦汉时城市初步发

---

①　齐涛：《中国古代经济史》，山东大学出版社 2011 年版，第 77 页。

展与城乡分离加剧、隋唐时多种因素对城乡融合的促进、宋元时以商品交换和流动为纽带的城乡共同发展、明清时小城镇和市场经济相对发达促进城乡融合发展等几个阶段，城乡关系趋于稳定，封建农地制度逐渐完善并稳定下来，城市中阶层划分完成，城乡融合逐步深入。

第一，秦汉时期城市初步发展与城乡分离加剧。其一，秦汉时期城市初步发展。在先秦时期，随着郡县制的施行和疆域的扩展，国家新建和改建了许多城市，城乡关系在奴隶制下继续分离。秦统一后，将原来六国城市按规模等级改设为新的郡县，在五岭以外的南越之地，设南海、桂林、象三郡；北取阴山以南匈奴之地，置九原郡。秦共设四十八个郡、一千多个县。汉朝时中国疆域扩大，城市数量继续上升，郡级城市增长了一倍多达 103 座，县级城市增长了近 50%，达到 1587 座。其二，秦汉时期农业逐步发展。首先，生产工具进步、牛耕的推广使用、铁犁牛耕技术的改进、耕田和整地保墒技术的提高带来了耕作水平提高；其次，栽培技术不断改进；再次，治理黄河、新建水利工程、修复旧有水利工程代表着水利工程的建设与发展；最后，粮食品种及产量不断增加。

第二，隋唐时期多种因素促进城乡融合。其一，农业生产力的大发展促进了城乡融合。唐代是农业生产工具改进及广泛使用的时代，铁制的铲、锄、镰等农业工具，已经普及边疆地区，尤其是曲辕犁的出现逐渐取代了原有的直辕犁并大范围推广使用。唐代农田水利事业很发达，据统计全国水利灌溉工程达 264 处，所兴修的水利工程大约有 320 万顷。[1] 农业生产技术的进步带动了城乡关系的发展。其二，农业生产关系的变化促进了城乡融合发展。具体来说，均田制的瓦解、人身依附关系的变化和两税法代替租庸调制促

---

① 肖建乐：《唐代农业的发展与城乡关系的演化》，《上海城市管理》2007 年第 5 期，第 50—53 页。

进了城乡关系：商品经济的发展，商业资本的积累，大土地兼并发展很快，促进了均田制的消亡，土地庄园制发展起来，农民的人身依附关系减弱，庄园制的发展有利于规模经营和商品经济的发展，这些都有利于促进城市的发展；以货币为主体的两税法逐渐推行，标志着唐代商品货币经济的整体水平有了较大发展。而城市的发展，正是以商品货币关系发展为前提的，因此两税法的实行也促进了城市的发展。① 其三，城市贸易与农村草市互为补充的全国性市场逐渐形成。一方面，隋唐时期，随着中国的统一和社会经济的恢复和发展，商业再次繁荣起来：长安与洛阳既是当时的政治中心，又是最为繁盛的国际性商业都会；一些新兴商业都市伴随着运河、漕渠的疏浚以及商业贸易的发展而不断出现，如运河上的汴州，运河、长江交汇处的扬州，淮河与运河交汇处的楚州；随着海外贸易的发展，沿海城市广州、杭州、明州、泉州以及长江流域的荆州和益州等也逐渐发展起来。另一方面，为了适应分散于各地的小商品生产者的要求，解决广大农村地区的商品交换问题，降低农村因过于分散所带来的交通不便困难，在远离城市的农村地区出现了草市贸易，成为城市贸易的很好补充，形成了全国性市场。②

第三，宋元时期以商品交换和流动为纽带的城乡共同发展。宋朝人口出现了大幅度增长，从宋初的5500万人左右上升到了宋末的1亿人③，达到了前所未有的水平。蒙古人于1234年占领了中国北部后，对农业并不重视，加之常年战乱，使得我国北方的农业水利系统废弃，黄河堤岸被冲毁，大运河也已不再发挥作用；同

① 肖建乐：《唐代农业的发展与城乡关系的演化》，《上海城市管理》2007年第5期，第50—53页。

② 齐涛：《中国古代经济史》，山东大学出版社2011年版，第220页。

③ 不同学者的估计略有不同，但是都超过了1亿。和平第认为达到了1亿（Ho，1959），而其他学者对1280年的人口数有着更高的估计（Zhao和Xie认为达到了1.08亿，Durand认为是1.23亿，而Elvin估计有1.4亿）。

时，蒙古人劫掠了许多城市，将一部分农村人口转变为农奴或奴隶，并将农业牧业化①，以至于在宋朝时中国出现的较高程度的城市化和城乡统筹局面因为一个北方游牧民族的到来而出现了停滞和倒退的局面。具体说来，宋元时期中国城乡关系呈现以下一些新趋势：

其一，经济重心南移使中国南方的城乡融合水平大大提高。宋元时期，中国经济社会经历了一次重大转变，经济重心由北方转移至南方。在公元 8 世纪时，中国 3/4 的人口居住在以小麦和谷子为主要农作物的北方；到了 13 世纪末，中国 3/4 的人口居住在长江以南地区，以耕种水稻为主。这种变化的重要诱因之一是随着水利技术的进步和对早熟作物品种的开发种植（尤其是占城稻的引进），中国南方由一片沼泽遍布的不适合人类居住的地区变为一片可以进行大规模水稻种植的理想区域，以粗放为特征的旱地农业转化成了以精耕细作为特征的水稻农业。② 这样，中国南方就依赖精耕细作的水稻农业养活了大量人口，众多人口的聚集又带来了手工业的发展，桑蚕种植和缫丝业发展，棉纺织加工业发展，而手工业的发展进一步推动了商业的发展，由此南方开始了大规模的旧城扩张和新城建设。于是，中国南方出现了程度相当高的城乡融合态势。

其二，城市化水平达到中国封建社会峰值。自战国到宋朝的一千年间，中国城市化水平逐渐提高。南宋时达到了 22%，而这也是中国封建社会历史上城市化水平的峰值，甚至高于新中国成立后 1957 年的城市化水平（见表 3-2）。宋朝不但拥有汴京和杭州两个世界性的大城市；而且大规模生产和区域性分工的发展也带来了全国商业城镇数量的增加，当时已经形成了长江下游的浙江、福建沿海的许多繁华城市，苏州、南京、杭州、宁波、泉州等都是闻名

① 直到 1280 年南宋灭亡时，蒙古人的政策才有所改变。
② ［英］安格斯·麦迪森：《中国经济的长期表现（公元 960—2030 年）》，伍晓鹰等译，上海人民出版社 2008 年版，第 11 页。

中外的贸易城市和活跃的国际港口。①

表3-2　中国历代城市化水平

(单位：%)

朝代	城市化水平
战国（公元前300年）	15.90
西汉（2年）	17.50
唐（745年）	20.80
南宋（1200年左右）	22.00
清（1820年）	6.90
清（1893年）	7.70
近代（1949年）	10.60
近代（1957年）	15.40

资料来源：赵岗：《城市发展史论集》，联经出版事业公司1995年版，第76页。

其三，农业商业化由部分区域向全国扩展。在宋朝之前，中国自给自足农业经济的解体与商业化农业的发展都仅限于城市及某些农作物的产区。而到了宋朝，农业商业化的发展则是全国性的，自给自足的农业相当程度上变成了商业化农业。一是大量农作物和农业加工品商业化程度大大提高。宋代时新作物逐渐推广，稻米的变种被培植出来，江苏的大米闻名全国，输出到北方城市和南方及东南沿海省份；干姜、蘑菇、西瓜和荔枝都逐渐变为大规模生产，福建不仅成为上等荔枝的全国性生产中心，还把产品出口到国外市场；茶叶产量增长空前，首次成为中国社会各阶层人士的日常消费品；蓝靛和茜草作为纺织业的染料而进行着专业化与规模化生产；木料、油脂等的专业化生产支持了不断增长的造船业、建筑业和水

① Gernet, *Jacques Daily Life in China on the Eve of the Mongol Invasion 1250–1276*, London：Ruskin House，1962，pp.23-46.

利工程的需要；为满足印刷业、出版业的快速发展所带来的对纸张的巨大需求，桑竹的种植也规模化了。[①] 二是农业商业化市场不断扩展。许多省及县的治所成为商业中心，农村里则发展出很多小的集市，它们成为农村市场的商业中心；乡镇和区域内较大城市的贸易网络日益发展，小型的贸易网络则连接起国内的大部分地区，长途贸易的发展规模也是空前的；许多商品的全国市场开始出现，批发商和栈商的出现促进了各商品大型市场的发展。

第四，明清时期发达的小城镇和市场经济促进城乡融合发展。明清时期，中国城乡融合达到了新高度：农村商品经济获得了新发展，新兴商业市镇快速发展，发达的手工业带动了城乡进一步融合。

其一，农村商品经济得到了新发展。明清时期，突出的人地矛盾[②] 迫使农户将边际劳动生产率极低的过剩劳动力投向各类家庭手工业生产和与之相适应的经济作物栽培方面，同时伴随着日益提高的生产力水平，中国尤其是江南地区农村商品经济获得了较大发展：一是明朝时农业已经形成了一种较为合适的制度框架：土地制度发生了变化，大多数农民转变为拥有生产与经营自主权的自耕农和佃农，自耕农可以自由买卖土地，在地方市场出售他们的农产品；[③] 二是明清时小农经济在原先组织结构的基础上，加深了内部分工，增加了对以纺织品为代表的家庭副业的投入，并由此进一步推动了家庭手工业品的商品化发展和区域分工格局的形成，使江南地区快速地成为号称"衣被天下"的全国性纺织品生产供应中心；

---

①　艾德荣：《职权结构、产权和经济停滞：中国的案例》，《经济学季刊》2005年第4卷第2期，第541—562页。

②　1620—1850年，江南地区人口由2000万增至3600万，导致户均耕地面积从14.5亩下降到8.5亩，有些地方"田收仅足支民间八月之食"。见李伯重：《多视角看江南经济史（1250—1850）》，三联书店2003年版，第47页。

③　Skinner, G. W., "Marketing and Social Structure in Rural China", *Journal of Asian Studies*, Novermber, February and May, 1964-1965.

三是由于大部分手工纺织品以交换为目的，因而农户家庭手工业生产专业化程度普遍加深。

其二，一批新兴商业市镇得到了快速发展。农村家庭内部分工的深化、生产结构的改变以及由此而兴起的农村手工业，带动了明清时期城市的发展及其功能的转变。首先，城镇的数量有了明显增加。江南六府的市镇数在宋代仅有 71 座，而到清代则增至 479 座①，其中吴江的盛泽镇、嘉兴的濮院镇、嘉定的罗店镇和南翔镇等是其中典型代表。其次，市镇规模有了很大扩展。少数市镇的规模与繁荣程度甚至超越了传统的地区治所，如湖州府所辖的南浔镇其规模就超过了府城，故有"湖州整个城，不及南浔半个镇"之说。再次，部分城镇手工业有了明显发展。以苏州城的染踹业为例，康熙年间全城已有踹坊三百余户，踹匠万余人，至雍正年间，除去布号自设的染坊外，尚有独立染坊 64 处，踹坊 450 家，染工、踹匠总人数均达万人以上。② 最后，很多市镇在商业功能上和周边农村结合更为紧密。它们不仅如传统城市那样，服务于周边农村，进行互通有无式的商品流通，而且更注重于满足周边农村手工业生产与发展的需要。③

其三，发达的手工业带动了中国城乡进一步融合。到了明清时，中国，尤其是江南地区农村家庭手工业的勃兴推进了纺织品的商品化进程，通过市镇出售纺织品以购入短缺的粮食，成为家庭手工业再生产得以延续和扩展的重要前提。在明清时期江南市镇的商贸活动中，农户通常先将纺织品售予牙行，再用所得收入购买粮食或原料，牙行将收购的纺织品集中起来转售外地客商进而销往全

---

① 樊树志：《明清长江三角洲的市镇网络》，《复旦学报》1987 年第 2 期，第 93—100 页。

② 王家范：《明清苏州城市经济功能研讨》，《华东师范大学学报》1986 年第 5 期，第 46—53 页。

③ 赵冈：《中国城市发展史论集》，新兴出版社 2006 年版，第 69 页。

国，而另外一些外地客商则将粮食贩运至此销售，由此便形成了完整的商业链条。为数众多的市镇不但解决了江南农村居民的生计问题，而且还有力地支持了农村手工业的生产与进一步发展。从一方面来说，如果没有农村手工业的出现和家庭纺织品商品化的发展，便不会有江南市镇的繁荣；从另一方面来说，若缺少了市镇商业在商品流通领域所发挥的媒介支撑作用，农村家庭手工业也难以生存和发展。

二、封建制经济形态下城乡关系演进的原因

中国封建制经济形态下的城乡关系演进的原因，放在漫长的中国城乡关系演进历史长河中看，和其他经济形态下的原因比较，技术进步、战乱四起和政权更迭、粮食因素和自然灾害等是封建制经济形态下城乡关系变动的异质性因素。具体来说：

第一，技术进步所带来的产业进步和生产组织方式变革带动了城乡融合。以宋代为例①，在手工业方面，南方较高的土地生产率支撑了稠密的人口，降低了运输成本，增加了农产品中可参加市场交换的比重。这进一步释放了劳动力，使得更多的劳动力参与到手工业中，尤其是棉纺织业当中，促进了轻工业的发展，中国人的生活质量也有了显著提高。在工业方面，工业部门首次大规模出现便是在宋代，技术进步大力推动了这一时期工业的发展。宋朝的金银铜铁的产量不但远远超过唐朝，而且后来的明清两代也无法望其项背（见表3-3）。②铁、铜等金属被铸造成犁铧、锄头、镰刀等农业生产工具，钉子、桥梁构件、大车等工业生产工具，茶具、器皿、镜子、雕像及随身饰物等生活用品，以及最为重要的货币。在

---

① 宋朝时中国进入了技术繁荣进步的时期。相对于其他朝代，中国历史学家将宋代视为技术革新的重要时期：中国封建时代那些影响世界文明进程的科技发明，如火药、罗盘、活字印刷术、胆铜法等，大都是10世纪末至11世纪发明创造的。

② 陈智超、乔幼梅：《中国历代经济史》，文津出版社1998年版，第128页。

生产组织方面，工场雇佣更多的工人，开展资本投资，深化劳动分工，已成为全国的一种普遍趋势。部分地区纺织与制造业经营规模增长尤其迅速，四川一纺织工场就拥有织机154张，雇佣工匠500余名；苏北的36家冶铁户雇佣了超过3600名专职矿工，从事采矿、燃料收集与处理、冶矿和粗矿提炼等工作，而有些制铁作坊，雇佣的工人则超过了5000名。①

表3–3　806—1078年中国的人均铁产量

年份	人均铁产量（磅／人）	人口（百万）
806	0.5	54
998	1.2	54
1064	2.9	62
1078	3.1	81

资料来源：Hartwell, Robert M., "Markets, Technology and the Structure of Enterprise in the Development of the Eleventh Century Chinese Iron and Steel Industry", *Journal of Economic History*, Vol.26, No.1, 1966, pp.29-58。

第二，粮食因素和自然灾害是城乡关系演变的重要纽带。其一，粮食生产决定着封建制经济形态下城市发展的边界。农业剩余以及隐藏其后的农业劳动生产率，决定着城市发展的可能性边界，如果超过这一界限，城市发展必然会因缺乏粮食供给而受到限制。同时，粮食运输条件对城市，尤其是对大城市的发展也有重要影响。优越的交通运输条件使政府能够以较低的运输成本从更广阔的地域范围筹集农产品，从而支持城市规模进一步扩大，反之则会限制城市的发展。以唐代为例，关中地区所生产的粮食便无法满足都城长安的巨大需求，政府必须从富庶的南方地区调入粮食、布帛。由于洛阳至长安之间缺乏有效的运输条件和手段，运输不便且成本

---

①　傅筑夫：《中国封建社会经济史》，人民出版社1981年版，第286页。

高昂，从而迫使一些唐代帝王变成了"逐粮天子"，即在关中饥馑时期不得不"屈尊"远赴东都洛阳"就食"。其二，自然灾害严重影响封建制经济形态下城乡关系的正常发展。据统计，公元前206年至1936年间，我国历史上有案可查的较大规模的自然灾害就达5150次①，即平均每半年就有一次，而没有记录的和区域性的自然灾害更是不计其数。据《汉书·高帝纪》记载，"二年六月，关中大饥，米斛万钱，人相食"。《旧五代史·晋少帝本纪》记载，"天福八年，州郡二十七蝗……饿死者数十万"。

　　第三，战乱四起和政权更迭严重影响了城乡关系的正常发展。其一，战争严重影响城市经济和城乡关系的正常发展。战时敌对各方对城市的长期围困和攻击，以及破城后胜利者的大肆屠戮与焚掠，曾对许多城市造成过毁灭性的打击。北魏都城洛阳曾盛极一时，后因迭经战乱，一度竟变为"城郭崩毁，宫室倾覆……墙披蒿艾，巷罗荆棘。野兽穴于荒阶，山鸟巢于庭树。……农夫野老，艺黍于双阙"②的荒城。晚明时期，边境军事费用约占中国全年支出总额的76%以上。经常军费在户部太仓岁出总数中所占的比例，从未少过一半，通常都占到60%至80%之间。万历末年实行定额加派以来，军费在岁出总数中所占的比例比从前更高，1628年太仓银库支出的91.22%都用于了军事开支。明朝最后20年，每年的军费总数均达2000万两以上。③其二，政权更迭和权力中心转移影响城市的兴衰。唐末军阀朱温在篡位前，强劫唐昭宗及百官赴洛阳，为充实洛阳，"令长安居人，按籍迁居，撤屋木，自渭浮河而下，连甍哭号，月余不息"。④从此，长安这座古代世界著名的

---

　　① 邓拓：《中国救荒史》，三联书店1958年版，第124页。

　　② 《洛阳伽蓝记序》。

　　③ 黄仁宇：《十六世纪明代中国之财政与税收》，三联书店2001年版，第193、195、198、239—240、374—384页。

　　④ 《旧唐书·昭宗纪》。

大都市便一蹶不振，再也难以恢复往昔之繁盛。

三、封建制经济形态下城乡关系的特点

封建制经济形态下城乡关系的特点可以从城的角度、乡的角度、城乡关系的角度以及与西方对比的角度四个维度考察。

第一，从城的角度看，封建制经济形态下的中国城市化进程有三大特点。其一，封建制经济形态下中国城市化水平呈现先升后降的态势。根据海外学者赵冈（Chao）和罗兹曼（Rozman）的研究[1][2]，我国封建制经济形态下城市化水平经历了一个先缓慢上升，后逐步下降的发展过程，其中峰值出现在南宋（见表3–4）。[3] 其二，封建制经济形态下中国城市化水平高于同期欧洲水平。与欧洲相比，按照表3–5所显示的数据，我们可以认为在封建制经济形态下前期，我国城市发展水平曾远较欧洲发达，无论是大城市人口比重、大城市数量，还是平均城市规模都曾远超于欧洲。而直到欧洲出现了资本主义生产方式，工商业快速发展之后，这种情况才发生了逆转。[4] 其三，封建制经济形态下中国出现了两种不同类型的城市。一种是"城郡"型城市，这种城市以政治功能为主，是全国或地区性的行政军事中心，历代王朝的国都，地方的州、郡、府、县的所在地大多属于这种类型；另一种是"市镇"型城市，这种城市

---

① 赵冈：《中国经济制度史论》，新星出版社2006年版。

② Rozman, G., *Urban Networks in Ch'ing China and Tokugawa Japan*, Princeton University Press, 1973.

③ 两位学者对我国封建制经济形态下城市发展水平的判断，既存在着明显的差异，也有着相似之处。在差异方面，除了对清代晚期情况的估计较为接近外，其他时期关于城市化水平的不同测算结果相差甚远，差距最大时竟有四倍之多。我们认为两者在估计中或许都存在缺陷，赵冈可能高估了我国封建制经济形态下城市人口数量，而罗兹曼则过高地估计了总人口。我们推断，我国封建制经济形态下城市人口比重亦即城市化水平的真实情况应该介于二者之间。

④ ［英］安格斯·麦迪森：《中国经济的长期表现（公元960—2030年）》，伍晓鹰等译，上海人民出版社2008年版。

表3-4　我国封建制经济形态下城市发展水平估计

朝代	年代	城市人口（万人）		总人口（万人）		城市人口比例（%）	
		赵冈	罗兹曼	赵冈	罗兹曼	赵冈	罗兹曼
汉代中期	1世纪早期	1043	—	5960	—	17.5	—
唐代中期	8世纪中期	1099	470	5290	10000	20.8	4.7
宋代中期	11至12世纪	1590	624	7100	12000	22.4	5.2
明代中期	16世纪早期	—	845	—	13000	—	6.5
清代早期	17世纪中期	—	1020	—	15000	—	6.8
清代晚期	19世纪早期	2420	2360	35300	40000	6.9	5.9

资料来源：赵冈：《中国经济制度史论》，新星出版社2006年版；Rozman, G., *Urban Networks in Ch'ing China and Tokugawa Japan*, Princeton University Press, 1973。

表3-5　中国与欧洲封建制经济形态下城市发展水平比较

年代	规模达万人的城市人口占总人口比重		规模达万人的城市数量		平均城市规模（千人）		总人口（万人）	
	中国	欧洲	中国	欧洲	中国	欧洲	中国	欧洲
11至12世纪	3.1%	—	91	4	41	—	7800	4500
16世纪初期	3.8%	5.6%	112	154	44	22	12400	7230
17世纪中期	4.0%	8.3%	136	197	44	31	12300	9090
18世纪初期	3.8%	10%	310	364	48	34	40800	14960

资料来源：Rozman, G., *Urban Networks in Ch'ing China and Tokugawa Japan*, Princeton University Press, 1973；Vries, D. J., *European Urbanization 1500-1800*, Methuen, London, 1984。

以经济功能为主，是地区性的经济商贸活动中心。但这种划分并非绝对，而是动态变化的，以上海设县为例，在商业活动的推动下，上海于宋元之际已是一片繁荣景象，史籍记述该地"襟海带江，舟车辏集，故昔有市舶、有榷场、有酒库……甿廛贾肆，鳞次而栉比。实华亭东北一巨镇也"。① 为了加强地方管理，防御盗贼，元朝至元二十九年（1292 年），上海以镇升县，政治色彩由此逐渐加深，开始了从"市镇"型城市向"城郡"型城市的转型。

第二，从乡的角度看，封建制经济形态下中国农业经济呈现三大特点。其一，封建制经济形态下的中国农业经济是一种小规模土地经营经济。无论是租佃农还是自耕农，绝大多数都是以一家一户为单位的小规模土地经营。相比之下，西欧中世纪农户生产规模较大，如法国农户"份地"② 标准是 13 公顷，相当于 195 市亩；英国中世纪早期大家庭的份地有 120 英亩，相当于 730 市亩，农奴的份地也达到 30 英亩，相当于 180 市亩。③ 其二，封建制经济形态下的中国农业经济是一种保留着市场经济成分的自然经济。在封建制经济形态下，中国小农将粮食与衣服这两大类生产紧密结合在家庭生产和经营过程中，"男耕女织"就是这种结合的主要形式，其特点就是自给自足。其中，粮食生产是基本内容，但是仅仅进行粮食生产并不能满足农民的基本生活，来自粮食生产的收入常常入不敷出。这样，农民经常拿出一部分劳动力从事副业生产，主要包括桑麻纺织业、家畜饲养、园艺种植三部分。一方面满足自身用度所需，一方面进行市场贸易获得更高的收入。其三，封建制经济形态下的中国农业经济是一种抗风险能力极低的经济。封建制经济形态下，中国相当一部分农民生活在"水深及颈"的状态下。规模过小的农业生产是一种简单再生产，除去缴纳各种赋税和维持生活必需之外，农民的收入基本所剩无几，能用于扩大再生产的剩余更是少之又少，生产规模难以扩大。薄弱的生产基础、贫乏的生产条件、

---

① 唐锦：《弘治上海志》（卷五），公署。

② "份地"就是一定份额的土地，按户头和人口等生产关系享有的土地，即农户自己名分下的耕地。

③ 齐涛：《中国古代经济史》，山东大学出版社 2011 年版，第 80 页。

频发的自然灾害、缺失的农产品定价权，使任何一点外部或内部的冲击，都会导致小农经济的瓦解。

第三，从城乡关系角度看，封建制经济形态下较低的社会分工水平不足以引致城乡关系的本质变化。纵观封建经济史，在资本主义萌芽的明清时期，尽管分工水平有所提升，城市经济功能有所丰富和扩展，但这种有限的进步依旧是建立在小农经济的基础之上的。城乡间既没有实现工业品和农产品在城乡间较为彻底的专业化分工，也没有从根本上突破传统自然经济下落后的社会分工格局。如明清时期以纺织业为代表的手工业在江南地区的农村兴起，事实上这不仅无法促进手工业和农业在城乡间的分离，反而促使手工业生产向农村靠拢集中，进一步强化了传统自然经济下农村"耕织结合"的生产模式，其结果是阻碍了城市手工业的独立发展。由于无法成为独立的手工业生产中心，城市自然就难以发挥其优势通过快速提高自身分工水平与劳动生产率的方式，而成为引领经济结构升级的主导性力量。因此，社会整体分工演进的滞后是导致我国封建制经济形态下难以实现城乡经济结构跃升和城乡更高层次融合的症结所在。

第四，从与西方对比角度看，封建制经济形态下中国城乡关系变迁道路与西方不同。先看中国封建制经济形态下的城乡发展。在我国封建制经济形态下，很早就形成了政令统一的中央集权国家，受政治因素的强力推动，城市发展总体走在了经济活动之前，城市规模有时甚至达到了经济活动所能容纳的最大限度，表现出了一种早熟和超前的特征。这有可能导致城市发展的不可持续性：当城市总体规模接近全社会经济活动所能承受的极限后，在城乡经济尚未实现良性互动的情况下，城市发展很可能会陷于停滞，甚至出现倒退。再看西方封建制经济形态下的城乡发展。西方城市发展的推动主体并非统治者，而是获得了一定自治权利的商人与市民阶层；推动力量也不是政治统治的需要，而是在商业复兴基础上的工

商业全面繁盛。① 由此可见，封建制经济形态下的中西方城乡关系，尤其是城市发展所呈现的不同态势，是不同动力机制作用的结果，这种差异不仅影响了城市自身的发展，而且也对城乡经济关系的演进产生了深远的影响。

第四节　半封建半殖民地经济形态下的城乡关系演进（1840—1949 年）

一、半封建半殖民地经济形态下城乡关系演进的过程

半封建半殖民地经济形态下中国城乡关系演进的过程，可以以 1911 年中国封建制度灭亡为界限分两个阶段进行考察，具体来说：

第一阶段（1840—1911 年）：外力冲击为主的城乡加速分离过程。1840 年西方列强用坚船利炮打开了中国大门，自然经济受到巨大冲击，城乡关系也进入加速分离时期，表现为以下三方面：一是部分开埠城市逐渐成为商业和工业城市。迫于西方的战争压力，中国相继开放了一批口岸城市作通商之用，这些城市在对外贸易的刺激下，率先走上了因商而兴的近代化道路。进一步，在贸易的发展推动下，近代工业在这些城市相继发展起来，城市走上了因工而盛的近代化道路。二是开埠城市周边农村卷入了市场经济。开埠城市的工商业迅速发展带动和加速了城市周边农村自然经济的解体和商品经济的发展，城乡社会开始逐渐成为世界资本主义市场的一部分，按照市场经济运行原则而相互连接。三是城市对农村的经济支配地位逐渐形成。城市商业和工业的发展扩展了城市与农村联

116

① ［比］皮雷纳：《中世纪的城市》，陈国梁译，商务印书馆 2006 年版。

系的深度与广度，大城市逐渐成为区域社会、经济、文化以及政治的各种力量和要素的集中区，城市生产中心和流通中心的地位得以确立，并借助于新式工业、交通运输业、贸易业将其影响辐射到腹地农村。由此，城市逐渐获得了对农村经济的支配权。①

同时要明确的是，外部冲击对中国城乡关系影响的范围是不断扩散的，程度是不断加深的。如果说 1840—1842 年第一次鸦片战争、1856—1860 年第二次鸦片战争对中国自然经济的冲击仅局限在沿海通商口岸、沿江和京津等地区，那么中国在 1894 年甲午战争中惨败于日本并签署《马关条约》，则是对中国人的意志与城乡关系的双重摧毁，外部冲击程度加剧②：一是中国开埠口岸数量急剧增加。甲午战争前的 50 余年间，全国共开辟通商口岸 35 处，从沿海沿江逐渐向内地蔓延，已经使中国的手工业生产感受到沉重的压力。甲午战争后到 1914 年的 20 年间，西方列强又强迫中国开放口岸多达 53 处，此后又增开了 10 余埠，1936 年中国通商口岸已高达 105 处。二是外国商品经济冲击已经由商品输出为主向商品输出和资本输出并重转变。《马关条约》不仅赋予外国人在通商口岸的设厂制造权，而且给予其在中国制造的商品和进口商品以同样的特权和优惠。③

第二阶段（1911—1949 年）：内外冲击结合导致城乡关系对立统一发展。1911 年清政府被推翻，中国进入民国时代。但中国城

---

① 陈炜：《近代中国城乡关系的二重性：对立与统一》，《宁夏大学学报（人文社会科学版）》2008 年第 1 期，第 119—126 页。

② 1899—1900 年在山东、河北爆发的"义和团运动"可以反映这种外部冲击的剧烈程度。一方面，义和团对西方宗教进行激烈对抗，仅 1900 年夏天，共有 241 名外国传教士、教徒及家属，2 万多名中国基督徒被杀；另一方面，义和团对西方工业文明和对固有城乡关系的破坏进行强烈抵制，其团歌中"拆铁道、拔线杆、紧急毁坏大轮船"就是最直接的写照。

③ 汪敬虞：《中国近代经济史（1895—1927）》（下册），人民出版社 2000 年版，第 1781 页。

乡关系瓦解的趋势并没有得到扭转。一方面，中国战乱不断，军阀混战、国内革命战争、抗日战争、解放战争持续了近40年的时间，社会生产力受到极大破坏，中国城乡经济遭受重创；另一方面，中国农民受到双重的掠夺与剥削：一重受到外国资本的掠夺与剥削；一重受到官僚资本、买办资本，甚至民族资本的掠夺与剥削。无论是外来侵略者还是官僚资本都将发展的重点放在城市，把农村作为城市发展的原料基地和工业商品销售市场。

由此，造成城乡关系表现为对立统一的两个方面：一方面，城乡差距持续扩大，城乡呈现截然不同的状态。一面是通商都市的畸形繁荣，另一面却是广大农村的衰败与凋敝："近代式的若干商业都市和停滞着的广大农村同时存在。"[1] 以四川地区为例，数日来看大城市，非常繁华，山水非常秀丽，但一看民间状况，真令人不忍说出。年来因兵匪骤增，鸦片遍种，旱灾迭现，苛税重重，四川人民遂由"天府"而入"地狱"即是当时城乡差别的真实写照。[2] 即使是在近代最繁华的城市上海，城乡交界处，城市的繁华与农村的贫穷落后形成鲜明对比，成为世界上最为轮廓鲜明、最富于戏剧性的边界之一。[3] 另一方面，城市与农村间的经济联系日益加强。对外贸易与城市工商业的发展引致农村农产品和手工业品的商品化趋势；城乡社会分工持续扩大，并不断深化；城乡间人口流动频繁。

二、半封建半殖民地经济形态下城乡关系演进的原因

在半封建半殖民地经济形态下，经济社会发展的客观规律、资本主义列强的巨大冲击、洋务运动的兴起、民族资本的崛起和持续不断的战乱四项因素是这一时期中国城乡关系变迁的主要原因。

---

① 《毛泽东选集》第一卷，人民出版社1991年版，第188页。

② 葛绥成：《四川之行》，中华书局1934年版，第25页。

③ [美] 罗兹·墨菲：《上海——现代化的钥匙》，上海人民出版社1986年版，第14页。

第一，经济社会发展的客观规律使农村自然经济逐渐瓦解导致城乡融合。封建社会追求高度中央集权和大一统的政治体制，自然经济为主的经济制度，杂糅着儒、佛、道的中国文化，封建宗法制度维系的家庭和社会关系都使得中国市场经济发展极其缓慢，自然经济难以瓦解。但到了封建社会晚期，即明中期之后，随着生产力的发展和分工的持续深化，全国性的商业贸易网络逐渐形成，金融业等生产性服务业快速发展，在棉纺织、缫丝、金属冶炼等产业中出现了规模较大的工场式生产组织方式，中国市场经济得到了空前的发展（一说资本主义萌芽）。由此，中国自然经济逐渐瓦解，促进城乡融合的因素出现。虽然受到外部巨大冲击，但这种经济发展客观规律的力量一直作用在中国半封建和半殖民地经济形态下的整个过程之中。如果这种经济规律的自发力量持续作用下去，中国会自然进入到市场经济形态下，走上资本主义道路。那么中国的城乡关系也会像西方主要资本主义国家那样，出现一个先加速分离再逐步融合的过程，但是外部冲击阻挠了这一自然而然的城乡关系演变进程。

第二，资本主义列强严重冲击中国城乡关系正常进程。在半封建半殖民地经济形态下，中国的小农经济仍然远离科学管理、机械化作业和规模经济，在一个封闭经济中，这种小农经济尚可以自给自足进行维持。而一旦国门被西方列强打开，进而融入国际分工体系和国际市场，外部对中国固有城乡关系的冲击就在所难免了。

其一，西方国家工业文明和市场经济的冲击导致中国城乡分离加速。1840年鸦片战争后，开矿权、铁路修筑、内河航运、口岸设厂、收购权、税收控制和贷款优先等权利全部被西方资本主义国家所逐渐控制。西方列强的商品和资本开始冲击中国古老的农业文明和自然经济，中国几千年来城乡差别甚小的状况开始变化，城乡分离加速。中国进出口贸易量大增就是这种冲击的最直接反应。先看贸易指数，进口贸易指数以1871—1873年为100，1891—

1893 年增长到 206.6，1909—1911 年增长到 662.3，1929—1931 年增长到 1964.2，60 年间增长超过 19 倍。① 再看进出口商品价值，1870—1874 年间，中国年均进口外国商品价值从 68868600 海关两上升到 1890—1894 年间年均的 144233000 海关两；年均出口货物价值从 66720000 海关两上升至 107082600 海关两。最后看具体产品，1870—1874 年和 1890—1894 年 5 年间三种产品的进口年平均数，糖从 848 海关两上升为 4447 海关两，增长 424.4%；火柴从 163 海关两上升为 1490 海关两，增长 814.1%；煤油从 1735 海关两（1885—1888 年平均数）上升为 5548 海关两，增长 219.8%。②

其二，部分发展中国家也冲击着中国的城乡关系。原本中国农产品仅能依靠廉价的劳动力优势占据世界市场一席之地，而一旦受到其他发展中国家的冲击，这种优势也逐渐丧失了。以中国和印度之间红茶占英国市场的比重变化为例，中国红茶在 1865—1869 年占比可达到 94.0%，印度只有 6.0%；而到了 1880—1884 年，中国红茶占比降至 68.0%，而英国占比上升到 32.0%（见表 3-6）。③ 中日甲午战争之后，这种情况更为严重：1895 年，中国茶叶出口尚有 186 万担有余；但是到了 1920 年则下降到了 31 万担。④ 再以日本和中国生丝出口为例，在 19 世纪 70 年代，中国生丝占世界份额的 41.3%，但是到了 19 世纪 80—90 年代，这个比重便下降到 35%；而日本的份额则从 7.2% 上升到 19.7%。⑤

---

① 严中平等：《中国近代经济史统计资料选辑》，科学出版社 1955 年版，第 64 页。
② 姚贤镐：《中国近代外贸史资料》（第 3 册），中华书局 1962 年版，第 1604—1605 页。
③ 姚贤镐：《中国近代外贸史资料》（第 3 册），中华书局 1962 年版，第 1194 页。
④ 汪敬虞：《中国近代经济史（1895—1927）》（上册），人民出版社 2000 年版，第 190 页。
⑤ ［日］松井七郎：《美国蚕丝工业史》，第 57—58 页。

表3-6　中印红茶在英国市场上所占比重变化

(单位: %)

时　期	中国红茶	印度红茶
1865—1869	94.0	6.0
1870—1874	87.4	12.6
1875—1879	80.6	19.4
1880—1884	68.0	32.0

注: 以中印红茶在英国销量总数为100%。
资料来源: 姚贤镐:《中国近代外贸史资料》(第3册), 中华书局1962年版, 第1194页。

　　第三, 洋务运动的开展和民族资本的崛起加速了中国城乡分离。鸦片战争之后, 在西方资本主义国家市场经济、工业文明和资本的侵入、冲击和示范下, 国内一批官僚、士绅和富商阶层中的有识之士, 利用国家财力、社会集资或自我积累的资金, 相继在城市, 特别是在一些通商口岸中, 创办了一系列涉及工矿、交通运输、金融和商业等多个领域的近代资本主义企业 (见表3-7)。这些企业有两大类, 第一类是洋务运动中发展起来的官办企业, 第二类是洋务运动衰落后所发展起来的民族资本企业。经过几十年的发展, 我国近代经济部门 (包括所有内外资企业) 占全国GDP的比重已由1890年的0.9%上升至1933年的5.3%。[①] 在那个年代, 各类军事工业和民用工业企业积极学习并引进西方新式机器设备、科学技术和先进经营管理方法, 生产各类商品, 提供各式服务, 其中包括大量中国封建社会没有的新产品和新服务。同时, 洋务运动的开展和民族资本的崛起对于中国传统文化形成了巨大冲击: 在城市中, 商品经济文化逐渐渗透, 小市民文化受到冲击; 而在广大农村, 自然经济文化受到的冲击极小, 小农文化根深蒂固。由此, 城

121

---

　　① [英] 安格斯·麦迪森:《中国经济的长期表现 (公元960—2030)》, 伍晓鹰等译, 上海人民出版社2008年版。

乡差距逐渐扩大，城乡分离趋势明显。

表3-7　19世纪末部分民族近代企业概况

行业	企业名称	成立年份	所在地
纺织	上海机器织布局	1890	上海
	湖北织布官局	1892	武昌
造纸	上海机器造纸总局	1882	上海
	广州造纸公司	1882	广州
面粉	贻来牟机器磨坊	1878	天津
	福州机器面粉厂	1887	福州
印刷	鸿文书局	1888	上海
	广州机器印刷局	1882	广州
交通通讯	轮船招商局	1872	上海
	电报总局	1882	天津
金融保险	保险招商局	1876	上海
	中国通商银行	1897	上海

资料来源：根据汪敬虞：《近代中国资本主义的总体考察和个案辨析》，中国社会科学出版社2004年版，第16—60页数据整理制表。

第四，战乱不断严重干扰中国城乡关系的正常发展。其一，战乱导致农村破坏严重。如清政府镇压太平天国的战争耗时多年①，当起义队伍被镇压之后，各地区残破不堪，几乎成为废墟。②长江中下游各省，特别是江苏南部地区，原本是"查苏省民稠地密，大都半里一村，三里一镇，炊烟相望，鸡犬相闻"，但到了太平天国起义失败后，变为了"一望平芜，荆榛塞路，有数里无

① 在湖南4年，湖北、浙江5年，广东6年，广西超过10年，江西、安徽和江苏各12年，贵州、新疆13年，云南18年，其他各省多则七八年，少则两三年。

② 严中平：《中国近代经济史（1840—1849）》（上册），人民出版社2001年版，第618页。

居民者，有二三十里无居民者。间有破壁颓垣，孤孽弱息，百存一二，皆面无人色，呻吟垂毙"。[1] 而江宁府原有耕地 63922 顷 80 余亩，1864 年垦熟田地降至 29233 顷 40 余亩，抛荒耕地占原有耕地的一半以上。[2] 其二，战乱造成人口数量锐减。以太平天国运动前后的嘉兴府的人口变动为例，1838 年整个嘉兴府共有 541386 户，2933764 人，户均 5.4 人；到了 1873 年，嘉兴府户数减少到 253447 户，人口减至 953053 人，户均 3.7 人。[3]1851 年，整个江苏人口为 4430 万人，浙江为 3011 万人；而到了 1865 年，江苏仅有 1920 万人，浙江仅剩 638 万人。即使忽略 16 年间人口的自然增殖，两省人口也剧减了 4883 万人。[4] 其三，战乱损毁农业水利设施严重，造成水旱灾害频发。如北方的直隶省，由于战乱频繁，1851—1860 年间发生自然灾害的地区为 187 县州次，到了 1881—1890 年则增至 570 县州次，较前者增加超过 2 倍以上；南方的江苏省，由于战乱频繁，在1851—1860 年间发生自然灾害的地区为369 县州次（包括兵灾），到了 1881—1890 年仅自然灾害就增至 587 县州次，增加将近 2 倍。[5]

三、半封建半殖民地经济形态下城乡关系的特点

半封建半殖民地经济形态下城乡关系的特点可以从城的角度、乡的角度、城乡关系的角度三个维度考察。

第一，从城的角度看，半封建半殖民地经济形态下中国城市

---

[1]　李鸿章:《全书奏稿》（卷 3），第 44 页。

[2]　汪士铎等:《续纂江宁府志》（卷 8），第 5 页。

[3]　梁方仲:《中国历代户口、田地、天赋统计》，中华书局 1980 年版，第 450—451 页。

[4]　严中平:《中国近代经济史（1840—1849）》（上册），人民出版社 2001 年版，第 635 页。

[5]　李文治:《中国近代农业史资料》（第 1 辑），三联书店 1957 年版，第 719—722、733—736 页。

呈现三大特点。

其一，大城市快速扩张。在东中部地区，上海、天津、青岛、广州、汉口五座城市发展迅速。据海关统计，1936年国内埠际贸易中，天津、青岛、上海三大沿海口岸输出货值占关内40个商埠输出总值的52.5%。如果加上汉口、广州，五大商埠流转的货物价值约占到关内输出总价值的70%。[1]1906年，上海租界内华商已横跨50多个行业，拥有3000家以上的店号；1915年，市内商业、服务业超过160个行业；1933年全市商铺达7.2万家。[2]同时，上海人口增长也很快，1843年上海只有23万人，到1880年突破10万人，1914年为200万人，20世纪30年代初达到350万人，1949已达550万人。[3]上海从一个东方小港口成长为连接中国市场与国际市场的枢纽和全国性贸易中心。在西部地区，20世纪30年代，公路和汽车运输兴起，陇海铁路也延伸到陕西境内，西北的交通运输情况有所改善，商业和市场也得到相应的发展。以西安为例，1934年，西安有商号5000家出头，到了1936年，这一数字增加至6337家[4]，两年时间商店数量增加了20%以上。

其二，中小城镇发展迅速。随着外国市场经济与工业文明冲击的不断深入，除过大城市外，广大中小城镇，尤其是东部的中小城市迅速发展。广东佛山和江苏南通就是其中的典型代表。广东佛山近代以来就是中国瓷都，同时冶铁产业也非常发达，而且1840年以后，广东又成为中国对外开放的前沿，受到巨大的外部冲击；而江苏南通是张謇创办实业的地方，民办工业（尤其是民办民用工

---

① 刘克祥、吴太昌：《中国近代经济史（1927—1937）》（下册），人民出版社2010年版，第1668页。

② 张忠民：《经济历史成长》，上海社会科学院出版社1999年版，第123、124页。

③ 宫玉松：《中国近代城乡关系简论》，《文史哲》1994年第6期，第31—36页。

④ 谭刚：《陇海铁路与陕西城镇的兴衰（1932—1945）》，《中国经济史研究》2008年第1期，第61—69页。

业）发展突出，在 19 世纪末南通已经建设了图书馆、博物馆、女子学校等公共设施，成为那个时代城乡融合走在前列的地区。再看具体数字，1796—1802 年松江、苏州、滦州、代州 4 个州府共辖有市镇 235 个，到 1875—1908 年增加为 341 个。[①]1925 年东北地区 10 万人口以上的城市从 20 世纪前的 2 个增加到 3 个，5 万—10 万人口的城市由 1904 年的 4 个增加到 9 个，1 万—3 万人口的城镇由 24 个增加到 51 个。[②]再看城镇人口数量的增长，1843 年我国城镇人口 2072 万，占总人口的 5.1%；1893 年城镇人口上升到 2351 万，占总人口的 6.0%；1949 年城镇人口 5765 万，占总人口的比重上升至 10.6%。[③]

其三，城镇逐渐将农业和农村手工业纳入其体系。这主要表现为两方面：一是以直接供应城市市场为目的的商业性农业和手工业得到长足发展；二是国际市场需求引发的农产品和手工业产品商品化日益发展。以上海和唐山为例，上海是全国最大的工商城市和外贸口岸，每日食米约需要万石，年需米超过 360 万石。但上海不是稻米产区，而要依靠常熟、无锡、苏州、同里、松江、青浦等周边县区的农村供应。而一些新兴城市对商品粮的需求更加明显。新兴城市唐山本是滦县和丰润县交界处的开平镇所属的小村庄，自 1877 年创办开平矿务局京奉铁路通车之后，遂成重镇，人口逐渐增加，人口的增加带来了对商品粮需求的激增，每年仅输入的杂粮（不含小麦、面粉）就达到 30 万—50 万石。[④]

第二，从乡的角度看，半封建半殖民地经济形态下农村呈现三大特点。

① 宫玉松：《中国近代城乡关系简论》，《文史哲》1994 年第 6 期，第 31—36 页。

② 《中国社会科学院经济研究所集刊》（第 11 辑），中国社会科学出版社 1988 年版，第 49 页。

③ 胡焕庸：《中国人口地理》（上），华东师范大学出版社 1984 年版，第 261 页。

④ 《唐山之经济近况》，《中外经济周刊》第 213 号，1927 年 5 月 28 日，第 1—3 页。

其一，农村自然经济受到商品经济巨大冲击，但并未从本质上瓦解。粮食进出口的变化反映了当时中国农村自然经济受冲击的情况，以1865—1894年上海、天津、广州、汉口大米进出口为例就可以说明：上海、天津、广州、汉口1865—1869年间的大米进口量从56197担、321750担、4315担和1238担上升至1890—1894年间的5060013担、9837823担、11934411担和19449担，上海和汉口两市的大米出口量从1865—1869年间的380859担、26担上升至1890—1894年间的23407171担和922269担（见表3–8）。进一步来看，1870—1894年的25年间农产品及农产品制成品的输出量增长：棉花的增长速度最快，1870年的输出量仅为23355担，而1894年便增至747231担，增加了31倍；其次是烟草，1870年输出4233担，而1894年增至113886担，增长了26倍；而茶叶、生丝、植物油、豆饼等输出量也都有了明显增长。① 但半封建半殖民地社会形态下中国农村并没有发生本质变化，尤其是与外界联系

126

表3–8   1865—1894年上海等四埠大米进出口贸易统计

(单位：担)

口岸\\时期	上海		天津		广州		汉口	
	进口	出口	进口	出口	进口	出口	进口	出口
1865—1869	56197	380859	321750	—	4315	—	1238	26
1870—1874	672263	6174890	1196491		4089733		289	2376
1875—1879	1403181	12096410	6633804		3191888	28	4132	—
1880—1884	2539097	18080285	7534402		10383371		30185	2589
1885—1889	2134676	21172947	9837823	521	11934411		19449	171410
1890—1894	5060013	23407171	12431948	58457	14453725	6	3405	922269

资料来源：严中平：《中国近代经济史（1840—1894）》（上册），人民出版社2001年版，第971页。

---

① 杨端六、侯厚培：《六十五年来中国国际贸易统计》，1931年。

极少、受西方市场经济和工业文明冲击极小的广大中西部农村地区更是如此。美国学者施坚雅认为，"传统中国后期的农村地区可以被看作七万个六边形的格子，每一个经济体系以一个标准市场为中心"。[①] 日本学者义雄部柴（Shiba Yoshinobu）也认为此时"为农业商业化提供框架的是从宋朝开始的市场网络、农村市场组织"。[②]

其二，农村土地兼并严重，自耕农数量减少。地主对土地的激烈兼并和农民的不断破产失地，使得一些地区的自耕农数量明显减少。据 1908 年的调查，奉天承德、辽阳、铁岭等 14 州县，占地 3000 亩以上的大地主共有 59 户，共占有土地 38 万余亩。[③] 据 1888 年的调查，宁夏的田场面积平均为 250—300 亩，有少数能达到 500 亩；山西平阳县、浙江杭州、福建福州的大田场面积一般为 100 亩、200 亩和 100—300 亩。[④] 据 1925 年的调查，昆山、南通两县农户中自耕农的比重，分别从 1905 年的 26% 和 20.2% 减少到了 1924 年的 8.3% 和 13%，分别减少了三分之二和三分之一以上。[⑤] 而在 1926 年，桂林、苍梧等农产品商品化程度较高的地区，自耕农比重分别降到了 33.1% 和 42.8%。[⑥] 到了 1930 年，中国土地兼并

127

---

①　G.William Skinner, "Marketing and Social Structure in Rural China", *The Journal of Asian Studies*, Vol.26, No.1, 1964.

②　Shiba Yoshinobu, "Rural-Urban Relations in Ningpo Area During the 1930's", *Memoirs of Research Department of the Toyo Bunko*, Vol.47, 1989, p.12.

③　奉天农业试验场:《奉天全省农业统计调查报告书》（第 2 期第 1 册），第 15—20 页。

④　严中平:《中国近代经济史（1840—1849）》（上册），人民出版社 2001 年版，第 974 页。

⑤　乔启明:《江苏昆山南通安徽宿县农佃制度之比较以及改良农佃问题之建议》，金陵大学农林科，1926 年，第 9 页。

⑥　国民党农村复兴委员会:《广西省农村调查》，商务印书馆 1935 年版，第 60 页。

和地权分配在不同区域已呈现三类不同状态。①②

其三，农村劳动雇佣关系逐渐形成，并引致封建宗法关系瓦解。19世纪五六十年代后，中国农业雇佣劳动关系发生和发展的条件更为成熟了：农民大起义失败后，国内商品经济进一步发展，封建宗法关系进一步瓦解，外国商品进口和中国产品出口持续增加，农业中经济作物种植面积扩大，粮食生产商品化程度有所提高。在城乡商品经济的发展过程中，自然经济解体加剧，农村呈现两极分化趋势，广大农民不断破产，所有这些都为富农、地主和商人从事雇佣农工进行资本主义生产准备了条件。而其具体表现：一是农业雇工队伍的扩大和雇佣关系的变化，二是一些地区资本主义农业雇工经营的发展。光绪年间（1875—1908年），山东省5区42县192个村的24781户农户中，有雇农4421户，占全体农户的17.8%，其中鲁北地区雇工发展水平是最高的，达到32.3%。③进一步，在西方工业文明影响下发展出的雇主和雇工之间的单纯雇佣关系有力地减弱了中国封建宗法关系。

第三，从城乡关系角度看，半封建半殖民地经济形态下中国城乡关系呈现三大特点。

其一，外力冲击成为城乡分离的主要推力。在半封建半殖民地社会下的百年时间里，中国城乡关系经历了几千年来所未有的快

---

① 汪敬虞：《中国近代经济史（1895—1927）》（中册），人民出版社2000年版，第771—777页。

② 具体来说：第一类，地权比较分散，地主占有土地通常在30%以下，农户绝大部分是自耕农。这一类地区的数量不多，零散分布在那些土地贫瘠、农业生产条件差和商业性农业不发达的地区。第二类，地权轻度集中，土地兼并不太激烈，地主占有土地一般不超过50%，自耕农尚占相当比重。这一类地区比第一类地区要多，黄淮流域以第二类地区为主。第三类，地权高度集中，地主占有的土地超过50%，有的甚至高达80%—90%，自耕农数量很少，佃农和雇农构成农户的主体。这类地区的分布更为广泛，长江流域、华南各省和察绥、东北三省，都以第三类地区为主。

③ 严中平：《中国近代经济史（1840—1849）》（上册），人民出版社2001年版，第974页。

速变革，城乡加速分离。但这一时期的城乡分离既不是源于自身商品经济的发展，也不是自身工业化和城市化发展的结果，而是列强用武力打开中国大门，打破中国落后的经济制度，植入了资本主义先进的生产方式，将中国变为其工业发展的原料市场和商品倾销市场。在外力冲击和诱导之下，中国开展"洋务运动"，建立自己的现代工业，随后官僚资本、买办资本、民族资本均获得了一定发展。回报率较高的城市工商业部门成为外国资本和民族资本的主要聚集地，而回报周期长、回报率低的农业部门则鲜有人投资，农业生产技术也长期得不到改善。由此城市经济快速发展，城市和农村的差距逐渐拉大，城乡加速分离。

其二，城乡分工趋于明确。一是农村剩余劳动力转移带动城乡分工。农村自然经济的逐渐瓦解、开埠通商口岸的兴起和交通运输条件的改善，成为推动农村人口向城市流动的巨大力量，农村人口被逐渐纳入城市分工体系和市场经济轨道之中。二是手工业的发展带动城乡分工。随着城市手工业和轻工业的发展，城乡分工速度加快，渗透到城市工商业的各个方面，城市对农村的辐射作用和聚集功能开始显现。三是商业的发展带动城乡分工。工商业逐渐在城市集中，城市成为生产中心，更成为贸易中心。沿海开埠口岸、沿江城市和历史上形成的大城市都逐渐形成了覆盖周边农村的城市商业网，农村则逐渐成为城市原料提供地和初级产品加工地。

其三，城乡关系呈现不平等互动局面。一是这种局面表现为城市的发展以牺牲农村的发展为代价。城乡呈现对立关系，社会资源在城乡之间以向城市一方倾斜的方式配置。① 这一时期城市成为人口、资本、基础设施、教育、医疗、文化等资源和公共服务的集聚地，市场经济文化被引进并逐步扩散，城市发展迅速；而农村则沦为城市工业部门发展的原料来源地和工业产品倾销地，巨大的

129

---

① 赵勇：《城乡良性互动战略》，商务印书馆 2004 年版，第 4 页。

"剪刀差"剥削着农业的生产剩余，导致其自身积累不足，同时农村公共产品供给几乎为零，农村发展长期停滞。二是农村较城市而言过于弱小的市场购买力又导致城市与农村之间互动不够，而表现为城市主导下的由城到乡的单向沟通，城乡呈现非良性互动局面。

第五节　计划经济形态下的城乡关系演进 (1949—1978 年)

1949 年，中华人民共和国成立，中国共产党由革命政党变为执政党，中国经济的发展重心也由农村转向了城市，随之而来的是中国经济发展战略的重大变化，中国城乡关系演变呈现出新过程、新原因和新特点。

一、计划经济形态下城乡关系演进的过程

新中国成立之初，中国是一个生产力发展水平极端落后的农业大国。1949—1957 年，我国工业化、城市化进程较快，劳动力在城乡间的迁徙比较自由，但劳动力仍主要集中在农村，城市化水平比较低。1952 年中国工业净产值占工农业净产值的比重仅为 25.3%，工业劳动者占社会劳动者的比重只有 6%。经过短暂的战后经济恢复阶段以后，中国进入了大规模的工业建设时期。1958—1978 年，国家为推进工业化，在农村和城市进行了一场规模浩大、影响深远的社会变革，建立了计划经济体制，将城市和农村分割为两个部门。在城乡分割体制下，农业发展严重滞后于工业，农村剩余劳动力向城市转移的速度缓慢；在城乡资金流动中，农村为城市的投资提供部分资金，而在全国基建投资中农业的基建投资比重却一直较低，工农业矛盾较为尖锐；农民没有自由择业权，大量农村富余劳动力沉淀在土地上，人地矛盾加剧，城乡关系扭曲。下面分

三个阶段具体考察计划经济形态下中国城乡关系的演进过程。

第一阶段（1949—1952 年）：城乡融合的新型城乡关系初步建立。面对新中国成立之前城乡分裂对立的局面，党在新中国成立前夕就产生了建立新型城乡关系的想法。毛泽东在 1949 年 3 月召开的七届二中全会上强调："城乡必须兼顾，必须使城市工作和乡村工作，使工人和农民，使工业和农业，紧密联系起来，决不可以丢掉乡村，仅顾城市，如果这样想，那是完全错误的。"[①]1949 年 4 月刘少奇在著名的田间讲话中也强调："必须切实地、快速地沟通城乡关系，城乡之间过去是对立的，今天要使之畅通，使货畅其流。城乡物资周转宜灵活，过去打断了，今后要改善这种状况，使城市工业品与农村农业品相互交换的关系发达起来，灵活起来。"[②]毛泽东、刘少奇等党和国家领导人提出的"城乡兼顾和沟通城乡关系"的主张，明确了新生政权处理城乡关系、工农关系的基本方向。在实践方面，主要开展了两项工作：一是恢复和发展农村商品经济。建立了国营商业和供销合作社体系，掌握流通领域中的重要物资；发展集市贸易，开展城乡物资交流；恢复战争中被破坏的交通运输设施；打击资本家的非法商业活动。二是制定合理的农副产品与工业产品价格，处理好两者的比价关系。1951 年 11 月，1952 年 2 月、9 月和 12 月四次提高了农副产品的价格，农产品采购价格提高了 21.6%，农村工业品零售价格提高了 9.7%，工农业产品比价平均指数以 1950 年为 100，1952 年为 90.3。[③] 由此，工业品价格相对降低，工农业产品价格"剪刀差"得以缩小。经过以上两项措施，长期以来形成的城乡对立、"农村包围城市"的格局得到了初步扭转。在三

131

---

① 《毛泽东选集》第四卷，人民出版社 1991 年版，第 1427 页。

② 刘少奇：《在天津市干部会上的讲话》，转引自中共中央文献研究室：《刘少奇论新中国经济建设》，中央文献出版社 1993 年版，第 80 页。

③ 陈明：《国民经济恢复时期（1949—1952）的城乡关系研究》，《四川大学学报（哲学社会科学版）》2004 年第 S1 期，第 118—119 页。

年国民经济恢复时期，全国工农业总产值达到 827.2 亿元，比中国历史最高水平的 1936 年增长 20%；中国城市化率由 10.64% 上升到 12.46%，城市人口由 5765 万增加到 7163 万，增加了 1398 万人。①

第二阶段（1953—1957 年）：城乡融合的新型城乡关系不断发展。度过了三年的国民经济恢复时期，1953 年我国进入了第一个五年计划时期，城乡关系总体上沿着城乡协调的方向发展。这一时期城乡关系是开放的，城乡之间的生产要素流动相对自由，并呈现出城乡对流的状态，城乡融合的新型城乡关系不断发展。在实践方面，主要开展了两项工作：一是提高农产品收购价格，工农业价格剪刀差缩小。"一五"时期，国家基本维持了农村工业品零售价格政策，进一步缩小了工农业产品的价格剪刀差：以 1950 年价格指数为 100，则农副产品收购价格从 1952 年的 121.6 上升为 1957 年的 146.2，农村工业品零售价格指数从 1952 年的 109.7 上升为 1957 年的 112.1。即 5 年间，农副产品收购价格指数提高了 24.6%，而农村工业品的销售价格指数只提高了 2.4%。② 二是新建和扩建部分城市，城镇人口比重逐渐上升。"一五"时期，国家进行了大规模的工业建设，新建和扩建了部分城市。1952—1957 年，新增城市 22 座，其中人口超 100 万的特大城市 1 座，人口 50 万—100 万的大城市 8 座，人口 20 万—50 万的中等城市 13 座。③ 城市扩张带来了城市就业机会增加，且城乡间人口尚能自由流动，所以大量农村人口流向城市。1952—1957 年，城镇人口从 7163 万增加到 9949 万，净增城镇人口 2786 万，其中由农村迁入城市的人口约为 1500 万。④

132

---

① 高佩义：《中外城市化比较研究》，南开大学出版社 1992 年版，第 88 页。

② 张立艳：《建国以来城乡关系演变的历史考察与现实思考》，东北师范大学博士论文，2005 年，第 3 页。

③ 陈立：《中国国家战略问题报告》，中国社会科学出版社 2002 年版，第 99 页。

④ 陆学艺、李培林：《中国社会发展报告》，辽宁人民出版社 1991 年版，第 284 页。

城市人口占全国人口比重由 12.5% 上升到 15.4%。

第三阶段（1958—1978 年）：城乡关系在曲折中发展并逐步僵化。1958 年 5 月，党的八大二次会议通过了"鼓足干劲、力争上游、多快好省地建设社会主义"的总路线，总路线的根本思路是要打破常规，打破平衡，高速度的进行社会主义建设。错误的指导思想迅速反映在城乡关系的实践中：为尽快改变我国农村贫穷落后的面貌，提高农业生产力，加快农村社会主义建设步伐，党和国家发动了"大跃进"和人民公社化运动。但是，"大跃进"运动严重违背生产力发展规律和生产力与生产关系相适应的法则，人民公社化运动严重违背人的经济本性，1959—1961 年国民经济出现严重困难，国民经济比例完全失调：1957—1960 年，工业总产值由 704 亿元增加到 1637 亿元，增长 30%，而农业总产值却由 537 亿元降至457 亿元，降低 14.9%。为保证"大跃进"对劳动力的需求，国家从农村大量招工。1958—1960 年城市共增加人口 3124 万，从农村迁入城市的人口达 2000 多万人，城市人口占比提高了 3.4%。城市的快速发展、城镇人口的迅速扩张，产生了粮食供给和需求之间的巨大矛盾。1958—1960 年，全国粮食总产量由 3900 亿斤降至 3200亿斤，全国人均粮食占有量降到 475.5 斤。[1] 三年困难时期，全国人口非正常减少 3000 万人。

面对三年困难时期出现的极端严峻的局面，国家实行了"调整、巩固、充实、提高"的国民经济八字调整方针，城乡之间的紧张状况得到了改善。但 1966 年爆发的"文化大革命"再次破坏了趋好的城乡关系，1966—1978 年间，我国工业和农业、城市和农村之间的发展非常不协调：一是城市化进程缓慢。1966—1977 年，城市人口年均增长速度仅为 2.06%，低于总人口平均增长速度 0.21个百分点；1977 年城市化率为 17.55%，比 1965 年的城市化水平下

133

---

① 　陈立：《中国国家战略问题报告》，中国社会科学出版社 2002 年版，第 100 页。

降了 0.43 个百分点。① 而且,新设市极少,建制镇数量下降减少,城市建设投资也不断减少,城市规模结构更加不合理。二是工农业发展不协调。1965—1978 年,工业总产值增加了 2 倍,农业总产值只增加了 67.7%。② 三是城乡间人口流动被完全阻断。"文化大革命"期间,由于国家对农村劳动力的流动严加控制,导致农村剩余劳动力大量滞留。

二、计划经济形态下城乡关系演进的原因

新中国成立后经过国民经济三年恢复,为快速实现工业化(尤其是重工业化),国家制定并实施了工农业产品不等价交换、统购统销、农业合作化和人口流动控制等一系列涉及城乡关系的制度。这些制度形成了一个互相支撑、互相补充的完备的刚性制度体系,确保了农业对工业、农村对城市长期、巨大的贡献,且这种牺牲农业的行为被制度和法律不断固化。

第一,工农业产品不等价交换制度导致城市对农村长期的合法剥削。第一个五年计划之后为了支持工业尤其是重工业的发展,国家采取扭曲工农业产品相对价格和交换关系的政策,一方面提高工业品价格,另一方面压低农产品价格,人为制造了不利于农业发展的贸易条件。1952—1990 年间,中国工业化利用各种方式从农业中取得的剩余总量高达 11594 亿元,在国民收入积累额中的比重在工业化起步阶段就达到 40% 以上。③ 直到 1977 年,中国农产品价格仍低于其价值至少 34%,而工业品价格高于其价值至少 19.6%,农民交售农产品少得、购进农业生产资料和生活消费品多付这三项共计 335 亿元,相当于 1977 年国家财政收入

---

① 辜胜阻、刘传江:《人口流动与农村城镇化战略管理》,华中理工大学出版社 2000 年版,第 305 页。

② 陈立:《中国国家战略问题报告》,中国社会科学出版社 2002 年版,第 103 页。

③ 李溦:《农业剩余与工业化资本积累》,云南大学出版社 1993 年版,第 310 页。

的 1/3。①

第二，粮食等重要物资的统购统销制度加剧了城乡分离的局面。由于实行了工农业产品不等价交换制度，农民长期受到"剥削"，他们便选择惜售粮食的消极方式保护自己的剩余索取权，造成了日益紧张的粮食供求矛盾，直接威胁到了工业化建设进程。为解决农民惜售粮食所带来的危机，1953 年 11 月，政务院通过《统购统销命令》② 规定，"生产粮食的农民应按国家规定的收购粮种、收购价格和计划收购的分配数量将余粮售给国家"。③ 随后又发布了一系列的文件和法规，进一步完善了以粮食为主的统购统销制度。

这一制度有两个特点：一是统购派购的农副产品范围极广。1953 年和 1954 年，国家先后规定了粮、棉、油等主要农产品的统购统销。④1961 年，又把农副产品划分为三类：第一类是统购产品，包括粮食、棉花和食油；第二类是合同派购产品，有烤烟、麻类、甘蔗、茶叶、生猪、牛、羊、蛋类和蔬菜水果等 20 余种；第一、第二类之外的农副产品属于第三类。其中，第一、第二类产品必须按照国家规定的品种和数量出售给国家。⑤ 粮食、棉花、油料等重要农产品的收购量占总产量的比重长期维持在 60% 以上（见表 3–9）。到 20 世纪 70 年代末，由国家收购的农产品种类已达 230 余种。⑥

135

---

① 李炳坤：《工农业产品价格剪刀差问题》，农业出版社 1981 年版，第 49—50 页。

② 全称是《中央人民政府政务院关于实行粮食的计划收购和计划供应的命令》。

③ 《建国以来重要文献选编》（第 4 册），中央文献出版社 1993 年版，第 561 页。

④ 对粮、油、棉统购统销的文件分别是：《中共中央关于实行粮食的计划收购与计划供应的决议》(1953 年 10 月 16 日)、《中共中央关于在全国实行计划收购油料的决定》(1953 年 11 月 15 日)、《政务院关于实行棉花计划收购的命令》(1954 年 9 月 9 日)。

⑤ 《建国以来重要文献选编》（第 14 册），中央文献出版社 1997 年版，第 68、73 页。

⑥ 李溦：《农业剩余与工业化资本积累》，云南人民出版社 1993 年版，第 286 页。

二是统购统销的粮食占农民所生产粮食的比例极高。1955年《农村粮食统购统销暂行办法》明确规定："国家向余粮户统购粮食，一般应占其余粮数量的百分之八十至百分之九十"；"在一省、自治区或数省发生严重灾害，影响国家粮食收销计划不能平衡时，国务院可指定丰收的省、自治区酌量增购"。①

表3-9　1953—1980年粮、棉、油收购量

年份	粮食		棉花		油料	
	收购量（万吨）	收购量占总产量的比（%）	收购量（万吨）	收购量占总产量的比（%）	收购量（万吨）	收购量占总产量的比（%）
1953	4746	28.4	101.2	86.1	116.5	80.8
1960	5105	35.6	96.2	90.5	77.6	84.9
1965	4868.5	25	202.1	96.3	105.9	66.4
1970	5443.5	22.7	204.2	89.7	89.5	55.4
1975	6086	21.4	221	92.8	99.9	53.1
1980	7299	22.8	268.1	99	195.3	71.1

资料来源：中华人民共和国农业部计划司：《中国农村经济统计大全（1949—1986）》，农业出版社1989年版，第410—415页；转引自辛逸、高洁：《从"以农补工"到"以工补农"——新中国城乡二元体制述论》，《中共党史研究》2009年第9期，第17页。

第三，农业合作化制度为工农业不等价交换和统购统销制度提供了组织保障。在违背广大农民意愿的情况下，要维持工农业不等价交换政策并保证大规模统购统销任务的完成，由农民自由组织是不可能的，而派专人对为数众多又规模过小的农户进行直接管理又需要相当高的交易费用，因此必须建立行之有效的组织形式对农

---

① 《建国以来重要文献选编》（第7册），中央文献出版社1993年版，第127、130页。

民和农业生产加以组织和控制。而具体办法就是毛泽东所讲的把"小辫子"编成"大辫子"的农业合作化制度：初级合作社→高级合作社→人民公社的演变在 1953 年年底到 1958 年短短 5 年时间内迅速完成。[①] 到 1958 年 10 月底，全国公社化全部完成：原有的 74 万多个农业社改组为 2.6 万个人民公社；平均 28 个合作社合并为 1 个公社，平均 3 个多乡为 1 个公社，有的则是 1 个县为 1 个公社；参加公社农户有 1.2 亿户，占全国总农户的 99% 以上。[②] 需要说明的是，农业合作化是全方位的生产要素集合，不仅是生产资料的集合，而且是土地的集合，更是劳动力的集合。

[①]　农业合作化进程可以大致分为四个阶段：第一阶段是 1951 年 9 月—1952 年 2 月。1951 年 9 月，中共中央召开了第一次农业互助合作会议，通过了《中共中央关于农业生产互助合作的决议（草案）》。次年 2 月，又以《中国共产党中央委员会关于农业生产互助合作的决议》的名义正式公布。这样，全国农业的互助组大量建立起来，并出现了一批半社会主义性质的农业生产合作初级社。第二阶段是 1953 年 10—11 月。中共中央召开了第三次农业互助合作会议并于 12 月通过了《中国共产党中央委员会关于发展农业生产合作社的决议》，前一阶段建立起来的互助组开始普遍发展为初级社，而且带有完全社会主义性质的高级社开始出现。第三阶段是 1955 年 5 月—1956 年 6 月。针对 1954 年秋到 1955 年春农业合作化过快所造成的问题，进行了短暂的调整后，从 1955 年 5 月又开始加快农业合作化运动，在 7 月召开的省、市委书记会议上，毛泽东做了《关于农业合作化问题》的报告。这份报告批评了收缩、整顿合作社，主张放慢合作化速度的右倾保守观点，全面阐述了农业合作化的路线、方针和政策。10 月，中共中央召开七届六中全会通过了《关于农业合作化问题的决议》。从 1956 年春开始到 5 月底，全国加入高级社的农户已占到全国农户总数的 61.9%。而 6 月 30 日，一届人大三次会议才通过了中央农村工作部起草的高级社的统一规范标准——《高级农业生产合作示范章程》，可见农业合作化推进速度之快。第四阶段是 1958 年 8 月—10 月。1958 年 8 月 12 日，《人民日报》刊登了毛泽东在山东调研时夸奖"人民公社好"的话，随即"人民公社好"传遍全国，各地小社并大社的工作也迅速转变为了大办人民公社的热潮。8 月 29 日，北戴河会议通过了《中共中央关于在农村建立人民公社问题的决议》，"看来，共产主义在我国的实现，已经不是什么遥远将来的事情了，我们应该积极运用人民公社的形式，摸索出一条过渡到共产主义的具体途径"。此后，人民公社化运动进入了高速发展阶段。

[②]　顾龙生：《中国共产党经济思想发展史》，山西经济出版社 1996 年版，第 600 页。

第四，户籍制度锁死了城乡差距和城乡分割局面。在实行工农业产品不等价交换、统购统销、农业合作化制度的同时，为保证有足够的劳动力从事农业生产，以及城市相对充沛和高水平的生活资料和公共服务的有限供给不被过多的人分享，则必须控制农村人口向城市的流动。从 20 世纪 50 年代初开始，国家陆续采取了严格禁止企业单位从农村招工、把进城农民遣送原籍、在城市建立收容机构等强制性措施，以限制农民向城市的自由迁移。从 20 世纪 50 年代后期开始，又逐步建立了极为严格的户籍管理制度体系，从体制、政策到各项管理制度等方面限制农村人口流入城市，把城乡间人口的迁徙直接纳入国家的控制之下。这一制度集中反映了计划经济时代城乡政策制定中的城市倾向特征（见表 3–10）。通过户籍制度及由此派生出的城市劳动就业制度、城市偏向的社会保障制度、基本消费品供应的票证制度、排他性的城市福利体制等，有效地控制了劳动力在城乡间的流动。城乡进一步分离，城乡差距被进一步锁死。同时要注意的是，户籍制度不仅导致城乡间的分隔，而且也导致城市与城市、农村与农村之间的分隔。一个公民在一个地方合法生存的证明是在当地的户口，而赋予户口的权利又被国家垄断。这样，国家便可以轻易地控制每个公民的自由和命运。甚至公民外出要住旅店时，必须持有单位所开具的证明信、介绍信等，否则不能住店。

表 3–10　新中国成立来户籍制度变迁大事记

时间	事件
1954 年 9 月	第一届全国人民代表大会第一次会议通过的我国首部《宪法》，其中规定公民有"居住和迁徙的自由"
1954 年 12 月	内务部、公安部、国家统计局发出联合通知，要求建立农村户口登记制度
1956 年 3 月	全国第一次户口工作会议要求在短时期内建立一套比较严密的户口管理制度，以便"发现和防范反革命和各种犯罪分子活动"
1957 年 12 月	中共中央、国务院发布《关于制止农村人口盲目外流的指示》，要求进一步加强户口管理，控制人口流动

138

时间	事件
1962年4月	公安部发出《关于处理户口迁移问题的通知》，指出："对农村迁往城市的，必须严格控制；城市迁往农村的，应一律准予落户，不要控制"
1975年1月	第四届全国人大第一次会议通过的《中华人民共和国宪法》删除了"居民有居住和迁徙的自由"的条款
1977年11月	国务院批转公安部《关于户口迁移的规定》，强调"从农村迁往市、镇，由农业户口转为非农业户口"。从此，"农转非"一词开始流行起来

资料来源：求是论坛，http://bbs.qstheory.cn/viewnews-2646.html。

三、计划经济形态下城乡关系的特点

计划经济形态下城乡关系的特点可以从城的角度、乡的角度、城乡关系的角度三个维度考察。

139

第一，从城的角度看，计划经济形态下城市呈现三大特点。

其一，从生产角度讲，城市工业生产呈现由国家主导推进的特点。一是强调工业化进程与所有制改造同步进行。1954年，毛泽东将过渡时期总路线概括为"一体两翼""一化三改"，并提出要同时完成。即"一体"（实现中国的工业化为主体）与"两翼"（个体农业、手工业为一翼，资本主义工商业为另一翼）一起发展，"一化"（工业化）与"三改"（农业、手工业、资本主义工商业的社会主义改造）一起完成。二是强调速度，实行"赶超"战略。追求速度，落实赶超战略在1958年5月党的八大二次会议通过的"鼓足干劲、力争上游、多快好省地建设社会主义"的总路线中得到了集中的体现。这次会议通过的《关于中央委员会的工作报告的决议》中提出，"使我国工业在十五年或者更短的时间内，在钢铁和其他主要工业产品的产量方面赶上和超过英国；使我国农业在提前

实现全国农业发展纲要的基础上，迅速地超过资本主义国家；使我国科学和技术在实现'十二年科学发展规划'的基础上，尽快地赶上世界上最先进的水平"。[①] 此后，又提出争取 7 年赶上英国，15年赶上美国的要求。三是强调重工业发展。城市在工业生产中，片面强调重工业，而忽视农业和轻工业的发展。1952—1978 年，整个国民经济基本建设投资的 49.2% 都投向重工业，最高时达到54.0%。[②] 对重工业的片面强调在"大跃进"时期发展成为"以钢为纲"的盲目追求钢产量的行为。以"大跃进"开始的 1958 年为例，1—8 月全国钢产量为 50 万吨 / 月，但在"以钢为纲"思想的指导下，9 月全国钢产量达到 178 万吨，10 月达到 341 万吨，11月达到 440 万吨。最终，1958 年全国钢产量定格在了 1108 万吨，生铁产量定格为 1369 万吨。但 1108 万吨钢中，合格的只有 800 万吨，而 1369 吨生铁中，合格的也只有 953 万吨。[③]

其二，从所有制角度讲，城市所有制呈现单一公有制的特点。新中国成立之后，国家对城市资本主义工商业进行了社会主义改造。采取了委托加工、计划订货、统购统销、委托经营代销、公私合营、全行业公私合营等一系列从低级国家资本主义到高级国家资本主义的过渡形式。这样，城市的所有制结构，由改造前的国营经济、合作社经济、个体经济、私人资本主义经济、国家资本主义经济五种经济成分并存，转变为改造后的单一公有制经济。

其三，从城市化角度讲，城市化进程出现诸多问题。一是城市化进程缓慢。在计划经济时代，中国城市化水平始终没有明显

140

---

① 刘少奇：《中国共产党中央委员会向第八届全国代表大会第二次会议上的工作报告》，载《建国以来重要文献选编》（第 11 册），中央文献出版社 1995 年版，第 305 页。

② 居占杰：《我国城乡关系阶段性特征及统筹城乡发展路径选择》，《江西财经大学学报》2011 年第 1 期，第 56—62 页。

③ 卫兴华、洪银兴：《中国共产党经济思想史论》，江苏人民出版社 1994 年版，第 417 页。

提高。1950—1980 年，世界城市人口比重由 28.4% 上升到 41.3%，其中发展中国家城市人口比重由 16.2% 上升到 30.5%，但我国城市人口比重仅由 11.2% 上升到 19.4%。[①] 而且，城市化速度远低于工业化速度。1978 年中国工业总产值比 1949 年增长了 38.18 倍，社会总产值增长 12.44 倍。二是城镇体系不合理。由于农业剩余有限，农村商品生产和集市贸易急剧萎缩，镇的人口增长十分缓慢，镇的数量甚至出现了下降。1953 年全国镇的人口为 3372 万人，1957 年则降为 3047 万人，1965 年增长为 3793 万人，1970 年为 4576 万人，1978 年为 5316 万人，1978 年仅比 1953 年增加 57.65%[②]，低于全国城镇人口的自然增长率。1954 年全国共有建制镇 5400 个，到 1957 年减少为 3596 个[③]，1963 年进一步减少到 2877 个，1978 年则降至 2850 个。[④] 而与此同时，大中型城市片面、孤立发展。1957—1978 年，中国城市总数从 178 座增加至 192 座，其中特大城市从 10 座增加至 13 座，大城市从 18 座增加至 27 座，中等城市从 36 座增加至 60 座，但是小城市和镇的数量都明显减少（见表 3–11）。

141

表 3–11　1957 年与 1978 年中国城镇体系对比

（单位：个）

年份	城市总数	特大城市	大城市	中等城市	小城市	建制镇
1957	178	10	18	36	114	3596
1978	192	13	27	60	92	2850

资料来源：张雨林：《我国城乡关系的历史考察》（上），《中国农村经济》1989 年第 9 期，第 3—10 页。

---

① 许涤新：《当代中国的人口》，中国社会科学出版社 1988 年版，第 294—295 页。

② 许涤新：《当代中国的人口》，中国社会科学出版社 1988 年版，第 288 页。

③ 民政部：《中华人民共和国行政区划手册》，光明日报出版社 1986 年版，第 15 页。

④ 中国社会科学院人口所：《中国人口年鉴（1987）》，经济管理出版社 1988 年版，第 626 页。

第二，从乡的角度看，计划经济形态下农村呈现三大特点。

其一，从生产角度讲，农业生产呈现"以粮为纲"与"全面发展"相协调的特点。1957年1月，毛泽东在省、市、自治区党委书记会议上的讲话中强调："全党一定要重视农业。农业关系国计民生极大，要注意，不抓粮食很危险。不抓粮食，总有一天要天下大乱。"[①] 而"全面发展"是指以粮为纲，"粮、棉、油、菜、糖、果、烟、茶、丝、麻、药、杂"等方面统一安排，全面发展。[②] 在"大跃进"时期，"以粮为纲"不但没有得到正确的理解和执行，反而导致浮夸风、高指标、瞎指挥等"左"倾错误的泛滥，给农业带来了致命的打击。在"文化大革命"时期，这一方针更是被提升到了不合适的高度，形成了两个等式：农业＝种植业，种植业＝粮食生产。由此导致农业生产出现两大问题：一是粮食产量片面增长，全国粮食、棉花、油料的产量由1966年的21400万吨、233.7万吨、386.4万吨变化到了1976年的28631万吨、205.5万吨和400.8万吨，即粮食产量实现了较快增长外，油料增长缓慢，而棉花产量10年间则下降了12%（见表3–12）；二是农村剩余劳动力无法从事副业生产，而单位耕地载荷的劳动力又不断增多，平均每亩粮食作物所投入的劳动力从1966年的0.13人增加到了1976年的0.16人。

表3–12 1966—1976年粮食、棉花和油量作物的产量变化

（单位：万吨）

年份	粮食	棉花	油料
1966	21400	233.7	386.4
1976	28631	205.5	400.8

资料来源：白永秀、任保平、何爱平：《中国共产党经济思想90年》，人民出版社2011年版。

① 《毛泽东文集》第七卷，人民出版社1999年版，第199页。

② 《中共中央转发农业部党组〈关于全国农业工作会议的报告〉》，《建国以来重要文献选编》（第13册），中央文献出版社1996年版，第98页。

其二，从所有制角度讲，农村所有制呈现"一大二公"和"一平二调"的特点。"一大二公"中的"大"一方面指人民公社的规模大：初级社一般为数十户，高级社一般为一二百户，而人民公社一般都在四五千户以上；另一方面指人民公社的经营范围大，初级社以从事农业生产为主，而人民公社则是"工农商学兵"五位一体的社会基层组织。"公"是指人民公社的公有制程度高：由集体所有制转化为全民所有制。[1]"一平二调"是指在公社全社范围内实行平均分配，贫富拉平，公社无偿调用社员、生产队劳动力、资金和财产，实行供给制和半供给制。如《河南省遂平县卫星人民公社试行简章（草案）》规定，"各农业社合并为公社之后，应将一切公有菜场交给公社，多者不退，少者不补。原来债务除少量用于当年度生产周转者自行清理外，全归公社负责偿还，社员应交出全部自留地、私有房基、牲畜和林木归公社所有……只可以留下小量的家畜、家禽"。[2]

其三，从管理方式角度看，农村管理方式呈现"三级所有，队为基础"的特点。1958 年 12 月通过的《关于人民公社若干问题的决议》中明确规定：人民公社应当实行统一领导、分级管理的制度，并且一般可以分为公社管理委员会、生产队（即基本核算单位）、生产小队（即组织劳动的基本单位）三级。1960 年 12 月 21日《人民日报》社论再次强调，"以生产队为基础的三级所有制是现阶段农村人民公社的根本制度。加强生产队的基本所有制，是

---

①　具体表现为五点：一是把农村中原属全民所有制的银行、商店和其他企业下放到公社管理，使人民公社集体所有制经济中增添了若干全民所有制的成分；二是人民公社把社员的自留地、家庭副业、家禽家畜都收归社有，进一步消除了生产资料私有制的残余；三是在人民公社举办具有社会主义性质的免费的公共事业，如公共食堂、学校、幼儿园、幸福院等；四是实行工资制和主要生产资料供给制相结合的分配制度；五是实行"组织军事化、行动战斗化、生活集体化"，崇尚集体、淡化家庭。

②　转引自卫兴华、洪银兴：《中国共产党经济思想史论》，江苏人民出版社 1994年版，第 423 页。

当前进一步巩固农村人民公社和进一步发展农业生产力的中心环节"。①1962 年 2 月 13 日，中共中央正式发出《中共中央关于改变农村人民公社基本核算单位问题的指示》，由此奠定了此后二十多年农村经济管理体制的基本模式。

第三，从城乡关系角度看，计划经济形态下城乡关系呈现四大特点。

其一，城乡基本经济制度异化。在计划经济形态下，城市和农村的经济制度发生了变化和分离，呈现出迥异的特点。在城市中，计划经济为主，市场经济为辅。具体来说，国家在城市中建立起来完备的计划经济制度，从工厂生产资料（包括劳动力）的获取②，到产品的销售；从居民职业的选择、工资收入的获得，到消费什么商品（包括住房）；从教育、医疗到保险、退休保障等等，一切经济活动，都是由国家统一配给、统一计划和统一掌握。但同时，在城市中还保留了一定的市场经济成分，在相当部分的商品和简单服务业提供方面，还保留着使用货币的直接交换行为。这种经济制度在经济思想上则表述为陈云同志 1956 年提出的"三个主体，三个补充"：国家经营和集体经营是工商业经营的主体，一定数量的个体经营是其必要补充；计划生产是工农业生产的主体，按照市场变化组织的而在国家计划许可范围内的自由生产是其必要补充；国际市场是社会主义统一市场的主体，一定范围内国家领导的自由市场是其必要补充。在农村中，以自然经济为主，计划经济和市场经济为辅。具体来说，计划经济形态下的中国农村依然保留了几千年历史所遗留下来的自然经济制度和小农经济文化，基本处于自给自足的状态下。但是，粮食及其他农产品的统购统销制度和户籍制

---

① 《三级所有队为基础是现阶段人民公社的根本制度》，《人民日报》1960 年 12 月 21 日。

② 物资分配方面，由国家计划委员会平衡分配的统配物资由 1952 年的 55 种增加到 1957 年的 231 种，中央直属企业由 1953 年的 2800 个增加到 1957 年的 9300 个。

度等又将农民置于计划经济之下，同时在农村计划经济无力涉及的交易部分，还保留着市场经济的成分。

其二，城乡产业单向互动。计划经济形态下，城乡产业发展单向互动表现为农业单向支持工业发展。一是工业发展依靠农业。毛泽东在《关于正确处理人民内部矛盾的问题》中阐述道，"发展工业必须和发展农业同时并举，工业才有原料和市场，才有可能为建立强大的重工业积累较多的资金。重工业要以农业为重要市场这一点，目前还没有使人们看得很清楚"[1]，并指出"轻工业和农业有极密切的关系，没有农业，就没有轻工业"。[2] 二是农业对工业发展形成制约。具体表现在五个方面：农民能够供应多少商品粮给城市，就能办多大的工业；农业能够提供多少劳动力到城市办工业、交通和文教等；农业能够生产多少工业原料；农业能够供给工业多大的市场；农业能够提供多少人来发展运输。

其三，城乡分离程度加剧。1949—1978 年，以统购统销、农村集体化和户籍制度这三驾马车为核心的支持重工业发展的计划经济体制，导致了长期固化的城乡二元体制。从积极角度讲，这保证了国家工业化的快速起步和工业体系的初步建立，但更为消极的方面是，这一系列制度和政策阻碍了中国"三农"的发展，导致了城乡分离和分割局面日益加深。一是农业相对衰退，工农业比例严重失调。1952—1978 年间，中国社会总产值中农业所占份额由 45.4%下降到 20.4%，而同期农业劳动力占社会总劳动力的份额由 83.5%下降到 73.8%，平均每年下降约 0.47%。[3] 若以 1952 年工业总产值

145

① 毛泽东：《关于正确处理人民内部矛盾的问题》，载《建国以来重要文献选编》（第 10 册），中央文献出版社 1994 年版，第 101 页。

② 毛泽东：《关于正确处理人民内部矛盾的问题》，载《建国以来重要文献选编》（第 10 册），中央文献出版社 1994 年版，第 101 页。

③ 韩俊：《中国城乡关系演变 60 年：回顾与展望》，《改革》2009 年第 11 期，第 5—14 页。

指数为 100,那么到 1979 年时,这一指数则高达 1734.4,其中重工业指数更是高达 2991.6,而同期农业总产值指数只有 249.4。① 二是城乡差距持续拉大。工业化建设对农业剩余长期、巨大数量的攫取,使广大农民常年生活在贫困状态之中。1952—1978 年,我国居民消费水平只增长了 0.77 倍,其中农村居民的消费水平增长仅为 57.5%,相当于同期非农村居民消费水平增长速度的一半。1978 年非农村居民的消费水平高出农村居民 1.9 倍。1978 年农村居民人均纯收入 133.57 元,人均生活消费品支出 69.63 元,其中食品支出 46.59 元,占 65.8%。以恩格尔系数衡量,农民处于绝对贫困状态。② 直到改革开放之初的 1980 年,在总共 529.57 万个农村基本核算单位(生产队)中,人均年收入低于 50 元的生产队有 145.17 万个,占总数的 27.41%,1/4 多的农民终年不得温饱;人均年收入低于 100 元的生产队达 391.69 万个,占总数的 73.96%。③ 三是工农业联系被割断。城乡之间的要素流动被阻断,工业化被限制在城市范围内独立运行,既没有带动农村的繁荣,也没有改善城乡间的关系。

其四,城乡二元结构扩展。在计划经济时期,城乡二元结构由城乡经济二元结构向城乡政治二元结构扩展。户籍制度将公民分为农村户籍与城市户籍,对人口在城乡间的流动、城市招工范围、农转非的途径等都做了极其详细的规定和限制。一方面,将农民钉在土地上,强制他们完成为工业部门和城市建设提供积累的任务;另一方面,将农民享受城市较充裕的粮食供给、较高的工资与福利待遇、较完备的公共产品的权利予以剥夺。随着计划经济制度的完善,户籍制度也日益完善并制造了城市人与农村人在政治上的不平

① 《中国统计年鉴(1981)》,中国统计出版社 1982 年版,第 18 页。

② 韩俊:《中国城乡关系演变 60 年:回顾与展望》,《改革》2009 年第 11 期,第 5—14 页。

③ 《中国统计年鉴(1981)》,中国统计出版社 1982 年版,第 199 页。

等，除了城市招工、参军、上大学三条途径外，农村人再勤奋、再努力也难以进入城市，更无法进入政府系统，影响政治决策。户籍制度造就的城乡二元政治结构一直持续到今天，甚至有逐渐强化的趋势。

第六节　市场经济形态下的城乡关系演进 （1978 年至今）

改革开放以来，市场化取向改革、农业技术进步以及国家城市化和工业化的发展从根本上改变了中国的城乡面貌。中国城乡关系演进经历了"前改革时代"和"后改革时代"两个阶段，在市场化取向改革和统筹城乡的政策作用下，城乡出现融合发展态势；在改革的累积效应和城市利益集团，以及优质资源向城市集中的影响下，城乡关系又出现分裂危险。总体来说，这一时期的城乡关系也呈现出不同以往的新特点。

一、市场经济形态下城乡关系演进的过程

经过了二十多年计划经济的运行，经过了"一化三改"和"一体两翼"的社会主义改造、人民公社化运动、国民经济"大跃进"和三年困难时期、国民经济巩固调整时期和十年"文化大革命"时期，中国经济取得了相当大的成就，但也出现了严重的问题。尤其在城乡关系层面更是矛盾重重：城市剥夺农村导致城乡差距持续拉大，城乡间要素流动几乎停滞导致城乡经济全面僵化，计划经济体制的建立与完善导致城乡均陷入"短缺经济"的泥潭。面对这种情况，国家采取了市场化取向的改革，具体又可分为"前改革时代"和"后改革时代"。在这两个时代，中国城乡关系演进呈现出截然不同的特点。下面就从这两个时代来简要回顾市场经济形

态下城乡关系的演进过程。

第一阶段（1978—2002 年）："前改革时代"城乡关系起伏并逐渐分离。针对计划经济执行过程中出现的严重问题，面对"十年文化大革命"导致国民经济出现难以为继的状态，国家于 1978 年年底被迫启动了市场化取向的改革，把提高效率放到了重要的位置上，提出让一部分人先富起来，以求在生产发展的基础上实现公平。市场化取向的改革首先从农村开始，全国农村逐步建立了以家庭联产承包责任制为主的双层经营体制，并放宽了一部分挤压农业的强制性政策；从 1979 年夏粮上市开始，国家较大幅度提高了农副产品收购价格，减少了农业价值向城市和工业的流出，维护了农民和农村利益；①1985 年，国家取消了执行近 30 年的农副产品派购制度，大部分农产品进入自由交易市场，粮食价格和销售基本放开；国家逐渐放开了农村剩余劳动力向非农产业转移的限制，非农产业收入逐渐成为众多农村居民收入增长的重要来源。得益于这些改革措施，农民收入快速增加，增收速度超过了城市居民，城乡居民收入差距有所缩小。邓小平曾说过，农村改革三年间，"农村的面貌焕然一新，百分之九十的人生活改善了"。②

1984 年起，改革迅速转入了城市领域。1984 年 9 月召开了中共十二届三中全会，国家开始在城市实行一系列市场化取向的改革：城镇居民收入分配体制改革改变了企业内部的工资分配形式，充分调动了城市职工的生产积极性；国有企业改革经过了"放权让利"改革（1978—1984 年）、"两权分离"改革（1984—1992 年）、产权制度改革（1992—2003 年）三个改革阶段，逐渐打破了国有企业"一统天下"的局面，初步形成了"优胜劣汰"的竞争机制；非公有制企业经过了政治高压下的艰难起步（1978—1982 年）、夹

① 冉文伟：《从公平与效率的视角看新中国城乡关系的 60 年变迁》，《云南行政学院学报》2010 年第 2 期，第 77—79 页。

② 《邓小平文选》第三卷，人民出版社 1993 年版，第 117 页。

缝中求生存（1982—1997年）、跨越式发展（1997—2003年）三个阶段，发展迅速。

而1984年起，农村改革基本停滞。随着城市经济的快速发展，城镇居民收入大幅增加；农产品价格相对下降，农民负担逐渐加重，农村居民收入增长开始放缓。具体来说，其一，城乡居民收入差距持续扩大。这样，城乡收入差距又出现了扩大趋势：到2002年，城镇居民人均可支配收入达到7703元，比1984年增长11.7倍；农民人均纯收入为2476元，比1984年增长6倍，城乡居民收入之比扩大为3.11：1，而如果考虑到城乡居民在社会保障与社会福利等方面的差距，二者的收入之比可能达到7：1。[①] 其二，农民负担持续加重。在农民收入增长缓慢的同时，以"三提五统两工"为主要内容的农民负担却持续加重。在个别情况严重的地方，农民收入甚至不够缴纳上述负担，农民处于整体上的负收入状态。而同样的负担，城镇居民却不用缴纳。而且，从一定程度上讲，工农业剪刀差依然存在，农药、化肥等农业生产资料价格被抬高，而粮食价格持续低迷，工农业产品比价不合理也加重了农民的负担。其三，城市化过程中农地问题突出。强迫征地、补偿过低等问题使失地农民失去了基本的生活保障，出现了"种田无地、上班无岗、低保无份"的"三无"阶层。其四，农民工在身份地位、教育水平、就业机会、劳动待遇、社会保障和参政议政等方面与城市居民还相距甚远，资源和权利分配的不公带来城乡居民及其后代生活状况与发展空间的巨大差异。

第二阶段（2003年至今）："后改革时代"城乡关系进入统筹城乡时代。面对"前改革时代"出现的城乡收入差距不断拉大、农民负担加重、城市化工业化过程中农地问题突出、城乡二元社会结

---

① 夏永祥：《改革开放30年来我国城乡关系的演变与思考》，《苏州大学学报（哲学社会科学版）》2008年第6期，第18—20页。

构扩展、农民工无法享受同等市民待遇等一系列城乡关系中出现的严重问题，党和国家领导集体对城乡关系产生了新认识。这种变化自 2002 年 11 月召开的中共十六大发端，会上提出统筹城乡经济社会发展是全面建设小康社会的重大任务；2003 年 10 月召开的中共十六届三中全会又进一步提出了科学发展观和"五个统筹"思想，其中将统筹城乡发展列于首位；2005 年，中共中央在"十一五"规划中提出"建设社会主义新农村"，并强调了"建立以工促农、以城带乡的长效机制"。2008 年 10 月中共十七届三中全会通过了《中共中央关于推进农村改革发展若干重大问题的决定》，对农村改革发展作出了新的战略部署。该决定提出，逐步实现农民工劳动报酬、子女就学、公共卫生、住房租购等与城镇居民享有同等待遇等，并到 2020 年基本建立城乡经济社会发展一体化的体制机制。

实践中，在后改革时代，国家在科学发展观的指导下，采取了一系列政策措施加大对农业农村的投入和补贴，将农民作为保障和改善民生的重点，促进农民收入增长。从 2004 年开始，中共中央连续 8 年出台聚焦"三农"问题的"一号文件"；从 2006 年 1 月 1 日，延续两千多年的农业税被正式取消；2003—2013 年，中央财政安排支持"三农"投入额从 2144.2 亿元增长至 13799 亿元，增长了 6.43 倍（见表 3–13）；"十一五"期间中央投入农村水利建设

表 3–13　2003—2013 年中央财政支持"三农"投入情况

(单位：亿元)

年份	2003	2004	2005	2006	2007	2008
投入额	2144.2	2626.2	2975.3	3517.2	4318.3	5955.5
年份	2009	2010	2011	2012	2013	
投入额	7253.1	8183.4	10408.6	12387.64	13799	

资料来源：中华人民共和国财政部网站，http://www.mof.gov.cn/zhuantihuigu/czjbqk/czzc2/201011/t20101101_345444.html。

资金达到 1027.7 亿元。在这些政策措施的影响下，中国城乡差距开始出现缩小迹象。城乡居民收入差距由 2009 年的峰值 3.33 倍下降至 2012 年、2013 年的 3.10 和 3.03，扭转了自 1984 年以来不断扩大的走势（见表 3–14）。

表 3–14　我国 2004—2013 年农村居民人均纯收入、城镇居民人均可支配收入和二者之比

年份	农村居民人均纯收入（元）	城镇居民人均可支配收入（元）	城镇居民可支配收入是农村居民纯收入的倍数（差距）
2004	2936	9422	3.21
2005	3255	10493	3.23
2006	3587	11759	3.28
2007	4140	13786	3.32
2008	4761	15781	3.32
2009	5153	17175	3.33
2010	5919	19109	3.23
2011	6977	21810	3.13
2012	7917	24565	3.10
2013	8896	26955	3.03

资料来源：根据历年《中国统计年鉴》整理。

二、市场经济形态下城乡关系演进的原因

第一，市场化取向改革促进了城乡融合脚步。

其一，家庭联产承包责任制释放了农民的生产积极性。改革开放早期农业生产的快速增长主要源于制度复归效应，家庭联产承包责任制赋予了农民对土地的控制权、对生产的决策权和对收益的索取权。虽然并未解决困扰我国"三农"的生产要素过于分散的问

题，但很好地解决了激励问题，极大地唤起了广大农民的生产积极性，粮食产量激增，农民收入也快速增长。1979—1984 年，农业总产值增加 172.1%，年平均增长 8.4%；① 农民人均纯收入由 133.6 元增加到 355.3 元，按可比价格计算，年均增长 15.6%②。

其二，农业经营和流通体制改革促进了商品经济在农村的恢复。在废除人民公社制度，并逐步确立家庭联产承包责任制的基础上，1981—1985 年，国家先后颁布《中共中央、国务院转发农牧渔业部和部党组〈关于积极发展农村多种经营的报告〉》《中共中央、国务院转发国家农委〈关于开创社队企业新局面的报告〉》等文件，突破了"以粮为纲"的单一产业政策和不准农村办工业的禁令，鼓励和支持发展多种经营、乡镇企业和个体工商业。③1985 年《中共中央、国务院关于进一步活跃农村经济的十项政策》出台，彻底取消了统购统销制度，代之以合同定购和市场收购，打破了国家对农副产品的高度垄断，提高了农业的自身积累。④ 农村商品生产和商品经济得以恢复，由此带来了非农收入的明显增长。1978—1988 年，农民非农收入占全部收入的比重由 15% 上升到 36.6%。⑤

其三，放宽劳动力流动限制解决了农村剩余劳动力的出路问题。1984 年，《国务院关于农村个体工商业的若干规定》和《国务院关于农民进入集镇落户问题的通知》相继出台，放松了户籍壁垒

① 牛若峰、郭玮、陈凡：《中国经济偏斜循环与农业曲折发展》，中国人民大学出版社 1991 年版，第 44 页。

② 柯炳生：《工业反哺农业的理论与实践研究》，人民出版社 2008 年版，第 46 页。

③ 《新时期农业和农村工作重要文献选编》，中央文献出版社 1992 年版，第 90—95、263—265、328 页。

④ 《新时期农业和农村工作重要文献选编》，中央文献出版社 1992 年版，第 327—328 页。

⑤ 《中国统计年鉴（1988）》，中国统计出版社 1989 年版，第 743 页。

的限制，允许农民外出经营和务工，解决了大批农村剩余劳动力的出路问题。

第二，统筹城乡的政策促进城乡融合发展。

其一，"两个趋向"的论断为新型城乡关系奠定基调。2003 年，中国人均 GDP 已超过 1000 美元，农业占 GDP 比重已降至 15% 以内，工农业产值比重已超过 3∶1，这些指标均达到或超过了工业反哺农业起步阶段的国际参照值，表明我国已具备了工业反哺农业的实力。[①]2004 年 10 月，胡锦涛在中共十六届四中全会上对城乡关系作出了全新的阐释："综观一些工业化国家发展的历程，在工业化初始阶段，农业支持工业、为工业提供积累是带有普遍性的趋向；但在工业化达到相当程度以后，工业反哺农业、城市支持农村，实现工业与农业、城市与农村的协调发展，也是带有普遍性的趋向。"[②]"两个趋向"理论的提出标志着国家在处理城乡关系上发生了历史性转变。进一步，2008 年底，中共十七届三中全会通过的《中共中央关于推进农村改革发展若干重大问题的决定》，成为破除城乡二元体制的纲领性文件。

其二，取消农业税极大地减轻了农民负担。2004 年中央"一号文件"《中共中央关于促进农民增加收入若干政策的意见》规定，自 2006 年 1 月 1 日起全面取消农业税，在中国延续了两千多年的"皇粮国税"从此退出历史舞台。全面取消农业税后与税改前的 1999 年相比，全国农民平均每年减负 1250 多亿元，人均减负 140 元左右。[③]

其三，农村土地承包经营权流转逐渐放开。1995 年 3 月，《国

153

---

①　马晓河、蓝海涛、黄汉权：《工业反哺农业的国际经验及我国的政策调整思路》，《管理世界》2005 年第 7 期，第 55—63 页。

②　《十六大以来重要文献选编》（中册），中央文献出版社 2006 年版，第 311 页。

③　金人庆：《扩大公共财政覆盖农村范围，建立支农资金稳定增长机制》，《求是》2006 年第 8 期，第 34—36 页。

务院批转农业部关于稳定和完善土地承包关系意见的通知》明确提出，"建立土地承包经营权流转机制，在坚持土地集体所有权和不改变土地农业用途的前提下，经发包方同意，允许承包方在承包期内，对承包标的依法转包、转让、互换、入股"。①2005 年 11 月，农业部颁布的《农村土地承包经营权流转管理办法》对土地承包经营权流转的原则、当事人权利、流转方式、流转合同、流转管理进行了具体规定。2008 年中国共产党十七届三中全会通过的《中共中央关于推进农村改革发展若干重大问题的决定》进一步明确提出，"加强土地承包经营权流转管理和服务，建立健全土地承包经营权流转市场，按照依法自愿有偿原则，允许农民以转包、出租、互换、转让、股份合作等形式流转土地承包经营权，发展多种形式的适度规模经营"。②

其四，对农村公共服务的不断投入使城乡差距逐渐减小。2003 年 1 月，国务院发出的《关于建立新型农村合作医疗制度的意见》明确各级政府对农村医疗卫生事业承担更大的责任，突破了农村卫生医疗"民办、公助"的传统模式。③2005 年年底，国务院发出的《关于深化农村义务教育经费保障机制改革的通知》规定："全部免除农村义务教育阶段学生学杂费，继续对贫困家庭学生免费提供教科书并补助寄宿生生活费"④，将农村义务教育全面纳入国家财政保障之内。

第三，改革的累积效应和城市利益集团的影响使城乡差距扩大。进入"后改革时代"，国家更注重城乡统筹发展。但由于"级

---

① 《国务院批转农业部关于稳定和完善土地承包关系意见的通知》，中华人民共和国住房和城乡建设部官方网站，http://www.mohurd.gov.cn/wjfb/200611/t20061101_155422.html。

② 《十七大以来重要文献选编》（上），中央文献出版社 2009 年版，第 675 页。

③ 《关于建立新型农村合作医疗制度的意见》，中华人民共和国中央人民政府网站，http://www.gov.cn/zwgk/2005-08/12/content21850.htm。

④ 《十六大以来重要文献选编》（下），中央文献出版社 2008 年版，第 332 页。

差式"发展方式和"分离化"改革措施①的累积效应和城市既得利益集团的影响，城市偏向的政策还很难改变，必然造成城乡差距短期内难以填平。经过三十多年的改革累积，城市的优势越来越明显，在城市的投资效益与生活舒适度越来越高，城市偏向的政策转变很难带来城市偏向的行为转变。就城市既得利益集团的影响看，当一个改革所带来的利益是确定或可以预见但又有限时，改革的设计者、政策的制定者就会将不属于自己利益集团的群体排除在改革之外，剥夺部分人参与改革的机会和权利。在中国城乡关系上，表现为深化的改革措施一旦要降低城市居民的相对福利时，城市利益集团就会对政府施加压力以迫使其进行政策调整，或者对利益均等化改革进行抵制，或者将农民从改革获利群体中排除出去。

第四，优质资源向城市集中引致城乡分离。

其一，国有企业战略重组使农村资源向城市集中再次助推城乡分离。大城市由于拥有基础设施、知识人才、信息等方面的优势，一直被企业所青睐，企业向城市集聚的过程未曾停止，城市逐步成了企业总部的所在地——总部经济由此诞生。在"后改革时代"，我国从政府与市场两个方面都加快了国有企业的战略性重组步伐，出现了一批"航空母舰"式的国有企业。从理论上看，这一趋势必然导致中国城乡分离被强化：一方面，原来在农村和小城市的一批企业，尤其是能源化工企业陆续搬进大城市，把促进经济发展的因素也带进城市；另一方面，把农村的生产要素，尤其是原料带到城市郊区加工。从某种程度上说，国有企业的战略重组导致了资源富集区农村的凋敝。从现实来看，中国大城市集中了大量的大

155

---

① "级差式"发展方式是通过拉大收入差距来激励人们的致富欲望，从而刺激经济发展的方式，这种方式因为采取激励型发展而引致了中国经济长期较快发展。"分离化"改革措施是指在前改革时代，有能力的人从一般人群中分离出来先富起来，拥有特殊资源的地区通过政策先富起来，与市场结合紧密的行业首先发展起来。

型企业集团。2002—2011 年，进驻北京、上海等 10 座大城市的中国 500 强企业多达 535 家（见表 3-15）。

其二，人力资本和知识资源向城市集中导致农村发展缺乏后劲。经过"前改革时代"二十多年的发展，城市已经拥有待遇较高的就业机会、较广的个人发展空间、优质的教育和医疗资源，尤为重要的是城市中较高品质的生活和城市人的思维方式、生活方式对农村人，尤其是农村年轻人有巨大的吸引力。这必然加快农村人力资源向城市的集中，极可能造成城乡继续分离：随着拥有知识的青年劳动力逐渐离开，他们即便无法真正融入城市生活，也不愿意再回到农村中去。这样，农村的人力资本无法累积和提升，农村的后续发展必然缺少动力。

表 3-15 2002—2011 年最吸引中国 500 强企业的十大国内城市

（单位：家）

排名	城市	十年间曾进驻过 500 强的企业数量
1	北京	183
2	上海	94
3	深圳	52
4	杭州	41
5	天津	40
6	南京	37
7	广州	32
8	宁波	20
9	重庆	18
10	济南	18
合计		535

注：合计企业数为 535 家，超过了 500 家。原因一是中国企业 500 强的榜单每年都在变化；二是有的 500 强企业不止一次进驻过同一城市，即曾经退出又进入。

资料来源：新华网，http://news.xinhuanet.com/fortune/2011-09/03/c_121959425.html。

三、市场经济形态下城乡关系的特点

市场经济形态下城乡关系的特点可以从城的角度、乡的角度、城乡关系的角度三个维度考察。

第一，从城的角度看，市场经济形态下城市呈现三大特点。

其一，城市化水平严重滞后。市场化取向改革以来，中国城市化进程明显滞后于工业化进程。中国城市人口的年均增长率仅为 3.5% 左右，明显低于其他发展中国家经济高速增长期 5%—6% 的城市人口增长率。当中国的城市化水平为 46% 时，与中国有着相同实际人均收入的代表性国家的城市化水平已达到 55%，发达国家的城市化水平则达到 70%—85%。[1]2010 年中国二三产业所占 GDP 的比重已经接近 90%，但城镇人口占总人口的比重却只有 49.68%。[2] 换言之，与其他国家相比，中国城乡融合速度远远低于工业化发展速度，中国有更多的人不能充分分享工业化带来的好处[3]（参见图 3-3）。

其二，城市居民收入结构发生变化。从总量上看，从 1990 年到 2013 年，城镇居民的人均纯收入从 1516.21 元上升至 29547.1 元，其中工资性收入从 1149.70 元增加至 18929.8 元，经营净收入从 22.50 元增加至 2797.1 元，财产性收入从 15.60 元增加至 809.9 元，转移性收入从 328.41 元增加至 7010.3 元，都取得了明显快速增长。从结构上看，从 1990 年到 2013 年，经营性收入所占比重增长较快，占比从 1.48% 上升至 9.47%；工资性收入占比在 24 年间下降了 11%，从 75.83% 下降到了 64.07%；财产性收入占比极低的状况

157

---

① Henderson, J. Vernon, "Urbanization in China: Policy Issues and Options", China Economic Research and Advisory Program, 2009.

② 《中国城市发展报告（2011）》，社会科学文献出版社 2011 年版。

③ 陈钊：《中国城乡发展的政治经济学》，《南方经济》2011 年第 8 期，第 3—17 页。

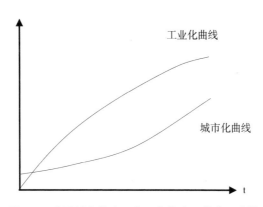

图 3-3　中国城市化水平和工业化水平的非同步性

资料来源：朱信凯：《农民市民化的国际经验及对我国农民工问题的启示》，《中国软科学》
2005 年第 1 期，第 28—34 页。

几乎没有变化，1990 年这一比例为 1.03%，1995 年上升到 2.11%，
但是此后财产性收入占比没有明显提高，2013 年时这一比例仅上
升至 2.74%。这反映出城市居民收入来源主要依靠工资性收入和转
移性收入的局面没有发生本质变化，经营性收入和财产性收入占比
仍然过小（见表 3-4）。

（单位：%）

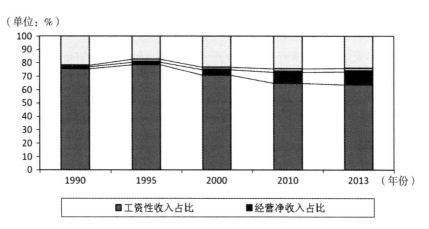

图 3-4　1990、1995、2000、2010、2013 年中国城镇居民人均收入结构变化

资料来源：根据《中国统计年鉴（2014）》数据整理制图。

其三，城市内部的"二元社会"逐渐形成。城市内部的二元社会形成体现在四方面：一是在劳动力待遇方面，体现在劳动力市场上的种种分割和歧视。城市外来人口一般从事稳定性更差的工作。他们的工作选择更少、搜寻工作和失业的成本过高。[1] 外来人口从事的工作待遇更低。劳动力市场还存在职业、岗位和行业等方面的分割。二是在居住条件方面，体现在城市中大量"城中村"的出现。城中村本身就是城乡分割制度的产物。快速的城市化借助土地使用权转换产生大量的城市用地，这些用地又开始包围原来的农村时，农村土地在功能上就已经接近城市用地，但事实上却仍处于原先集体土地制度的管理之下。于是，城中村便出现了。三是在公务服务享受方面，体现在市场化取向改革以来，劳动力流动加剧，有相当部分的劳动力（主要是农民工）对城市化、工业化作出了巨大贡献，理应和城市居民一样参与分配、享受基本的公共服务，但事实上他们生活在城市的边缘和公共服务体制之外。四是在生活方式方面，体现在流入的外来劳动力（主要是来自农村的劳动力）与城市户籍居民之间存在巨大的生活方式的差异。外来劳动力为城市居民生产大量高质量的制造业产品、建造新式的住宅，但是他们却消费不起。外来劳动力大量进入第三产业中，在餐饮、娱乐、健身、美体、休闲等行业提供服务，但他们却无法享受这种美好的生活。

159

第二，从乡的角度看，市场经济形态下农村呈现三大特点。

其一，农业生产总量扩张，产业结构发生重大变化。从农业生产总量看，1978—2013 年，粮食产量从 30476.5 万吨增长到了 60193.8 万吨，增长了 97.5%。对于依赖土地的粮食生产来说，三十多年的时间取得这样的增产，几乎是世界农业史上的一个奇

---

[1] Zhang, Huafeng, "The Hukou System's Constraints on Migrant Workers' Job Mobility in Chinese Cities", *China Economic Review*, Vol.21, 2010, pp.51-64.

迹（见图 3-5）。从农业内部产业结构的变化看，农业产业结构的变化反映了市场化取向改革以来的农业进步、民众食物消费结构变化和生活质量的提高。1978 年，种植业占到农业总产值的 80.0%，而到了 2013 年，这一比例下降到了 53.1%；畜牧业产值的比重从 1978 年的 14.9% 上升到 2013 年的 29.3%；渔业从 1978 年的 1.58% 上升至 2013 年的 9.93%（见图 3-6）。同时，种植业内部的结构变化也能反映这种变化。先看水稻、小麦和玉米三种作物播种面积的

（单位：万吨）

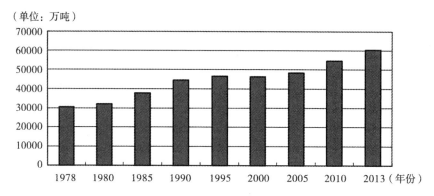

图 3-5　1978—2013 年全国粮食产量变化

资料来源：根据国家统计局网站数字制图。

（单位：%）

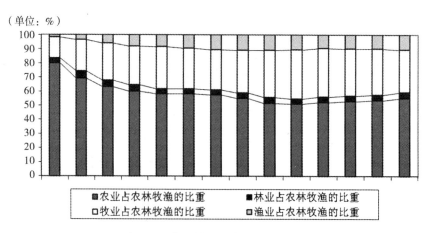

■农业占农林牧渔的比重　　■林业占农林牧渔的比重
□牧业占农林牧渔的比重　　▨渔业占农林牧渔的比重

图 3-6　市场化取向改革以来中国农业经济结构变迁

资料来源：根据《中国统计年鉴（2014）》数据制图。

变化，主要用于人的粮食的小麦面积下降最多，而水稻面积比较平稳，增长最快的是玉米的播种面积，1970—2006 年间增长了 60%，这主要是因为玉米逐渐作为主要的饲料和工业原料。再看农副产品种植面积的变化，蔬菜、油料作物、糖料作物以及烟草等的种植面积都大幅度增长：蔬菜种植面积在 20 世纪 70 年代只占农业总播种面积的 2%，到了 2013 年，这一比例提升到了 12.7%；同期油料作物（除大豆）的种植面积也增长了 3—4 倍；水果种植面积增长了 4 倍多。①

其二，农民收入快速增长，收入结构变化不大。从总量上看，2013 年全国农村居民人均纯收入 8895.9 元，比上年增长 12.4%（见图 3–7）。从 1990 年到 2013 年，农村居民的人均纯收入从 686.3 元上升至 8895.9 元，其中工资性收入从 138.80 元增加至 4025.4 元，家庭经营性收入从 518.6 元增加至 3793.2 元，财产性收入从 29.0 元增加至 293.0 元，都取得了明显快速增长。从结构上看，农村居民收入结构中最大的问题便是财产性收入太少，所占比重太低。

161

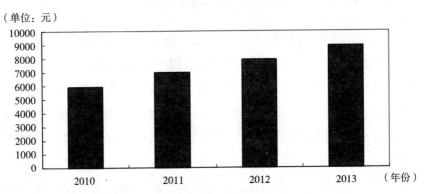

（单位：元）

图 3–7　2010—2013 年农村居民人均纯收入

资料来源：根据《中国统计年鉴（2014）》数据整理制图。

---

① 黄季焜等：《制度变迁和可持续发展 30 年中国农业与农村》，格致出版社、上海人民出版社 2008 年版，第 9 页。

1990—2013 年，财产性收入占比不升反降，从 1990 年占农民人均收入的 3.61% 下降到了 1995 年的 1.75%，2000 年更是降到 1.43%，2013 年仅上升至 3.29%。而家庭经营收入虽然下降加快，但比例仍然很高，1990 年为 82.37%，2013 年这一比例仍高达 42.64%（见图 3-8）。

（单位：%）

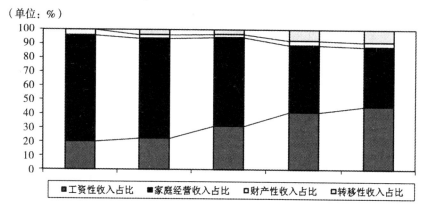

图 3-8　1990 年、1995 年、2000 年、2010 年和 2013 年
中国农村居民人均收入结构变化

资料来源：根据《中国统计年鉴（2014 年）》数据整理制图。

　　其三，农村面貌发生巨大变化，农民生活质量显著提高。一是农村面貌发生巨大变化。从农村公路建设状况看，"十一五"期间，全国新建和改造农村公路 120 万公里，基本实现全国所有具备条件乡镇通沥青（水泥）路；东、中部地区所有具备条件的村通沥青（水泥）路；西部地区基本实现具备条件的村通公路。到 2013 年末，全国农村公路里程达到 378.48 万公里，新增里程 10.64 万公里。[1] 从农村居住条件看，农民住房面积不断扩大，2012 年年底人均面积达 37.09 平方米，住房结构不断优化，钢筋混凝土结构面

---

　　① 《2013 年全国农村公路里程构成情况分析》，中商情报网，http://www.askci.com/news/201405/14/141856174096.shtml。

积人均为 17.12 平方米；砖木结构面积人均为 16.35 平方米。二是农民生活质量显著提高。从农村合作医疗参与看，到 2013 年，全国共有 2489 个县（市、区）开展了新型农村合作医疗工作，新型农村合作医疗参合率 98.7%；资助 4544.3 万农村困难群众参加新型农村合作医疗；新型农村合作医疗基金支出总额为 2909.2 亿元，受益 19.4 亿人次；列入国家新型农村社会养老保险试点地区参保人数 32643 万人。从消费结构来看，以山西省为例，2013 年农村居民人均食品消费支出为 1920.7 元，恩格尔系数为 33%，比"十五"期末 2005 年的 44.2% 下降 11.2 个百分点，比"九五"期末 2000 年的 48.6% 下降 15.6 个百分点。[①]

第三，从城乡关系角度看，市场经济形态下城乡关系呈现三大特点。

其一，城乡收入差距持续扩大。市场化取向改革以来，与粮食产量或农业增加值的较快增长形成鲜明对比的，却是农民的人均收入增长相对较慢的事实。由于改革初期的制度复归效应[②]、价格政策和技术进步在提高农业生产率进而带动农民增收方面起到了立竿见影的效果，使得 1978—1984 年城乡收入差距呈现缩小趋势。这 6 年间中国农民年均增收达到 16.5%，快于城市居民人均收入 12.2% 的年均增长速度，1983—1984 年，城乡居民收入比下降至 1.8。但此后，改革重点逐渐转向城市，农民收入增长率逐年下降，甚至出现了 1989 年的绝对负增长（−1.6%）。1985—1994 年间农民收入年均增长仅为 4.35%，城乡居民收入比逐渐拉大，由 1989 年的 2.3 上升至 1994 年的 2.9。随后，中国迎来乡镇企业大发展的时期，城乡收入比连续 4 年下降，从 1994 年的 2.9 下降为 1998 年的 2.5。但是 1999 年之后，城乡收入差距持续扩大，2004 年达到

---

① 数据来源：《中国统计年鉴（2014）》。
② 指家庭联产承包责任制对最早土改制度的复归。

3.21 后，便一直徘徊在 3.2—3.3 左右。近几年则有所收敛。

其二，城乡公共服务水平差异难以熨平。在教育方面，以高等教育为例。学者杨东平的研究显示，农村学生主要集中在普通地方院校与专科院校，而进入教育质量更高的教育部院校、地方重点高校的比重很低。如湖北省 2002—2007 年间，考取专科的农村生源比例从 39% 提高到 62%，以军事、师范等方向为主的提前批次录取的比例亦从 33% 升至 57%，但在重点高校，来自中产家庭、官员及公务员家庭的子女则是来自农村家庭、城乡无业和失业家庭子女的 17 倍。在医疗方面，2013 年三项基本医疗保险制度基本覆盖了所有的城乡居民，参保人数增加到 13.72 亿人。其中，新农合参保 8.02 亿人，城镇居民医保参保 2.96 亿人，职工医保参保 2.74 亿人。[1] 但是，新农合与城镇居民医保和职工医保的质量和水平差距是巨大。而且在基础设施、文化、体育等方面，城乡差距更是巨大的，而且这种差距短时期内很难熨平。

其三，城乡文化鸿沟依然存在。经过三十多年的改革开放，城市文化已经由改革之前的计划经济文化为主转变为市场经济文化为主，开放文化、公平竞争文化、创新文化、诚信文化、法制文化、多元包容文化等逐渐在城市中生根发芽，为绝大多数的城市居民所认同。无论政府、企业还是个人如果发生了违背市场经济文化的行为，必然会受到媒体舆论的口诛笔伐和社会大众的强烈不满与抨击。但是在中国农村，尤其是在广大中西部农村，由于市场经济发展滞后，导致了市场经济文化发展的双重滞后：一方面滞后于城市市场经济文化的发展，另一方面滞后于东部农村市场经济文化的发展。在广大农村，自然经济文化还占有相当大的比重，封闭文化、暗箱操作文化、守旧文化、人情关系文化、单一文化还很有市场。城乡文化之间的差异还很巨大，鸿沟依然存在。

---

[1]　数据来源：《中国统计年鉴（2014）》。

164

第二篇　理论演进

第四章　城乡发展一体化的理论渊源

　　根据理论的总体特征和影响力，我们大致可以从古希腊经典、古典经济学、空想社会主义、马克思主义经济学、当代西方经济学这五个方面来探究城乡发展一体化的理论渊源（见图4-1）。

第一节　古希腊先哲对于城乡关系的初步认识

　　历史上的城市基本源于乡村，世界上最早出现的城市雅典也是如此。提修斯（Theseus）改革使雅典逐渐发展成为初具政治、经济、宗教功能的城市，从这个意义上说，城与市融为一体的真正意义上的雅典城市出现在公元前6世纪。[①]雅典城市产生之后，城市与乡村更多的是军事上互动的攻守空间。在经济上，雅典城市与乡村有一定程度的市场交换，通过调剂余缺维持了各个城邦基本的经济社会运转。城市不仅提供了商品和服务，也使得城乡商品交易和社会服务更加便利。

---

　　① 解光云：《多维视域下的古典雅典城乡关系》，安徽人民出版社2007年版，第4页。

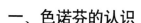

一、色诺芬的认识

色诺芬①所著的《经济论》（*Oeconomicus* 或 *Economics*）和《雅典的收入》这两部著作是现今流传下来的古希腊最早的经济专著，集中反映了色诺芬的经济思想和对经济活动的主张。色诺芬的经济观点是重农的，他将城市经济活动与乡村经济活动严格区分，"农业是一种享乐；农业可以增加财产；农业可以锻炼身体"，城市的消费是以农业生产和乡村对城市资源的供给为基础的。应注意的是，尽管色诺芬高度赞扬农业，认为农业是最好的职业和最好的学问，并且在《经济论》中表达了对工商业的厌恶鄙视之情，但他并不排斥工商业的发展，相反主张在发展农业的同时，还应十分重视发展工商业，可谓是"自相矛盾的工商业观点"。在《雅典的收入》一书中，色诺芬集中表达了他的重商思想，认为发展城邦的工商业是必要的，因为这能解决城邦平民贫困问题。而且，在当时的奴隶私有制条件下，商品生产和交换已经获得了初步发展，奴隶主的田庄同市场不能不发生一定的联系。所以，色诺芬希望有更多的人同他们交易，雅典具有丰富的资源条件来使国家通过商业增加收入："雅典是一个最好的和最能生利的贸易地点。"②色诺芬是最早从分工视角来论述城乡差别的，尽管还很肤浅，但是其论述的合理性是不容置疑并有一定价值的。马克思也评价道："色诺芬在这里只注意使用价值要达到的质量，虽然他已经知道，分工的规模取决于市场的大小。"③

---

① 色诺芬（Xenophon，约430—354），古希腊历史学家、作家，雅典人。

② 色诺芬：《经济论·雅典的收入》，张伯健、陆大年译，商务印书馆1983年版，第68页。

③ 马克思：《资本论》第1卷，人民出版社2004年版，第424页。

二、亚里士多德的认识

亚里士多德① 关于城乡关系的论述主要体现在对德莫 (Demoe)② 的描述中。亚里士多德把 Demoe 看作是邦内居民，认为 Demoe 乃"自由而贫穷，同时又为邦内多数的人们"③，认为城市是城邦的中心区，而乡村则是城市以外的区域。较之于之前的色诺芬，亚里士多德并没有专门的经济类著作描述城乡关系，然而 Demoe 可谓是"浓缩的城乡关系的自治单位，Demoe 所蕴含的政治、经济、宗教等诸多功能，正是深入研究古典时期雅典城乡关系的基础"。④

第二节 古典经济学关于城乡关系的理论观点

169

一、重农学派的观点

1. 鲍泰罗关于城乡关系的研究

鲍泰罗 (Giovanni Botero，1544—1617)，意大利重商主义时期的人口思想家。其研究领域很广，涉及宗教、国家、政治、经济和人口问题。他的主要著作有《城市论——论城市伟大之原因》(1588)、《国政论》(1589) 等。

鲍泰罗在其《城市论——论城市伟大之原因》中，针对当时

---

① 亚里士多德（公元前 384—前 322），古希腊斯吉塔拉人，世界古代史上最伟大的哲学家、科学家和教育家之一。

② 德莫（Demoe），即村社。是历史上雅典执政官划分的行政区域，既是地方自治组织，也是行政单位。

③ Aristotle, *Politics*, 1290, pp.17-20.

④ 解光云:《多维视域下的古典雅典城乡关系》，安徽人民出版社 2007 年版，第 11 页。

意大利各大城市经济社会发展停滞的事实，特别研究了农业生产与城市发展的关系，指出农产品剩余是城市存在的基础。鲍泰罗的这一结论后来成为城市化研究的一个重要前提。

2. 杜能关于城乡关系的研究

冯·杜能（Johann Heinrich von Thünen，1783—1850）被认为是经济地理学和农业地理学的创始人，代表作《孤立国同农业和国民经济的关系》是亚当·斯密的经济学与特尔的农学的有机结合。

早期的理论家大多强调城乡关联发展，在经济学和经济地理学萌芽时期，城乡关系系统性的研究方法和理论就已经形成。在经济地理学中，将城乡视为一体进行研究的要追溯到杜能，在区位论的开山之作《孤立国同农业和国民经济的关系》一书中，他树立了城乡联系研究的一个典范。在"孤立国"理论模式中，杜能系统阐述了围绕农产品消费中心（城市）与农产品生产地（农村）之间的布局关联，以及围绕城市的农业土地经营种类、经营强度以及应当如何安排土地利用的空间结构问题。

杜能的研究提出了一系列的假设，比如"孤立国"只有一个城市且位于"孤立国"中央，农村所需产品由城市供给等。在这些假设下，杜能展开他的研究。"孤立国"理论认为城市和农村的发展是紧密联系在一起的，以城市为中心，在生产布局上形成许多有规则的、界限相当明显的同心圆境，每个境圈都有自己的主要产品，而且有自己的耕作制度。关于工业布局，杜能认为将工业全集中在大城市并不是最好的，更不能把所有的工厂都集中在首都中心，而应以城市为中心进行全境的生产布局，运往城市所需费用大的产品安排在城市近郊生产，易于腐烂的鲜货也安排在近郊生产。杜能把生产费用最小和销售价格最低看成生产布局的最高原则，既要考虑接近消费地，还必须考虑接近原料产地。杜能的区位理论为配置城市郊区（腹地）产业、合理利用土地，使之更好地为城市服务，进而促进城乡一体化提供了有价值的基础。①

二、古典政治经济学的观点

1. 亚当·斯密对城乡关系的观点

亚当·斯密（Adam Smith，1723—1790）并非经济学的最早开拓者，他最著名的思想中有许多也并非完全独创，但是他首次提出并论述了全面系统的经济学说，完全可以说《国富论》是现代经济学研究的起点。

斯密在《国富论》中对城市的产生和城乡关系做了较为全面的论述，第三篇"论不同国家中财富的不同发展"中的四章内容全都是论述城乡关系发展的自然顺序及演变历史，城乡关系对于国家经济发展的重要性可见一斑。他总结了英国经验，系统阐述了城乡关系自然演变的过程，分析了地理、贸易、制度和文化等因素对城乡关系的制约和影响。斯密在《国富论》中明确提出，"农业上劳动力的增进，总跟不上制造业上劳动力增进的主要原因，也许就是农业不能采用完全的分工制度"。② 这可以看作工农业二元经济思想的最初萌芽。斯密同时还从社会分工角度阐述了农业、农村和城市之间的关系，指出"城镇居民与农村居民通商是每个文明社会的重大商业。……农村以生活物资及手工业产品供给城镇，城镇则以一部分制造品供给农村居民。……城镇和农村有着相互关联的利害关系。……城镇是农村剩余产品的市场"。③ 具体来说，斯密的城乡关系理论可以概括为以下四部分：

171

---

① 刘良灿：《试析杜能的区位理论在我国农村城镇化建设中的应用》，《云南行政学院学报》2003 年第 1 期，第 120—122 页。

② ［英］亚当·斯密：《国富论》，郭大力、王亚南译，商务印书馆 2014 年版，第 14 页。

③ ［英］亚当·斯密：《国富论》，郭大力、王亚南译，商务印书馆 2014 年版，第 14 页。

第一，分工是城镇产生并引起城乡关系的原因。分工是斯密所开创的古典经济学的一个十分重要的概念。斯密强调了分工在城市产生和城乡关系形成中的重要性。"没有工匠的帮助，农耕必大感不便，且会时作时辍。"农民需要各类工匠，这类工匠自然而然地聚居在一地，结果，就形成了一种小市镇或小村落。后来，又有其他工匠和零售商人加入，于是，市镇日益扩大起来。① 斯密认为，这些市镇是交换农产品和制造品的市集或市场。在这种交换中，乡民和市民是互相服务的。斯密指出："农村以生活资料及制造材料供给都市，都市则以一部分制造品供给农村居民。不再生产亦不能生产生活资料的都市，其全部财富和全部生活资料都可说是得自农村。"② 这种分工不仅不会造成农村的损失，相反，"像其他方面的分工一样，对双方从事各种职业的居民都有利益"。③

第二，城市与农村间的自由贸易是互利关系。斯密认为，城市与农村之间的通商是必然的，农村为城市提供必需的基本生活资料和原材料，城市为农村提供生产资料和日常生活用品，这种关系是"相互利害"的。他进一步强调了城市的发展对带动农村发展的有益作用："为农村的原生产物提供了一个巨大而便易的市场，从而鼓励了农村的开发与进一步的改进。受到这利益的，不仅仅是都市所在的农村。凡与都市通商的农村，都多少受其实惠。"④ 城市发展积累的剩余财富投入到农村，可以改良土地和开垦荒地。"商人往往是勇敢的事业家，如果他觉得投下大资本来改良土地，有希望按照费用的比例增大它的价值，他就毫不迟疑地马上去做。"城市的发展有利于改变农村落后的风俗习惯和生活状态，逐步实现农村的民主和法制建设。"工商业的发达，却逐渐使他们有秩序，有好

---

① 亚当·斯密：《国富论》，郭大力、王亚南译，商务印书馆 2014 年版，第 348 页。
② 亚当·斯密：《国富论》，郭大力、王亚南译，商务印书馆 2014 年版，第 346 页。
③ 亚当·斯密：《国富论》，郭大力、王亚南译，商务印书馆 2014 年版，第 346 页。
④ 亚当·斯密：《国富论》，郭大力、王亚南译，商务印书馆 2014 年版，第 372 页。

政府，有个人的安全和自由。"

第三，城市产业起到非常重要的作用。城乡关系中的一项重要内容就是都市产业（商业和制造业）与农村产业的关系。斯密坚持农业的基础地位，强调"按照事物的自然趋势，进步社会的资本，首先是大部分投在农业上，其次投在工业上，最后投在国外贸易上"。① 与此同时，他对都市产业即工商业的作用也进行了充分阐述，概括起来就是，都市产业提高了效率，促进了产业聚集，扩大了就业容量，促进了封建领主特权的废除。

第四，城乡关系互动表现为工商业对农村的改良。从斯密的分析看，都市产业（工商业）比农业优越是市场发展的必然，但是这种优越的程度不是一直持续下去的，而是逐渐走向了协调一致。斯密以英国为例指出："英国都市产业比农村产业优越的程度，过去似较现今为大。与前世纪或现世纪初叶比较，现今的农村劳动工资，更接近于工业劳动工资，现今的农业资本利润亦更接近于工商业资本利润。"② 在分析原因时，斯密认为都市累积的资本量到了一定程度，资本利润就会降低，这时，"都市方面利润的减低，势必使资本流向农村，农村劳动有了新需求，劳动的工资必然增高"。③ 斯密指出："欧洲各国农村最大的改良，都是都市本来所累积的资本流回农村的结果。"④ 这里可以看出，在斯密看来，城乡的最终协调发展，是凭借市场的力量自发形成的。但他也进一步指出："虽有若干国家，经这过程达到了很大的富裕程度，但这过程本身是极缓慢、极不确定、极易遭到不可胜数的意外事故的阻挠。"⑤ 由此可见，城乡的最终协调发展是一个漫长的历史过程。斯密提出了三种

173

---

① 亚当·斯密：《国富论》，郭大力、王亚南译，商务印书馆2014年版，第350页。

② 亚当·斯密：《国富论》，郭大力、王亚南译，商务印书馆2014年版，第122页。

③ 亚当·斯密：《国富论》，郭大力、王亚南译，商务印书馆2014年版，第122页。

④ 亚当·斯密：《国富论》，郭大力、王亚南译，商务印书馆2014年版，第122页。

⑤ 亚当·斯密：《国富论》，郭大力、王亚南译，商务印书馆2014年版，第122页。

改良途径：首先，为农村的原生产物提供一个巨大而便易的市场，从而鼓励了农村的开发和进一步的改进。受到这种利益的，不仅仅是都市所在的农村，凡是与都市有贸易往来的农村都得到实惠。其次，都市居民所获的财富，常用以购买待售的土地，从而对改良土地产生巨大的好处。斯密认为，商人是勇敢的事业家，而且具备爱秩序、节俭、谨慎等习惯，因此比乡绅改良土地要活跃得多也更适合。最后，工商业的发展改变了农村居民与其邻人的战争和对上司的依附状态，"使他们有秩序，有好政府，有个人的安全和自由"。①

2. 大卫·李嘉图对城乡关系的分析

大卫·李嘉图（David Ricardo，1772—1823），英国政治经济学家，对经济学作出了系统的贡献，被认为是最有影响力的古典经济学家之一。李嘉图在劳动价值理论和分配理论的基础上详细地阐述了农业部门在经济中占统治地位的社会里的资本积累问题。他认为，资本积累的扩大是财富增加的根本原因，资本积累越多，国民财富增长越快。他关于农业资本积累的论述对解释城乡收入差距的形成有重要意义。

李嘉图提出社会发展的方向不是收益递减的农业生产而是收益递增的工业，因此以农业为主要产业的农村必然衰落。他研究了农业资本积累过程中的约束性因素，重点考察土地资源对农业资本积累的约束，认为由于土地资源的稀缺性，劣等生产条件的土地逐渐被耕种，随着资本积累和人口的增加，连续地对有限的土地投入越来越多的劳动力和资本必然造成土地的边际报酬递减，即"在社会进步和财富增长中，必需的食品增加量是通过牺牲越来越多的劳动而获得的"。② 也就是说，农业资本的积累受制于收益递减规律的影响。农业部门的收益递减规律对农业资本积累的弱化作用是双

---

① 亚当·斯密：《国富论》，郭大力、王亚南译，商务印书馆 2014 年版，第373—389 页。

② 李嘉图：《政治经济学及税赋原理》，华夏出版社 2005 年版，第 84 页。

重的：其一，收益递减规律直接表现为边际成本的递增，必然造成利润率的下降及农业资本积累速度的减缓；其二，收益递减规律促使为维持一定的粮食产量所支出的劳动逐渐增加，促成粮食价格上涨，从而提高了货币工资水平。根据货币工资与利润的对立关系，粮食价格的上涨必然会影响农业生产的利润水平。这样，收益递减规律在另一方面间接地影响了利润水平及农业资本的积累速度，所以农业必然衰落。

第三节　空想社会主义者关于城乡关系的理论观点

空想社会主义（Utopian Socialism）又称乌托邦社会主义，是产生于资本主义生产状况和阶级状况尚未成熟时期的一种社会主义学说。空想社会主义学说最早见于 16 世纪托马斯·莫尔的《乌托邦》一书，其盛行于 19 世纪初期的西欧。

空想社会主义的倡导者们提出城市与乡村协调发展的新模式，希望通过他们心中所创造的理想社会组织结构来改变当时面临的诸多社会经济问题。莫尔通过构建"乌托邦"的社会设想，避免城市与乡村的脱离。傅立叶（Charles Fourier，1772—1837）提出了"法朗吉"式的和谐社会模式，把个人幸福与人类幸福结合起来，给人类描绘了一种统一的和谐欲望。[1] 欧文（Robert Owen，1771—1858）为了解决社会生产和家庭消费的矛盾，提出劳动交换银行及农业合作社，在此基础上建立新"协和村"，开展组织社会化程度较高的社会化大生产。[2]

---

① 乔·奥·赫茨勒：《乌托邦思想史》，商务印书馆 1990 年版，第 192—198 页。
② 乔·奥·赫茨勒：《乌托邦思想史》，商务印书馆 1990 年版，第 207—214 页。

一、对当时城乡关系状况及存在的问题进行的批判

以揭露资本主义本质和构想未来社会为目的的空想社会主义者圣西门、傅立叶和欧文等探索了城乡一体化理论的原始雏形。

夏尔·傅立叶认为工业和农业是划分城市和乡村的标志，和谐社会不存在工农差别和城乡对立。而现实生活中，城市是农村的主宰，乡村是城市落后的郊区与附庸，二者并不平等。傅立叶认为，城乡可通过工农结合的"法郎吉"来组成自由劳动以及城乡差别、工农差别等逐渐消失的统一的社会有机整体。

欧文认为，"工业城市是贫穷、邪恶、犯罪和苦难的渊薮；而所筹划的新村将是富裕、睿智、率性和幸福的园地"，主张用"理性的社会制度"，即共产主义制度来代替资本主义制度。

圣西门提出，"社会是一座巨大的、复杂的工厂……一个阶级由从属于农业劳动的人构成，另一个阶级由受雇于工厂和国家的人构成……他们是社会组织体系中的平等成员"。① 这种城乡产业、城乡人民和全体社会成员都平等的思想，是对当时阶级矛盾尤其是城乡对立现象的批判。

二、对未来城乡关系的设想

莫尔设想未来的城乡社会形态应该是："住在同一地点和同一教区的人，同一城市、同一乡镇、同一教区的全体男女，应该构成一个大家庭。彼此都以兄弟姊妹看待，互助互爱。公社之间应该互相结盟，保持和平协调，互相援助。"

夏尔·傅立叶对资本主义的所谓"文明制度"进行了更深刻的批判，对未来理想社会的设计更具体。傅立叶的"和谐制度"和

---

① 圣西门：《论社会组织》，《圣西门选集》（第1—3卷），商务印书馆2004年版。

"法郎吉"① 不仅是对未来社会的理想描绘，而且成为城乡一体化思想最早最系统的论述。

罗伯特·欧文在批判资本主义制度的同时，提出了改造社会的一整套计划。他主张用"理性的社会制度"，即共产主义制度来代替资本主义制度。在这种制度下，财产公有，共同幸福，人人平等，这种社会的基本细胞是共产主义"新村"。在城乡关系上，"这种大小的新村（周围有距属相当的同类新村）能够兼备城市住宅和乡村住宅现有的一切优点，同时又毫无这两种社会所必然具有的无数不便与弊端"。② 欧文把新村公社看成是理想社会的基础，认为它是人类社会整个组织的基石。

总体看来，这些超越了历史发展阶段的美好理想和局部实验，受当时历史条件的制约在实践中都以失败告终，但他们都提出了如何将城市发展作为与农村协调的一个经济系统单元，使工业生产与农业发展相协调这一核心问题。

177

第四节　马克思主义经济学关于
城乡关系的理论观点

马克思主义经济学家十分重视城乡关系问题，他们吸收了空想社会主义思想家关于消灭城乡对立思想的合理内核，在区分现代工业城市与古代城市本质不同的基础上，追溯城乡矛盾生成的渊源

---

　　①　和谐制度是傅立叶对人类社会划分的最后一个阶段，其特点是实现社会的和谐。在这种社会，社会基层单位是自给自足、独立的法郎吉。

　　"法郎吉"一词是法文的音译，意为具有共同目标的集体。傅立叶用它来表示和谐制度下有组织的生产、消费协作社，是为了与资本主义社会的生产和政府状态相区别。

　　②　欧文：《欧文选集》（第 2 卷），商务印书馆 1981 年版，第 119 页。

和演化轨迹，认为资本主义是造成城乡对立的根源，把城乡差别的缩小和消灭视为未来共产主义的重要标志。首先，他们把城乡关系视为错综复杂的社会生活中影响全局的环节；在马克思的早期作品中就强调"城乡关系的面貌一改变，整个社会的面貌就跟着改变"。① 其次，他们从社会分工入手，运用阶级分析的方法揭示了城乡对立的演进及其根源。最后，他们还阐明了消灭城乡对立的条件并对未来的城乡关系蓝图进行了描述。

一、马克思、恩格斯的观点

1. 城乡分离的基本动因是社会分工的出现

马克思在《政治经济学批判》和《资本论》等著作中，在考察人类社会演进的历史趋势时，一方面分析了工场手工业发展和商人阶层的产生以及资本在城市的积聚所带来的城乡对立过程；另一方面也无情地批判了城市化的畸形发展，"使农村人口陷于数千年的愚昧状态"。在《德意志意识形态》中，马克思和恩格斯又进一步对城乡分离进行了考察。他们认为，"某一民族内部的分工，首先引起工商业劳动和农业劳动的分离，从而也引起城乡的分离和城乡利益的对立"。② "物质劳动和精神劳动的最大的一次分工，就是城市和乡村的分离。城乡之间的对立是随着野蛮向文明的过渡、部落制度向国家的过渡、地域局限性向民族的过渡而开始的，它贯穿着文明的全部历史直至现在（反谷物法同盟）。"③ "城市已经表明了人口、生产工具、资本、享受和需求的集中这个事实，而在乡村则是完全相反的情况：隔绝和分散。"并认为"城乡之间的对立只有在私有制的范围内才能存在。城乡之间对立是个人屈从于分工、屈从于他被迫从事的某种活动的最鲜明的反映，这种屈从把一部分人

---

① 《马克思恩格斯全集》第 4 卷，人民出版社 1958 年版，第 159 页。

② 《马克思恩格斯全集》第 3 卷，人民出版社 1960 年版，第 24 页。

③ 《马克思恩格斯选集》第 1 卷，人民出版社 1995 年版，第 104 页。

变为受局限的城市动物，把另一部分人变为受局限的乡村动物，并且每天都重新产生二者利益之间的对立。"① "城市和乡村的分离还可以看做是资本和地产的分离，看做是资本不依赖于地产而存在和发展的开始，也就是仅仅以劳动和交换为基础的所有制的开始。"② 因此，社会分工是导致城镇和乡村出现并彼此分离的基本动因。③

2. 城乡对立的直接原因是私有制、阶级和国家的产生

马克思、恩格斯认为，社会分工只是为城乡分离提供了一定的历史前提，私有制、阶级和国家的产生才是造成城乡对立的直接原因。正如马克思所指出："物质劳动和精神劳动的最大的一次分工，就是城市和乡村的分离。城乡之间的对立是随着野蛮向文明的过渡、部落制度向国家的过渡、地域局限性向民族的过渡而开始的，它贯穿着文明的全部历史直至现在（反谷物法同盟）。……城市已经表明了人口、生产工具、资本、享受和需求的集中这个事实；而在乡村则是完全相反的情况：隔绝和分散。城乡之间的对立只有在私有制的范围内才能存在。城乡之间的对立是个人屈从于分工、屈从于他被迫从事的某种活动的最鲜明的反映。这种屈从把一部分人变为受局限的城市动物，把另一部分人变为受局限的乡村动物，并且每天都重新产生二者利益之间的对立。"④ 在私有制条件下，那些在社会占统治地位的阶级为了保护私有财产，镇压被统治阶级的反抗和防御外敌的进攻，往往将人口、财富更加集中于城镇，利用警察、赋税等政治机构，强化城镇的政治统治功能。"随着城市的出现，必然要有行政机关、警察、赋税等等，一句话，必然要有公共机构，从而也就必然要有一般政治。在这里，居民第一

179

---

① 《马克思恩格斯选集》第 1 卷，人民出版社 2012 年版，第 184 页。

② 《马克思恩格斯选集》第 1 卷，人民出版社 2012 年版，第 104、184、185 页。

③ 徐勇：《马克思恩格斯有关城乡关系问题的思想及其现实意义》，《社会主义研究》1991 年第 6 期，第 23—29 页。

④ 《马克思恩格斯选集》第 1 卷，人民出版社 2012 年版，第 184、185 页。

次划分为两大阶级，这种划分直接以分工和生产工具为基础。城市已经表明了人口、生产工具、资本、享受和需求的集中这个事实；而在乡村里则是完全相反的情况：隔绝和分散。"① 居住在城镇的统治阶级利用其特殊的经济政治地位，在政治上统治乡村，在经济上剥削农村，使乡村陷于落后和贫穷状态中，城乡间的差别进一步扩大。

3. 城乡关系发展分为三个阶段

马克思、恩格斯认为，城乡关系发展趋势是由分离到融合。他们把城乡关系划分为三个阶段：第一阶段：城乡依存阶段，即伴随着社会分工发展，城市诞生于农村的阶段，这一时期城市和农村还处于一种低水平的依存和融合状态，乡村是城市的载体，乡村在社会中占主导地位；第二阶段：城乡分离阶段，即工业革命以后，工业化和城市化的加快使得城市成为经济发展的中心，农村成为城市剥削的对象，城乡差距不断拉大，城乡"分离"和城乡对立开始出现，城市在社会中占主导地位；第三阶段：城乡融合阶段，即随着城市化的不断发展，城市与乡村间的依存度不断加强，城乡之间逐步走向融合。正如恩格斯所指出的，"要使现存的城市和乡村逐步演化为既有城市的一些特征又有乡村的一些特征的新实体"。

4. 城乡融合是发达社会主义的重要特征

马克思、恩格斯认为，实现城乡融合是一个漫长的社会历史过程，城乡融合将成为发达社会主义时期的重要特征。"由社会全体成员组成的共同联合体来共同而有计划地尽量利用生产力，把生产发展到能够满足全体成员需要的规模，消灭牺牲一些人的利益来满足另一些人的需要的情况，彻底消灭阶级和阶级对立，通过消除旧的分工，进行生产教育、变换工种、共同享受大家创造出来的福

---

① 《马克思恩格斯选集》第 1 卷，人民出版社 2012 年版，第 185 页。

利，以及城乡的融合，使社会全体成员的才能得到全面的发展；这一切都将是废除私有制的最主要的结果。"①

5. 城乡融合的动因与条件

马克思认为，城乡对立是一个历史范畴，它是可以被消灭的。马克思、恩格斯曾经指出："消灭城乡对立并不是空想，正如消除资本家与雇佣工人间的对立一样。消灭这种对立日益成为工业生产和农业生产的实际要求。"② 马克思、恩格斯认为消灭城乡对立有两个客观条件：一是生产力的高度发达，尤其是大工业的迅速发展，用先进技术改造传统农业，实现农业工业化，乡村城镇化，才能消除城乡对立。"大工业在全国的尽可能平衡的分布，是消灭城市和乡村的分离的条件"，同时主张"使工业生产和农业生产发生密切的联系"。③ 二是消灭私有制，建立社会主义公有制。在社会主义公有制条件下，合理地配置资源，才能改变城乡间剥削与被剥削、统治与被统治的关系，加强城乡互动，实现城乡均衡协调发展，通过创造巨大的生产力最终消灭城乡差别。城乡差别被消除的社会，将是自由、美好的社会。正如恩格斯所说的，"断定说人们只有在消除城乡对立后才能从他们以往历史所铸造的枷锁中完全解放出来，这完全不是空想！"④

二、列宁的城乡协调发展思想

列宁（Vladimir Ilich Lenin, 1870—1924）俄国共产主义革命家、政治家，马克思和恩格斯事业和学说的继承者，他对马克思主义的贡献被总结提升为列宁主义。

----

① 《马克思恩格斯全集》第4卷，人民出版社1958年版，第371页。
② 《马克思恩格斯全集》第18卷，人民出版社1964年版，第313页。
③ 《马克思恩格斯全集》第20卷，人民出版社1971年版，第321页。
④ 《马克思恩格斯全集》第18卷，人民出版社1964年版，第313页。

1. 俄国产生城乡对立的必然性

根据马克思主义城乡关系理论，城乡关系问题是社会分工和私有制的产物，存在于一切阶级社会中。在资本主义社会里，形成了农业服从于工业、城市统治农村的对立局面。19世纪末20世纪初，资本主义俄国中的城乡矛盾和对立问题已经充分显现出来。列宁指出，城乡分离、城乡对立、城市剥削乡村，这些是发展着的资本主义到处都有的旅伴，是所谓的"商业财富"比农业财富占优势的必然产物。也就是说，俄国资本主义的发展必然产生城乡对立问题。

第一，资本主义经济的发展导致俄国工业与农业彻底分离，从而酝酿了城与乡的对立。列宁在研究俄国资本主义发展的阶段时指出，工业与农业的分离在工场手工业阶段已经表现出来，只是还不明显，因为还有一部分在家里完成工作任务的家庭手工业者，他们能够抽出时间进行农业生产。而到了资本主义机器大生产阶段，工业与农业便彻底分离开来，因为"技术把工人束缚在一种专业上"，"因而一方面使他不适合于从事农业（体力孱弱等等），另一方面要求他不间断地和长期地从事一种手艺"。① 显然，这为以工业生产为主的城市和以农业生产为主的农村之间的对立埋下了隐患。

第二，俄国资本主义经济的发展吸引农民离开农业流向工业、离开农村流向城市从而产生了城与乡的对立。由于俄国农奴制改革极不彻底，在资本主义渗透到俄国农业中时，从事农业生产的居民深受资本主义和农奴制残余的双重压迫和剥削，生活条件十分恶劣。19世纪80年代，俄国资本主义发达的省份（如新罗西亚和伏尔加左岸的草原省份）和资本主义最不发达的省份（如中部黑土地带）的商业性农业生产状况的资料显示：后者的劳动人民的生活水平和境况比前者的要低下和恶劣得多。列宁在研究上述状况后指出，一切资本主义国家所特有的现象，在俄国也已经成为普遍的事

182

---

① 《列宁全集》第3卷，人民出版社1984年版，第393页。

实，即工业工人的境况比农业工人的境况要好些。"因此，人们从农业逃向工业，可是工业省份中不但没有人流向农业，甚至还流露出鄙视'愚昧的'农业工人的态度，把他们叫作'牧人'，'哥萨克'，'种地人'。"① 由此可见，正是受资本主义发展对于改善工作条件和生活条件的吸引，俄国居民离开农业流向工业。

第三，资本主义大生产导致俄国农村土地生产力受到掠夺从而深化了城与乡的对立。列宁早期在文章中对这种由于资本主义发展造成的城乡对立现象进行了揭露，他说："资本主义建立了大生产，产生了竞争，随之而来的是土地的生产力受到掠夺。人口集中于城市，使土地无人耕种，并且造成了不正常的新陈代谢。土地的耕作没有得到改善，或者说没有得到应有的改善。"② 这就致使城乡矛盾加剧，城乡对立进一步深化。

2. 俄国资本主义发展为城乡对立的消除创造了条件

马克思主义城乡关系理论认为，城乡对立是个历史范畴，它是社会生产力发展到一定程度的产物，也将随着社会生产力的发展而最终消灭。③ 列宁在指出城市对立是资本主义的必然现象的同时，肯定资本主义对于促进俄国农村经济发展有积极作用，从而表达了俄国资本主义的发展能够为消除城乡对立创造条件的思想。

183

第一，俄国资本主义的发展创造了农业人口与非农业人口相接近的条件。既然在资本主义社会里城市比乡村占优势是必然的，那么怎样才能削弱这种优势的片面性从而使城乡关系得到改善呢？——"只有把居民吸引到城市去"。列宁指出："如果城市必然使自己处于特权地位，使乡村处于从属的、不发达的、无助的、闭塞的状态，那么，只有农村居民流入城市，只有农业人口和非农业

---

① 《列宁全集》第 3 卷，人民出版社 1984 年版，第 239 页。

② 《列宁全集》第 7 卷，人民出版社 1986 年版，第 97 页。

③ 吴学凡：《马克思恩格斯消灭城乡差别思想及其现实意蕴》，《社会主义研究》2008 年第 1 期，第 14—19 页。

人口混合和融合起来，才能使农村居民摆脱孤立无援的地位。因此，最新理论在回答浪漫主义者的反动的怨言和牢骚时指出，正是农业人口和非农业人口的生活条件接近才创造了消灭城乡对立的条件。"① 这里，列宁明确指出，消灭城乡对立的重要前提是农业人口和非农业人口的生活条件相接近。在《俄国资本主义的发展》中，列宁具体指出了俄国资本主义特别是机器大工业创造的三个使农业工人与工业工人相接近的条件。他说："大机器工业在破坏宗法关系与小资产阶级关系时，另一方面却创造了使农业中的雇佣工人与工业中的雇佣工人相接近的条件：第一，大机器工业把最初在非农业中心所形成的工商业生活方式带到乡村中去；第二，大机器工业造成了人口的流动性以及雇用农业工人与手工业工人的巨大市场；第三，大机器工业把机器应用于农业时，把具有最高生活水平的有技术的工业工人带到乡村。"②

184

第二，俄国资本主义的发展引起了未被正式列为城市的新工业中心的形成。俄国资本主义的发展在促进原有城市不断发展壮大的同时还形成了许多介于城市与乡村之间的工业中心，如工厂村和工商业村。这两种工业中心都是资本主义由城市向乡村扩展形成的未被正式列为城市的新工业中心。列宁肯定了这些新的工业中心的积极意义，但在他看来，这些乡村工业中心的形成表明工厂工业"深入似乎与资本主义大企业世界隔绝的穷乡僻壤"③，它使"居民的流动代替了昔日的定居与闭塞状态而成为经济生活的必要条件"。④ 他还进一步指出："不仅在俄国，而且在一切国家，资本主义的发展都引起了未被正式列为城市的新工业中心的形成。"⑤ 也就

---

① 《列宁全集》第 2 卷，人民出版社 1984 年版，第 197 页。

② 《列宁全集》第 3 卷，人民出版社 1984 年版，第 497 页。

③ 《列宁全集》第 3 卷，人民出版社 1984 年版，第 479 页。

④ 《列宁全集》第 3 卷，人民出版社 1984 年版，第 481 页。

⑤ 《列宁全集》第 3 卷，人民出版社 1984 年版，第 521 页。

是说，资本主义的发展能够引起新的工业中心的形成是一种普遍的现象，不仅在俄国，在其他一切资本主义国家都这样。

第三，俄国资本主义及城市资本主义的发展能够为农业发展提供现代科学手段。虽然长期以来俄国工业资本主义的发展都是以牺牲农业为代价的，造成了俄国农村的贫穷落后和城乡对立关系的加强，但是工业资本主义的发展对于促进俄国农业的发展也起了重要的作用。列宁指出："为了发展农业技术，城市资本主义可以提供一切现代科学手段……"① 首先，资本主义大机器工业能够生产和制造出现代化农业所需的农业机器。农业机器在农业中的应用和普及是农业资本主义发展的一个重要标志。其次，资本主义的发展创造了发达的运输技术，使农村居民享用城市文明成为可能。"在所有现代国家甚至在俄国，城市的发展要比农村快得多，城市是人民经济、政治和精神生活的中心，是进步的主要动力。"②

基于上述俄国资本主义发展对于消灭城乡对立的积极作用，列宁指出："完全肯定资本主义社会大城市的进步性，丝毫不妨碍我们把消灭城乡对立当作我们的理想。"③

185

3. 缩小和消灭城乡差别的有效路径

没有革命的理论就没有革命的运动。十月革命前，列宁为了用理论动员群众做了大量的创新工作；十月革命后，列宁仍然孜孜以求地探索世界上第一个社会主义新型国家的建设理论。正是在理论探索和创新过程中，形成了关于缩小和消灭城乡差别的有效路径。

第一，进行社会革命，消灭阶级。城乡差别从产生之日起就与阶级现象相联系，所以，列宁认为社会主义就是要消灭阶级。"为了消灭阶级，首先就要推翻地主和资本家。其次就要消灭工农

① 《列宁全集》第4卷，人民出版社1984年版，第126页。
② 《列宁全集》第23卷，人民出版社1990年版，第358页。
③ 《列宁全集》第5卷，人民出版社1986年版，第132页。

之间的差别，使所有的人都成为工作者。"① 要解决这个任务，"只有在无产阶级的国家政权最终平定剥削者的一切反抗，保证自己完全巩固，政令能充分实行，在大规模集体生产和最新技术基础（全部经济电气化）的原则上改组全部工业的时候，社会主义对资本主义的胜利以及社会主义的巩固才能认为是有了保证。只有这样，城市才有可能给落后而分散的农村以技术的和社会的根本的帮助，并且在这种帮助下为大大提高耕作和一般农业劳动的生产率打下物质基础，从而用实例的力量并且为了小农自身的利益鼓励他们过渡到大规模的、集体的、用机器耕种的农业上去"。②

第二，大力发展生产力。实行社会主义革命以后，苏俄把发展生产力提上了迫切的议事日程。列宁为此所作的设计是要在全国实现电气化，即生产力水平的提高。列宁说："电气化将把城乡连接起来，在电气化这种现代最高技术的基础上组织工业生产，就能消除城乡间的悬殊现象，提高农村的文化水平，甚至消除穷乡僻壤那种落后、愚昧、粗野、贫困、疾病丛生的状态。"③

第三，推进农村人口的城市化进程。在分析有助于缩小城乡差别的因素时，列宁指出："城乡分离、城乡对立、城市剥削乡村（这些是发展着的资本主义到处都有的旅伴）是'商业财富'（西斯蒙第的用语）比'土地财富'（农业财富）占优势的必然产物。因此，城市比乡村占优势（无论在经济、政治、精神以及其他一切方面）是有了商品生产和资本主义的一切国家（包括俄国在内）的共同的必然的现象。如果城市的优势是必然的，那么，只有把居民吸引到城市去，才能削弱（正如历史所证明的，也确实在削弱）这种优势的片面性。"④ 这说明城市比农村具有优势，要拉平城乡之间的

① 《列宁全集》第4卷，人民出版社1995年版，第64页。
② 《列宁全集》第31卷，人民出版社1958年版，第140页。
③ 《列宁全集》第30卷，人民出版社1957年版，第303页。
④ 《列宁全集》第2卷，人民出版社1984年版，第196页。

差距，还需推进农村人口的城市化进程。

第四，统筹城乡发展。革命胜利后的苏俄面临旧俄留下的城乡分割的严峻局面，社会主义事业因此受到严重威胁。为消灭这种对立，建设共产主义，列宁要求统筹城乡发展。列宁认为，消灭苏俄的城乡对立"必须广泛地有计划地吸引产业工人参加农业方面的共产主义建设，扩大苏维埃政权为此而成立的全国性的'工人协助委员会'的活动等等"。[①] 列宁对这种城市工人支援农民的新事物作了解释，认为它是城乡关系的一个基本政治问题，对苏维埃的整个革命有决定的意义。而且，与资产阶级国家不同的是，"而我们能够而且应当利用我们的政权使城市工人真正成为在农村无产阶级中传播共产主义思想的人"。[②] 为此，列宁提倡城市工人与农村雇工之间建立交往、建立友好互助形式来帮助农村的发展。此外，为消除城乡对立，列宁还要求合理地分布俄国工业，农业人口和工业人口融合。"只有农业人口和非农业人口混合和融合起来，才能使农村居民摆脱孤立无援的地位。最新理论在回答浪漫主义者的反动的怨言和牢骚时指出，正是农业人口和非农业人口的生活条件接近才创造了消灭城乡对立的条件。"[③] 在这里，列宁无疑继承和发展了恩格斯的城乡融合思想。

三、斯大林的城乡结合发展理论

1."生产条件上的平等"是城乡对立消除的基本条件

斯大林认识到了工业和农业的相互关系。他认为，只有工业和农业都实现了社会化，经济才能健康发展。当时，由于工业和农业是由不同的阶级所从事，而且发展不平衡，这就有可能存在城乡之间、工农业之间关系的破裂。而要避免这种危险，就必须在农业

---

① 《列宁选集》第 3 卷，人民出版社 2012 年版，第 751 页。

② 《列宁全集》第 43 卷，人民出版社 1987 年版，第 359 页。

③ 《列宁全集》第 2 卷，人民出版社 1984 年版，第 197 页。

上运用新技术，"必须实行电气化计划，因为这是使农村接近城市和消灭城乡对立的手段"。① 在这里，斯大林把生产条件上的平等看作是消除城乡对立并且实现城乡一体化的途径。这一认识重在强调科学技术进步对城乡一体化的促进作用。

2."城市和乡村有同等的生活条件"是实现城乡一体化的标志

恩格斯认为，随着城乡对立的消灭，大城市会趋向毁灭（这当然是一个很长的过程）。而斯大林则认为，城乡对立消灭后，"不仅大城市不会毁灭，并且还要出现新的大城市，它们是文化最发达的中心，它们不仅是大工业的中心，而且是农产品加工和一切食品工业部门强大发展的中心。这种情况将促进全国文化的繁荣，将使城市和乡村有同等的生活条件"。② 由此可见，在斯大林看来，城乡对立的消失是指城乡之间、工农业之间的这种所有制本质差别的消失，而并不是它们之间任何差别的消失。"工业和农业之间本质差别的消灭，不能引导到它们之间任何差别的消灭。"③ 也就是说，城乡一体化并不是要消灭城乡之间、工农业之间的一切差别，而是"将使城市和乡村有同等的生活条件"。④

188

第五节 当代西方经济学关于
城乡关系的理论观点

当代西方经济学城乡关系理论研究以资源在城乡间的配置为视角，认为市场经济的发展、社会分工的深化导致城市与农村在资源配置功能上的差异。当代西方经济学主要从资源配置的角度，以

---

① 《斯大林选集》（上），人民出版社 1979 年版，第 355 页。

② 《斯大林文集》，人民出版社 1985 年版，第 617 页。

③ 《斯大林文集》，人民出版社 1985 年版，第 619 页。

④ 《斯大林文集》，人民出版社 1985 年版，第 617 页。

发展中国家为研究对象，具体分析了社会分工的深化导致生产要素在城乡之间差异性的分布以及由此产生的城市工业部门与农村农业部门的发展差异性，解读了促进二元经济结构向城乡一元经济演进的过程，并形成了各有偏向的城乡关系理论。与马克思主义经济学强调变革生产关系、合理布局生产力不同的是，西方经济学的城乡关系理论更多强调工业化和城市化的"推拉机制"，强调城市现代工业部门的辐射带动作用以及提升农业部门发展水平在城乡二元结构转化中的作用。

一、强调"城市偏向"的非均衡发展

持这种观点的理论强调以城市为中心，资源要素以城市为中心进行配置，通过城市来带动农村的发展。主要理论观点包括刘易斯的二元经济结构理论、哈里斯—托达罗模型以及佩鲁增长极理论、赫希曼的"极化—涓滴效应"学说、缪尔达尔的"循环累计因果"理论等。这些理论共同的特点是强调城市在城乡关系中的主导地位，表现出"城市偏向"的非均衡发展。

1. 刘易斯的二元结构理论

威廉·阿瑟·刘易斯（William Arthur Lewis，1915—1991），是研究发展中国家经济问题的领导者和先驱。

1954 年，刘易斯在《劳动力无限供给下的经济发展》一文中提出"二元经济"的概念，他认为在发展中国家存在一个以现代化方式为特征的工业化部门和一个以传统方式为特征的农业部门。这两个部门在劳动生产率、工资水平、生产规模、生产方式、生产效率、收入水平等各方面存在差异。传统部门劳动力的供给弹性是无限的，为现代部门提供源源不断的劳动力。[①] 刘易斯认为，传统部

---

① Lewis, "Economic Development with Unlimited Supplies of Labour", *The Manchester School*, Vol.22, 1954, pp.139-191.

门的劳动力向现代部门的转移问题，即农村劳动力向城市转移的现象，是二元经济发展的核心问题。

通过现代工业的发展，取得资本积累，使得农村的剩余劳动力转移到城市工业部门，实现现代部门的扩张，促进产业结构的转型，城市化水平提高；同时，通过现代部门的不断扩张，为传统部门劳动力创造就业机会，推进传统部门的改造和发展，最后经济由"二元"向"一元"转变。刘易斯二元结构理论主张"工业主导论"，揭示了传统农业部门与现代工业部门的内在发展联系，并且是动态相联系的。然而，刘易斯二元经济结构理论，忽视了农业的作用，尤其是忽略了发展中国家存在的严重的农业隐性失业问题，并且没有认识到农业由于生产率的提高而出现剩余产品应该是农村剩余劳动力向城市流动的先决条件。

2. 佩鲁的增长极理论

弗朗索瓦·佩鲁（François Perroux，1903—1987），法国经济学家，毕生致力于第三世界国家的经济政策研究。

190

1955 年，佩鲁在《增长极概念的解释》一文中正式提出增长极的概念，并在 1961 年出版的《二十世纪的经济》一书中对增长极理论进行了全面阐释。该理论认为经济增长并不是同时均匀地分布在一个领域的每一个点上，经济增长在不同地区、部门或产业，按不同速度不均衡增长。该理论的实质是强调区域经济的不平衡性，把有限的资源投入到发展潜力大、规模经济效应高和投资效益明显的少数部门，强化增长极的经济实力，同周围区域经济形成一个势差，通过市场经济机制的传导力量引导整个区域发展。按照这一理论，城市尤其是中心城市依托其自身的优势，成为一个地区生产、贸易、服务、金融等中心，并吸引农村的资源向城市流动，形成极化效应，使其获得规模经济效益和集聚经济效益，产生城市化趋动；同时城市发展还会形成扩散效应，发挥辐射带动作用。由此可见，增长极理论更强调以城市作为发展的重点，并通过城市的发展带动农村发展。

3. 赫希曼的"极化—涓滴效应"理论

阿尔伯特·赫希曼（Albert Otto Hirschman，1915—2012），德国著名发展经济学家。

赫希曼认为在区域不平衡发展的过程中将产生极化效应和涓滴效应。其中，极化效应是指由于城市的发展，其高工资、高利润吸引农村的资本和人才，这一效应扩大了城乡差距；涓滴效应则是指城市地区的经济增长对农村地区产生的产品购买、投资增加，以及农村地区向城市地区的移民，并由此提高农村地区的边际劳动生产率和人均消费水平，这一效应有利于缩小城乡差距。该理论认为，经济增长是一种不平衡的连锁演变过程，发展中国家应集中有限的资本和资源首先发展一部分产业，其他部门通过利用这些产业部门的投资所带来的外部经济效应而逐步得到发展。城市和乡村作为构成区域的基本地区单元，在经济发展中是相互促进、相互影响、相互制约的。城乡由于内部结构和外部发展条件的不同，导致城乡经济发展不平衡。在发展的初级阶段，城市处于区域经济发展的主导和支配地位，不断从农村获取要素资源，从而使得城市发展水平不断提高，而乡村受到压制。

4. 缪尔达尔的"循环累计因果"理论

纲纳·缪尔达尔（Karl Gunnar Myrdal，1898—1987），瑞典人，是瑞典学派和新制度学派以及发展经济学的主要代表人物之一。

缪尔达尔认为，市场力的作用一般倾向于增加而非减少城乡区域间的不平衡，这使得城市地区由于初始优势而超前于别的地区获得更快发展，而农业地区则由于发展基础和条件的制约发展更慢，这就是"循环累计因果原理"。城乡关系受这一原理的影响产生两种效应：一是回波效应（极化效应），是指劳动力、资金、技术等要素资源受到收益差异的影响由农村向城市流动，这导致了城乡差距的拉大；二是扩散效应，是指当城市发展到一定程度时，由于人口稠密、交通拥挤、污染严重、资源短缺等原因，使得其生产成本上升，经济增长势头减弱，这时城市初始优势开始丧失，生产规模的继续扩大将变得不经济，资本、劳动力、技术等资源将会向周边的落后地区扩散，带动周边地区的发展。基于此，缪尔达尔提出，在经济发展的过程中，政府应实施不平衡的发展战略，对于已经积累起发展优势的地区应予以大力支持，优先发展这些地区，并通过这些地区的发展带动落后地区。与此同时，他看到过大差距的不利影响，主张政府对落后地区实施激励与促进。

5. 弗里德曼的"中心—外围"理论

米尔顿·弗里德曼（Milton Friedman，1912—2006），美国经济学家，货币主义大师，以研究宏观经济学、微观经济学、经济史、统计学及主张自由放任资本主义而闻名。

该理论由弗里德曼在其著作《区域发展政策》中提出，一个国家由核心区域和边缘区域组成。其中，核心区域是一个城市或城市集群及其周边地区，是城市集聚区；边缘区域则是指相对于核心地区的落后地区。根据"中心—外围"理论，核心区域与边缘区域在发展中处于不对等的关系，核心区域处于主导和统治地位，是生产要素、经济权利、创新力量的集聚区，引导整合区域的发展；边缘区则依赖于核心区并被其控制。根据该理论的解释，城市与农村的关系就是核心区域与边缘区域的关系，城市拥有发展的优势，分配权力掌握在城市，因此能够吸引乡村的要素资源进入城市，而乡村则处于从属地位。"中心—外围"理论似乎过分强调了城市的核心作用，而忽视了乡村的作用。

二、强调"农村（农业）偏向"的非均衡发展理论

持这种观点的理论强调农村（农业）在经济结构转化中的作用，认为农业是现代部门发展的基础，二元结构转化应以农业发展为基础。典型的理论观点是舒尔茨的传统农业改造论和乔根森模型。

1.舒尔茨的改造传统农业理论

西奥多·威廉·舒尔茨（Theodore W. Schultz，1902—1998），美国经济学家。舒尔茨在经济发展方面作出了开创性研究，深入研究了发展中国家在发展经济中应特别考虑的问题。

舒尔茨始终强调农业和人力资本的开发在工业化中的地位。他把农业划分为传统农业、现代农业和过渡农业三种类型。他提出了收入流价格理论，即在传统农业里，来自农业生产的收入流价格是比较高的，投入传统社会的资本额收益率比较低。他认为要改造农业，主要从两个方面入手：一是改变技术状况，实现现代生产要素对土地和劳动的替代；二是加快人力资源的开发，改变农民需求，并使之合理化。舒尔茨进而指出，改造传统农业的关键是引进新的现代农业的生产要素，从而引起技术变化，推动农业发展。

2.乔根森模型

戴尔·乔根森（Dale W. Jorgenson，1933—　　），加拿大经济学家。20世纪60年代后期，乔根森在对"刘—费—拉模型"进行重大修正的基础上，提出了乔根森模型。该模型试图在一个纯粹新古典主义框架内探讨工业部门的增长是如何依赖于农业部门发展的。

乔根森模型所表达的思想是：第一,一国经济由现代工业部门与传统农业部门构成，但是农业部门的发展是工业乃至整个国民经济的基础。第二，农业剩余是工业部门产生、增长的前提条件并决定其规模限度。没有农业剩余存在时，就没有劳动力的城乡转移；劳动剩余一旦出现就促使农业劳动力向工业部门转移，工业部门就开始增长；农业剩余越大，农业劳动力向工业部门转移的规模越大；伴随着工业资本的积累，工业增长也就越快。第三，农业剩余出现之前，劳动力都从事农业生产，此时任何从农业中出去的劳动力都具有正的边际产出，在转移过程中，农业部门总产出会受到影响，工业发展会以牺牲农业产出为代价。由此可见，现代部门发展的先决条件是农业剩余。

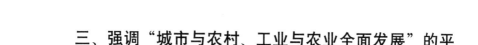
三、强调"城市与农村、工业与农业全面发展"的平衡发展理论

持这种观点的理论强调农村与城市、农业与工业的平衡发展，反对偏向城市的不平衡发展观点。典型的理论观点是拉尼斯—费景汉的二元经济论、拉格纳·纳克斯的"贫困恶性循环论"以及罗森斯坦·罗丹的"大推进"理论。

1. 拉尼斯—费景汉的二元经济论

1964 年拉尼斯和费景汉出版了《劳动剩余经济的发展》一书，指出了刘易斯二元经济理论的不足之处，提出了拉尼斯—费景汉二元经济结构理论。该理论说明了现代工业部门发展与传统农业部门发展的关系，强调了传统经济向现代经济转化中，农业剩余对工业部门扩张和提高农业生产率对农业剩余劳动力转移的重大意义。该理论认为，农业剩余的增长和农业劳动生产率的提高是农业生产力向非农业生产力转移的先决条件。因此，要使二元向一元结构转换得以实现，必须保证农业的迅速增长并使其足以满足非农劳动力对产品的消费需求，农业部门的作用并不是被动消极的。因而工农业的平衡发展是二元结构转化的关键。

2. 拉格纳·纳克斯的"贫困恶性循环论"

拉格纳·纳克斯（Ragnar Nurkse，1907—1959），美国经济学家。

1953 年，纳克斯在其《不发达国家的资本形成》一书中，系统地提出了贫困恶性循环理论，阐述了平衡发展的战略，说明了贫困条件下经济停滞的原因。纳克斯认为，导致发展中国家贫困的原因，不是这些国家国内资源不足，而是"贫困恶性循环"在起作用。他从资本形成过程中的供求两方面阐述了恶性循环过程。从供给方面看，发展中国家经济不发达，人均收入低，低收入又造成储蓄水平低、储蓄能力小，低储蓄水平决定了资本稀缺且形成不足，其结果是生产规模和生产效率难以扩大和提高，从而造成新一轮的低收入。如此周而复始形成一个恶性循环。从需求方面看，发展中国家人均收入低，生活贫困，意味着购买力低、消费能力弱，使国内市场容量狭小，引起投资诱因不足，缺乏足够的资本形成，导致生产中使用的资本不够，结果造成生产规模小，生产效率难以提高，低效率又致使低产出和低收入。如此又形成了一个恶性循环。以上两个循环形成一个死结，很难打破，从而发展中国家会处在长期的经济停滞和贫穷的困境之中。用纳克斯的话来讲就是："一国穷是因为它穷。"为此，纳克斯提出了平衡增长理论，认为外部经济效益和各部门之间在供求方面具有互补性和不可分性，主张对国民经济的各个部门和各个企业进行投资，以推进经济的全面和均衡发展。

3. 罗森斯坦·罗丹的"平衡增长"理论

保罗·罗森斯坦·罗丹（Paul Rosenstein Rodan，1902—1985），发展经济学先驱人物之一，平衡增长理论的先驱。

195

20世纪40年代初，罗森斯坦·罗丹提出了以"大推进"为核心的平衡增长理论。该理论主张在国民经济各部门中，各工业部门要同时并按同一比例进行大规模投资，实施全面增长的投资计划，以便使整个工业按同一速度全面发展，使各行业平衡发展，以此来摆脱贫困。同时，他还指出，要对相互补充的产业部门同时进行投资，通过扩大市场容量和造成投资诱导机制来获得"外部经济效应"。这样，一方面可以创造出互为需求的市场以克服需求不足的问题；另一方面这种全面投资可以通过分工协作，减少单个企业不必要的费用，降低生产成本，增加利润，为提高储蓄和再投资创造条件，从资本的供给与需求两个方面打破贫困的恶性循环。此外，罗森斯坦·罗丹强调工业化的首要任务是将农民转化为产业工人，其中政府应扮演提供培训的角色。

四、强调"城乡（工农业）一体化发展"的理论

持这种观点的理论反对将城市与农村、工业与农业割裂开来，主张城乡互为补充、协调发展。代表性的理论观点有：霍华德的田园城市理论、沙里宁的有机疏散理论、芒福德的城乡发展观、麦基的"Desakota"理论、城乡边缘区理论以及岸根卓郎的"城乡融合设计"理论。

1. 霍华德的田园城市理论

埃比尼泽·霍华德（Ebenezer Howard，1850—1928），20 世纪英国著名社会活动家，城市学家，风景规划与设计师，"花园城市之父"，英国"田园城市"运动创始人。

田园城市理论是较早的关于论述城乡一体化发展思想的西方经济学说理论。霍华德在 1902 年再版其著作《明日的田园城市》时，倡导"用城乡一体的新社会结构形态来取代城乡对立的旧社会形态"。田园城市理论是为了解决大城市的扩张而带来的噪音、污染等社会问题，从城乡协调的角度重新阐释城市的发展，把城市与外围乡村当作一个整体来分析，而提出的一种新的借助于城乡一体化解决这一问题的理论。按照霍华德的定义："田园城市"是指为了健康生活和产业而设计的城市，其规模不超过实际社会生活的需要，周边为农村地带所环绕。土地完全实行公共所有或委托给社区。在那里，高度繁忙和充满活力的城市生活的所有优点与农村所有美德和快乐达到完美融合，市民就生活在这样一种理想的环境中。霍华德主张农业与工业联姻，农村与城市联姻。正如他所讲，"城市和乡村都各有其优点和相应缺点，而城市—乡村则避免了二者的缺点，城市和乡村必须成婚，这种愉快的结合将迸发出新的希望，新的生活，新的文明"。[①]

---

① [英] 埃比尼泽·霍华德：《明日的田园城市》，金经元译，商务印书馆 2010 年版。

2. 沙里宁的有机疏散理论

埃罗·沙里宁（Eero Saarinen，1910—1961），著名的芬兰裔美国建筑师和设计师。

沙里宁对城市过度集中而产生的系列弊病问题进行了系统分析，在此基础上提出了有关城市发展及布局结构的理论。其著作《城市：它的发展、衰败和未来》详细地讨论了城市发展思想、社会经济状况、土地问题、立法要求、城市居民的参与和教育、城市设计等方面的内容，提出了有机疏散理论。该理论的主导思想是将原来密集的城区分成一个一个的集镇，集镇之间用保护性的绿化地带联系起来，并使各个城镇之间既有联系，又有所隔离，但从区域角度看，则是一个城乡差距较小的城乡区域均质体。[①]1918 年，沙里宁的这一理论被应用到芬兰"大赫尔辛基方案"。

3. 芒福德的城乡发展观

197

美国城市理论家芒福德站在城市发展的立场指出："城与乡，不能截然分开；城与乡，同等重要；城与乡，应当有机结合在一起。如果问城市与乡村哪一个更重要的话，应当说自然环境比人工环境更重要。"芒福德推崇亨利·赖特的主张，即通过分散权利来建造许多"新的城市中心"，形成一个更大的区域统一体，以现有城市为主体，就能把这种"区域统一体"的发展引向到许多平衡的社区里，这就有可能使区域整体发展，不仅可以重建城乡之间的平衡，还有可能使全部居民在任一地方都能享受到真正的城市生活之益处，同时避免特大城市的困扰。

4. 麦基的"Desakota"理论

20 世纪 50 年代以来，世界上许多国家特别是发展中国家的工业化和城市化进程明显加快，中心城市的空间范围迅速扩张，在

---

① ［美］埃罗·沙里宁：《城市：它的发展、衰败和未来》，顾启源译，中国建筑工业出版社 1989 年版。

城市边缘出现了规模庞大的城乡交接地带；由于交通基础设施的发展，不仅使过去独立发展的城市之间产生了密切的联系，而且沿城市之间的通道形成了新的发展走廊，这些区域具有特殊的既非城市也非农村的空间形态，但又同时表现出城乡两方面的特点，因此被学者称之为"灰色区域"或者"被扩展的都市区"。

20世纪80年代中期，加拿大学者麦基针对这种新型空间结构提出了Desakota（在印尼语中，desa是村庄，kota是城市）的定义，Desakota意为城乡一体化，描述的是在同一地域上同时发生的城市性和农村性的双重性的产物，城市和乡村的概念在这一区域变得模糊。它们一般出现在人口密集的亚热带或热带地区，处于大城市之间的交通走廊地带，借助于城乡间强烈的相互作用，带动了劳动密集的工业、服务业和其他非农产业的迅速增长，实现了居民职业活动和生活方式不同程度的转变。麦基的Desakota模式是向传统西方国家以大城市为主导的单一城市化模式提出的挑战，对城乡之间的相互作用和双向交流的论述，为亚洲许多国家的城市化研究提供了新思路。

5. 城乡边缘区理论

对城乡边缘区的理论研究最早可以追溯到经济学家杜能的"孤立国"农业区位论。从早期的萌芽阶段到第二次世界大战后现实经济发展对研究的启动阶段以至目前研究的现状，都反映出了城乡边缘区研究的复杂性与艰难性。早期的狄更生的三地带论，以及20世纪50年代托马斯和库恩的城市地域结构理论中都包含有对城乡边缘区的研究萌芽。城乡边缘区的主要特征表现为地域空间结构上的动态性和过渡性、人口在社会学特征上的多元化、经济发展的复合型、激烈竞争的多样化土地利用等特征。就当前来看，现代化的经济发展正在逐渐消除城乡之间的差别，如果考察城乡边缘区的发展前景就可以发现，城乡关系的变化必然会影响处于二者之间的城乡边缘区，促使城乡边缘区经过最初相对独立发展的阶段后，完全与城市和乡村的发展相融合，最终实现城乡一体化。

6. *岸根卓郎的"城乡融合设计"理论*

日本学者岸根卓郎提出"城乡融合设计"的概念，试图通过超越城市、农村界限的"人类经营空间"的建立，产生一个"与自然交融的社会"，即"城乡融合的社会"。他吸取了过去将城市规划与乡村规划分裂开来、将城市发展与乡村建设分裂开来各行其是的教训，强调搞农业、工业协调发展的"农工一体复合社会系统""自然—空间—人类系统"，综合组成三维的立体规划。他强调，不能用城市"侵入"农村，"按现有城市的建设办法来建设农村，改造农村"的思路去实现城乡融合；他呼吁人们重新重视长期被忽视的农村的作用，指出"农村最主要的作用就是保全生态系统"，同时还有许多衍生的作用，如国土资源的持续利用、国土保全、水资源涵养以及人们熟知的经济功能等。

199

第五章　城乡发展一体化理论的新发展

城乡关系始终是各国学者研究的热点问题，尤其是在第二次世界大战后发展经济学的兴起，使得发展中国家的城乡问题日益受到学者关注，研究成果颇多。我国自改革开放后，经济社会快速发展，农村居民收入不断提高，生活水平显著改善，加之我国的城乡二元结构有其复杂性与特殊性，我国学者对城乡发展一体化问题的研究不断深入。本章对国内外近几十年来城乡发展一体化的探索研究进行了梳理、总结和评述。将国外城乡发展一体化研究划分为三个阶段：20 世纪 50 年代之前、20 世纪 50 年代到 70 年代、20 世纪 80 年代至今，这三个阶段分别代表了城乡理论的萌芽阶段、城乡分割阶段和城乡融合阶段。与此同时，20 世纪 80 年代由于受到国外学界和我国经济社会巨大变革的影响，我国城乡发展一体化研究理论体系逐步建立，可分为三个阶段：一是改革开放后到 20 世纪 80 年代中后期，是城乡发展一体化的提出与探索阶段；二是 20 世纪 80 年代末期到 90 年代初期，对城乡发展一体化的研究有了进一步的发展；三是 20 世纪 90 年代中期至今，是城乡发展一体化研究日益加深的阶段。

第一节 国外城乡发展一体化研究的新进展

一、国外城乡发展一体化研究的阶段划分

国外文献中并没有"城乡发展一体化"一词,与之最相近的英文是"Rural-Ural Integration",表示"城乡融合"或"城乡一体化"的意思。通过第五章对国外城乡关系理论的回顾,我们可以看出,城乡发展一体化理论萌芽于对城乡关系的探索研究。国外城乡发展一体化理论研究轨迹可以总结为"由合到分再到合"的演变:20世纪50年代之前的经典理论强调城乡之间的紧密联系,是一种朴素的城乡整体发展观;而整个20世纪60年代到70年代,围绕二元经济结构所形成的一系列城乡关系理论都存在城乡分割和城市偏向的倾向,主张城市—工业优先发展;进入20世纪80年代之后,国外学者对城乡关系的看法有了某种"回归"趋势,整个80年代是国外各个城乡发展理论学派理论交锋与思想碰撞的时期,各派学者各执己见,见仁见智;经过20世纪80年代的百家争鸣时期,进入20世纪90年代,国外城乡发展理论研究在思想上逐渐回归"合"的传统,出现了城乡融合发展观,尤其是21世纪以来,城乡经济、社会融合发展的理论观念已经成为共识,深入人心,学者们的工作重点主要放在微观层面的如何一体化发展上。

因此,我们可以将国外城乡发展一体化研究分为三个阶段(见表5-1):第一阶段为1950年之前的城乡发展一体化理论萌芽时期。这一时期形成的主要理论观点有:以圣西门、傅立叶和欧文为代表的空想社会主义学说,以霍华德、芒福德、赖特为代表的西方早期城市理论,以马克思、恩格斯为代表的马克思主义的城乡发展观。第二阶段为20世纪50年代末至70年代的二元经济结构范式

统治下的城乡分割发展时期。这一时期形成的主要理论观点有：刘易斯—拉尼斯—费景汉二元结构模型、乔根森模型、托达罗模型、增长极理论、核心—边缘理论和城市偏向理论。第三阶段为 20 世纪 80 年代以来的城乡融合发展时期。这一时期形成的主要理论观点有：选择性空间封闭理论、次级城市战略理论、城乡融合系统理论、"城乡联系与流"思想、城乡融合区（Desakota）模型、区域网络模型和城乡相互作用理论。本章着重论述国外第三阶段对城乡发展一体化理论的研究。

表 5-1   国外城乡经济社会化一体化理论研究的阶段划分

阶段	时间	主要特点	形成的主要观点
第一阶段	20 世纪 50 年代之前	城乡发展一体化理论萌芽	以圣西门、傅立叶和欧文为代表的空想社会主义学说；以霍华德、芒福德、赖特为代表的西方早期城市理论；以马克思、恩格斯为代表的马克思主义的城乡发展观
第二阶段	20 世纪 50 年代至 70 年代	二元经济结构范式统治下的城乡分割	刘易斯—拉尼斯—费景汉二元结构模型；乔根森模型；托达罗模型；增长极理论；核心—边缘理论；城市偏向理论
第三阶段	20 世纪 80 年代至今	城乡融合发展	选择性空间封闭理论；次级城市战略理论；城乡融合系统理论；"城乡联系与流"思想；城乡融合区（Desakota）模型；区域网络模型；城乡相互作用理论

二、20 世纪 80 年代以来国外城乡发展一体化理论研究的主要观点

20 世纪 80 年代以来，国外对城乡发展一体化理论的研究出现了根本性的分化，各种理论流派纷纷涌出。例如，具有乡村偏向的自下而上发展的施特尔和泰勒的"选择性空间封闭"发展理论，具有城市偏向的自上而下发展的朗迪勒里的"次级城市战略"，以及主张城乡融合发展的岸根卓郎的"城乡融合系统"，昂温和波特的

"城乡联系与流"思想，新的城乡发展理论及城乡相互作用理论等，这些研究大多围绕城乡融合的模式、城乡发展一体化实现路径以及发展战略展开。

1. 关于城乡发展一体化模式的理论研究

国外关于城乡发展一体化模式的研究，形成了两种著名的模型：城乡融合区（Desakota）模型和区域网络模型。

第一种模型由麦基提出。20世纪末期，在亚洲的许多核心城市边缘及其间的交通走廊地带出现了与众不同的农业和非农业活动交错的地区——"复杂而且复合的区域系统包含核心城市、边缘区、远郊地区、卫星城和扩展的介于高密度人口与集约的传统水稻种植的农业用地其间的地区"。[①] 麦基通过与西方传统城市化过程比较研究后认为，这种"城市与乡村界限日渐模糊，农业活动与非农业活动紧密联系，城市用地与乡村用地相互混杂"的空间形态代表了一种特殊的城市化类型，称之为城乡融合区（Desakota）模式。[②] 麦基从城乡联系与城乡要素流动的角度，研究了社会与经济变迁对区域发展的影响。其着重点不在于城乡区别，而在于空间经济的相互作用及其对聚居形式和经济行为的影响。所以，他的理论既不同于传统的以城市为中心的自上而下的联系模式，也不同于自下而上的分散的发展模式，是有关城乡转变的新的理论。

城乡融合区的提出引起了学者的极大关注，使更多的学者从城乡转换角度思考城乡发展一体化问题。道格拉斯（1999）比较分析了基于城市极化效应的乡村向城市转换的方式和基于内生经

203

---

① McGee T.G., "Urbanisasi or Kotadesasi? Evolving Patterns of Urbanization in Asia", in Costa F. J., Duttak, Mal J. C., Noble A. G., eds., *Urbanization in Asia: Spatial Dimensions and Policy Issues*, Honolulu: University of Hawaii Press, 1989, pp.93-108.

② McGee T. G., "Labor Force Change and Mobility in the Extended Metro-Politan Regions of Asia", in Roland Fuchs, eds., *Mega-City Growth and The Future*, UN: University Press, 1994, pp.62-102.

济发展模式的城乡发展一体化转换方式。[①] 斯卡利特·爱波斯坦
(T. Scarlett Epstein) 和戴维·杰泽夫（David Jezeph）则在批判发
展中国家"城市偏向"政策的同时，提出包括乡村增长区域、乡
村增长中心、城市中心的三维城乡合作模型，以解决城乡贫困问
题。[②] 与上述学者不同的是，毕雪纳·南达·巴拉查亚（Bhishna
N. B.）特别强调小城镇在实现乡村向城市转换过程中的重要地位，
并认为发展小城镇是乡村转换为城市的起点和主要方式。[③] 由此可
见，麦基的城乡融合区模型是向传统西方国家以大城市为主导的单
一城市化模式提出的挑战，其对城乡之间的相互作用和双向交流的
论述，为亚洲许多国家的城市化研究提供了新思路，为全球众多学
者广泛接受。

第二种模型由道格拉斯提出。道格拉斯分析过去的各种发展
理论与规划中普遍存在的将城市和乡村分割的问题以及大量发展
中国家农村存在的极度贫困的问题，从城乡相互依赖角度提出了
区域网络发展模型。[④] 道格拉斯认为，乡村的结构变化和发展通过
一系列"流"与城市的功能和作用相联系，城乡之间的"流"分
为五种：人、生产、商品、资金和信息，每一种都有多重成分和效
果，它们体现出不同的空间联系模式和多样的利益趋向特点，"流"

---

① Douglass, M., Rural-Urban Integration and Regional Economic Resilience: Strategies for the Rural-Urban Transition in Northeast Thailand, Bangkok: National Economic and Social Development Board, 1999.

② Epstein, T. S., Jezeph, D., "Development-There is Another Way: A Rural-Urban Partnership Development Paradigm", *World Development*, Vol.29, No.8, 2001, pp.1443-1454.

③ Bhishna, N. B., "Promoting Small Towns for Rural Development: A View from Nepal", *Asia-Pacific Population Journal*, Vol.10, No.2, 1995, pp.27-50.

④ Douglass, Mike, "A Regional Network Strategy for Reciprocal Rural-Urban Linkages: An Agenda for Policy Research with Reference to Indonesia", *Third World Planning Review*, Vol.20, No.1, 1998.

必须导向一种"城乡联系的良性循环"，才能保证城乡均衡发展。[①]
据此，道格拉斯提出了区域网络模型："网络（Network）概念是
基于许多聚落的簇群（Clustering），每一个都有它自己的特征和
地方化的内部关联，而不是努力为一个巨大的地区选定单个的大
城市作为综合性中心。"[②] 该模型强调提高居民的日常生活质量和
改善城乡基础设施网络的连接度。可以看出，在某种程度上，区
域网络模型是乡村城市战略的深化，与朗迪勒里的"次级城市战
略"相似。

2. 关于城乡发展一体化实现路径的理论研究

国外关于城乡发展一体化实现路径的研究，形成了"自下而
上"与"自上而下"两种观点。

第一种观点是施特尔和泰勒提出的"自下而上"路径，也即
"选择性空间封闭"发展理论。施特尔和泰勒从空间区域角度考察
城乡发展，他们反对"自上而下"发展模式，提倡"自下而上"发
展模式，提出了"选择性空间封闭"发展理论。该理论强调农村应
以满足基本需求和减少贫困为目标的、劳动密集的、小规模的、以
区域内部资源为基础的、以农业为中心的产业发展为重点，重视适
当的而不是最高技术的发展。[③] 他们强调这种自下而上发展的前提
是城乡之间以及农村地区的交通及通讯网络等基础设施得到完善，
且这种发展模式应由下面来发起和控制，政府需要做的是考虑在政
治上给予农村地区更高程度的经济自主权、调控价格体系使之有利

205

---

① Douglass, Mike, "A Regional Network Strategy for Reciprocal Rural-Urban Linkages: An Agenda for Policy Research with Reference to Indonesia", *Third World Planning Review*, Vol.20, No.1, 1998.

② Douglass, Mike, "A Regional Network Strategy for Reciprocal Rural-Urban Linkages: An Agenda for Policy Research with Reference to Indonesia", *Third World Planning Review*, Vol.20, No.1, 1998.

③ Stohr, Taylor, *Development from Above or Below? The Dialectics of Regional Planning in Developing Countries*, Wiley, Chichester, 1981.

于农业生产，并鼓励农村经济活动的外向型发展策略。[①] 这种自下而上的"选择性空间封闭"发展模式虽认识到了自上而下发展导致"城市掠夺农村、农村不断贫困"的一面，但却忽略了城市对农村的辐射带动作用，走向了城乡发展的另一极端，遭到了朗迪勒里的批判。

第二种观点是朗迪勒里提出的"自上而下"路径，也即"次级城市发展战略"理论。朗迪勒里在看到城市偏向的"城市—工业"道路和农村偏向的"选择性空间道路"这两种截然不同的道路同样失败之后，提出了"次级城市发展战略"。他认为，城市的规模等级是决定发展政策成功与否的关键，因此需要建立一个次级城市体系，以支持经济活动和行政功能在城乡间进行必不可少的传播。同时，他强调城乡联系作为平衡发展的推动力量，指出发展中国家政府要获得社会和区域两方面的全面发展，必须分散投资，建立一个完整、分散的次级城市体系，加强城乡联系，特别是"农村和小城市间的联系，较小城市和较大城市间的联系"。[②] 这种观点与我国费孝通教授的观点相类似，即在发展中国家，小城镇发展的滞后是农村变化最重要的制约因素。[③]

实际上，朗迪勒里的理论是建立在大多数发展中国家缺乏次级城市系统的基础上，并据此提出他的所有政策建议和战略，他的理论是"增长极"理论与"选择性封闭空间"理论的折中。

3. 关于城乡相互作用理论的研究

城乡相互作用理论是 20 世纪末以来国外研究城乡问题的主要

① Stohr, Taylor, *Development from Above or Below? The Dialectics of Regional Planning in Developing Countries*, Wiley, Chichester, 1981.

② Rondinelli, Dennis, Hugh Evans, "Integrated Regional Development Planning: Linking Urban Centres and Rural Areas in Bolivia", *World Development*, Vol.11, No.1, 1983.

③ 费孝通：《小城镇大问题》，引自费孝通等：《从小城镇到开发区》，江苏人民出版社 1999 年版，第 2—41 页。

内容，与过去城乡分割的发展理论不同，它更加关注城乡间的人员、资金、信息等各方面的"联系"与"流"。

昂温（1989）首先提出了城乡间的相互作用、联系、流的观点，并构建了"城乡间的相互作用、联系、流"总的分析框架。[①] 昂温认为过去许多关于"发展"的论著把城市和乡村分离开来研究，而对世界上的贫困地区与经济社会变化过程的理解产生了偏颇，因此，强调研究城乡相互作用的重要性。他在依赖理论的大框架下分析了发展中国家（古巴）的城乡关系，构建了"城乡间的相互作用、联系、流"的分析框架，试图从城乡联系角度探寻影响城乡均衡发展的规律。[②] 虽然，这一分析框架尚存在诸多缺陷，但是，他掀起了城乡发展研究中注重"城乡相互作用"的新潮流，为以后的研究提供了一个总的理论框架。[③]

道格拉斯（1998）在一些假设和理论框架下，通过实证研究，将城乡相互作用分解成结构流，构建了城乡联系图表，并探讨了以后研究的路径和方向。[④] 与昂温的框架相比，道格拉斯的模型显得更加严密，由此将城乡相互作用研究引向深入。

近些年来，一些学者开始对城乡相互作用进行更加具体深入的研究。马什（Masson）在 2001 年分析了移民和技术获得之间的

207

① Unwin, Tim, Urban-Rural Interaction in Developing Countries：A Theoretical Perspective, in Potter, Unwin, eds., *The Geography of Urban-Rural Interaction in Developing Countries：Essays for Alan B. Mountjoy*, Routledge, London, 1989.

② Unwin, Tim, Urban-Rural Interaction in Developing Countries：A Theoretical Perspective, in Potter, Unwin, eds., *The Geography of Urban-rural Interaction in Developing Countries：Essays for Alan B. Mountjoy*, Routledge, London, 1989.

③ German Adell, "Theories and Models of the Peri-urban Interface：A Changing Conceptual Landscape", Strategic Environmental Planning and Management for the Peri-urban Interface Research Project, 1999.

④ Douglass, Mike, "A Regional Network Strategy for Reciprocal Rural-Urban Linkages：An Agenda for Policy Research with Reference to Indonesia", *Third World Planning Review*, Vol.20, No.1, 1998.

相互作用对哈里斯—托达罗模型和盖勒—泽拉模型的影响，发现财富不均和移民之间有着复杂的交互影响。首先，如果移民是为了获得城市教育和产品，技术获得成本很高，那么财富分配对移民来说很重要，更富有的人和更有能力移居到城市里的人会自我选择，而其他的人则会留在农村。如果大规模人口转移有不良影响，一个可能的补救就是发展农村教育，提供正式部门的就业机会，并且减少城市和农村之间移民的成本。尽管学术界早就提出农村发展战略，但是在发展中国家事实上是优先发展城市。其次，财富不均和增长之间的关系不像盖勒（Galor）和泽拉（Zeira）（1993）提出的那样直接。因为财富不均的另外一个原因是技术水平差异，更高的技术水平获得更高的工资（城市正式部门），财富差距的扩大有时候与更高的平均工资有关系，仿佛伴随着更高的失业一样。①

塞西莉亚·塔科里②（Cecilia Tacoli）和大卫·塞特思威特③（David Satterthwaite）在2003年回顾了近年来"城乡相互作用"的研究，特别关注现代经济、社会和文化变化对城乡相互作用的影响途径，并就此构建了积极的和消极的"城乡相互作用与区域发展"的关联模式，强调中小城镇在乡村和区域发展以及缓解贫困中的作用。为更好理解城乡贫困的产生，他们提出了"城乡连续流"（Rural–Urban Continuum）的概念，并强调"生计"（Livelihoods）基础是城乡的主要区别。

肯尼斯·林奇（2005）在发展理论背景下，详尽论述了发展

---

① Oded Galor, Joseph Zeira, "Income Distribution and Macroeconomics", *The Review of Economic Studies*, Vol.60, 1993, pp.35-52.

② Cecillat Tacoli, "Rural-Urban Linkages and Pro-poor Agriculture Growth: An Overview", Prepared for OECD DAC POVNET Agriculture and Pro-poor Growth Task Team, Helsinki Workshop, 2004, pp.17-18.

③ Satterthwaite, D., "The Urban Part of Rural Development: The Role of Small and Intermediate Urban Centers in Rural and Regional Development and Poverty Reduction", 2003.

中国家城乡相互作用研究的进展。① 其论著以普遍接受的正统观点为支撑，认为城乡相互作用通过"流"体现，"流"跨越空间和部门在城乡间的任一方发生。据此，他从食物流、资源流、人力流、观念流、资金流五个方面对发展中国家城乡相互作用进行了研究，认为城乡相互作用在不同国家和地区之间表现不同，研究的核心是揭示各种"流"对城乡间的影响效应，以此制定缓解贫困的政策措施。他提出了"城乡动力学"（Rrual-Urban Dynamics）的概念，并建议从"生计战略"和"资源分配"角度揭示城乡联系的复杂性。

城乡相互作用理论研究城乡联系的纽带与相互作用的微观机制，揭示了推动城乡发展一体化应克服的各种"流"的障碍。

4. 对中国城乡发展一体化的研究

除此之外，外文文献对我国城乡发展一体化的研究也日益增多。主要集中于以下几个方面：

关于城乡发展差距方面：西维尔（Sylvie）等（2002）② 等通过研究调查指出，地区间的差别导致 FDI 在中国分布的空间差异，是引起中国沿海和内地城乡差异的原因之一；樊胜根和张晓波（2004）③ 等指出基础设施对中国农村的影响是多方面的，尤其对农村劳动力非农就业和农村人口向城市迁移，以及乡村城市化进程等方面影响深刻；张晓波等（2004）④ 等讨论了公共投资对中国乡村区

209

---

① Kenneth Lynch, *Rural-urban Interaction in the Developing World*, Routledge Perspective on Development, 2005.

② Sylvie Demurger, Jeffrey D. Sachs, Wing Thye Woo, Shuming Bao, Gene Chang, "The Relative Contributions of Location and Preferential Policies in China's Regional Development: Being in the Right Place and Having the Right Incentives", *China Economic Review*, Vol.13, No.4, 2002, pp.444-465.

③ Shenggen Fan, Xiaobo Zhang, "Infrastructure and Regional Economic Development in Rural China", *China Economic Review*, Vol.15, No.2, 2004, pp.203-214.

④ Xiaobo Zhang, Timothy D. Mount, Richard N. Boisvert, "Industrialization, Urbanization and Land Use in China", *Journal of Chinese Economic and Business Studies*, Vol.2, No.3, 2004, pp.207-224.

域不平衡的影响问题；丹尼斯·海尔（Denise Hare，1999）① 讨论了中国乡村工业的增长和发展前景对减缓区域收入差距的空间模式问题。

关于城乡人口流动方面：梁哉等（2002）研究了中国城市化的乡村工业化和内部移民问题；陈阿敏和爱德华·库尔森（N. Edward Coulson）、李海峥和史蒂文（Steven，2002）等研究了中国城市移民的决定因素问题；范宅（2002）等研究了中国加入 WTO、农村劳动力迁移和中国城市失业的关系问题；丹尼尔·古肯德（Daniel Goodkind，2002）等对中国各类人口，尤其是乡村人口流动的现象及成因进行了分析和研究。

关于城乡空间结构问题：宋顺锋（2002）等用 1991—1998 年数据分析了中国城市规模分布及变化，证明中国城市体系与帕累托规律相当吻合；易峰（2003）② 等从政治经济学的角度对中国人口增长、城市化与政府的角色关系进行了分析；张和宋（2003）③ 等对中国改革开放以来城市化水平上升的原因进行了解释性的分析和研究；范（C.C.Fan，2002）研究了中国城市体系的垂直变化和水平发展的演化及其关系的问题。

① Denise Hare, Loraine A. West, "Spatial Patterns in China's Rural Industrial Growth and Prospects for the Alleviation of Regional Income Inequality", *Journal of Comparative Economics*, Vol.27, No.3, 1999, pp.475-497.

② Yi Feng, "Political Freedom, Political Instability, and Policy Uncertainty：A Study of Political Institutions and Private Investment in Developing Countries", *China Economic Review*, Vol.14, No.4, 2003, pp.386-400.

③ K. H. Zhang, S. Song, "Rural-Urban Migration and Urbanization in China：Evidence from Time-Series and Cross-Section Analyses", *China Economic Review*, Vol.14, No.4, 2003, pp.386-400.

三、国外城乡发展一体化研究述评

1.研究特点

国外对城乡发展一体化理论的研究取得了巨大的成就，其研究具有以下特点：

第一，研究视角多样，成果丰硕。在国外，虽然没有明确提出"城乡发展一体化"这一概念，但由于城乡协调发展问题的复杂性和重要性，吸引了各学科学者从不同的视角介入到相关研究当中，形成了各式各样的理论学派。从研究者的学科背景来看，有经济学、社会学、地理学、规划学、人口学等方面的专家学者；从研究角度来看，学者们大都在发展理论背景下，分别侧重于区域、城市、乡村或城乡相互作用的研究；从研究的方法来看，有抽象的理论演绎、规范的实证研究，以及两者结合的方法；从研究的区域来看，大多数理论是基于第三世界国家发展实践的提升。

第二，研究对象以发展中国家的城乡关系为主。由于城乡差距问题在发展中国家表现得十分突出，所以自 20 世纪五六十年代发展经济学迅猛发展之后，大量城乡发展一体化的研究都纷纷以发展中国家的城乡关系为研究对象，尤其是非洲地区、南美洲地区和东南亚地区是研究的重点。

第三，研究重点是城乡差异研究。国外学者的相关主题研究主要还是在城乡差异上。对发展中国家城乡差距研究的视角一般从宏观切入，多为城乡居民的收入、消费等方面差距的比较，而对于发达国家中的城乡差异则着眼于个人和家庭的行为差异，如居民自我行为、自我道德、自我社会责任感方面存在城乡差异的研究。

第四，研究重点注重空间分析与社会因素影响的结合。城乡关系研究始于城市规划学者，所以注重空间分析是城乡关系研究的一大特色。然而，这种方法运用要注意与社会因素相结合，特别是发展中国家，要注重它与政府所提出的有效的发展和规划政策相

联系。所以，从这个意义上说，城乡发展问题是一个社会政治问题。大卫·西蒙（David Simon）对发展中国家城乡作用研究的结果表明，城乡之间的作用不仅是由地形学和人口统计学的因素决定的，而且是由多种因素之间的相互作用决定的，包括各自的生产模式、区域的或国家的政治经济、国家意识形态和各州之间的关系等。

2. 研究缺陷

事实上，所有西方发达国家城乡理论都遵循着一个更广泛的假设：平等和均衡发展将贯穿整个地域。随着时代的前进，发展背景的改变（如：不断增长的人口迁移、时空压缩以及家庭生活的多空间背景），虽然一些理论仍然具有较强的适用性，但还有一些理论将面临挑战。总体来看，已有的研究尚存在一些不足之处。具体表现在以下几方面：

第一，研究的主要对象是工业革命早期西方国家和第三世界国家（非洲、拉丁美洲和东南亚等），因此得出的结论是否具有普遍性，还有待经验研究的佐证。第二，多是从宏观层面、自上而下的角度研究，较少从微观层面、自下而上的角度研究。涉及的少量研究也缺乏扎实的实证研究基础，特别是从微观层面深入农村关注农民的研究不够。第三，以往多以城乡分割为前提。近 30 年的理论研究虽强调城乡联系的重要性，但还停留于概念和抽象理论的探讨阶段，定量研究和实证研究依然较少。

第二节　国内城乡发展一体化研究的新进展

一、国内城乡发展一体化研究的阶段划分

在我国，"城乡发展一体化"这一概念并非理论工作者学术论

证的产物，而是首先由实际工作者在改革实践中提出来的①，是对"城乡一体化"研究在广度与深度上的拓展。2002 年，在党的十六大针对城乡二元结构首次提出"统筹城乡经济社会发展"，第一次以文件的形式提出城乡间存在的双重差距：经济差距与社会差距。在 2002 年之前，关于城乡经济社会一体化的研究主要是围绕城乡经济一体化展开的，在此之后，城乡社会一体化、城乡经济与社会双重一体化才被政府和学术界重视。2008 年，在党的十七届三中全会上，党中央第一次明确提出"要把加快形成城乡经济社会发展一体化新格局作为根本要求"。

此后，城乡发展一体化的重要性被学者们提高到后改革时代的关键与重点战略的高度上。2012 年 11 月召开的党的第十八次全国代表大会进一步指出："解决'三农'问题的根本途径是城乡发展一体化。"习近平 2013 年 11 月 16 日在党的十八届三中全会上作《关于〈中共中央关于全面深化改革若干重大问题的决定〉的说明》时指出："改革开放以来，我国农村面貌发生了翻天覆地的变化。但是，城乡二元结构没有根本改变，城乡发展差距不断拉大趋势没有根本扭转。根本解决这些问题，必须推进城乡发展一体化。"这些都表明了我国已经进入大力推进城乡发展一体化的新时期，这是我国经济社会发展战略的重大转变，城乡发展一体化将是未来我国城乡发展的方向和重点。

213

纵观我国城乡发展一体化理论的发展轨迹，可以看出，城乡发展一体化理论从萌芽到发展，大致经历了三个时期：一是改革开放后到 20 世纪 80 年代中后期，是城乡发展一体化的提出与探索阶段；二是 20 世纪 80 年代末期到 90 年代初期，对城乡发展一体化的研究有了进一步的发展，开始对城乡边缘区进行研究；三是 20 世纪 90 年代中期至今，是城乡发展一体化理论框架与理论

---

① 　张雨林：《论城乡一体化》，《社会学研究》1988 年第 5 期，第 25—32 页。

体系逐步建立、完善，研究内容日渐丰富、研究深度日益加深的阶段。

1. 城乡发展一体化的提出与探索：改革开放后到 20 世纪 80 年代中期

早在学术界提出城乡发展一体化问题之前，苏南地区的乡村工业化和城镇化即在改革开放的大背景下迅猛发展起来，城乡原有的二元格局被打破，表现出强劲的一体化发展之势。景普秋、张复明指出，城乡一体化的提出与我国改革开放后乡镇企业的兴起、小城镇的发展、乡村城镇化的推进等密不可分，城乡边缘区成为城乡一体化研究的一块试验田。① "城乡一体化"，这一确切表述日益紧密的新的城乡关系的概念，旋即在苏南地区广泛使用，引起了学术界的关注。学术界纷纷撰文对此展开了热烈的探讨。

费孝通先生通过对"苏南模式"的考察，提出了"发展模式"这个概念，认为乡镇企业的出现打破了城市与乡村封闭格局的状态，但是农村经济发展的战略应该"因地制宜、不同模式"，从而实现城乡之间在产业上的协调发展。中共威海市委发表的《走城乡结合发展经济的路子》一文，论证了以城带乡，以乡促城，走城乡结合发展经济的路子的可行性、必要性以及存在的问题，深入探索了城乡经济一体化发展。② 而较早明确提及"城乡一体化"问题的是黄文新、赵曙东的《江苏太湖地区农村经济发展的新趋向》一文。该文指出江苏太湖地区农村经济发展的趋势是城乡一体化、农村城市化和农业现代化，而城乡一体化是城市克服"膨胀病"的需要，是农村解决剩余劳动力的根本出路，也是农业现代化的客观要求。该文还深入论述了城乡一体化过程就是城市优势不断向农

214

---

① 景普秋、张复明：《城乡一体化研究的进展与动态》，《城市规划》2003 年第 6 期，第 30—35 页。

② 中共威海市委：《走城乡结合发展经济的路子》，《经济研究》1983 年第 4 期，第 66—68 页。

村梯度转移的过程。① 继而，刘士群在《社会科学辑刊》1984 年第6 期发表的《我国城乡工业必须结合发展》一文，正面论述了城乡经济一体化发展的必要性和具体结合路径。文章从辽宁省各市城乡工业结合的实践经验出发，指出乡镇工业同城市工业在发展中通过纵向间接结合、横向直接结合两种类型实现有机结合，逐步形成大中小工业、高中低技术相结合；城乡各自发挥优势，协调发展的合理布局，打破以往城乡工业分割的局面，实现城乡共同繁荣。② 此后，各学术期刊随即组织专题研究对城乡发展一体化展开进一步讨论。

2. 城乡发展一体化研究的发展：20 世纪 80 年代末期到 90 年代初期

党的十一届三中全会后，在农村开展的经济体制改革，极大地解放了农村的生产关系，释放出前所未有的生产力，使农村经济在短短的几年内，发生了举世瞩目的变化。全国农业总产值从1979 年到 1983 年，平均每年增长 7.9%，其中粮食平均每年增加1650 万吨。农民收入大幅度增长，生活得到了显著改善。同时，伴随着商品经济的快速发展，农村经济也从单一经济向农工商综合经济转变，大量的乡镇企业开始崛起，城乡结合部大量涌现；随着1985 年城市经济体制改革在全国的展开，源自于乡村非农化而起的城乡发展一体化，也由乡村单向主动推进转向了城市与乡村的双向互动作用；囿于"地市并存、地管县"体制束缚所造成的城乡资源配置不合理以及生产力发展不均衡的矛盾也渐渐显现；长期以来城市优先发展战略导致的城乡分割已经严重影响到整个国民经济的发展，城乡发展一体化面临一系列新情况新问题，急需理论突破并

215

---

① 黄文新、赵曙东：《江苏太湖地区农村经济发展的新趋向》，《江苏农业科学》1984 年第 6 期，第 1—5 页。

② 刘士群：《我国城乡工业必须结合发展》，《社会科学辑刊》1984 年第 6 期，第 60—64 页。

给实践以指导。

从 20 世纪 80 年代到 90 年代，社会学领域研究城乡关系的代表人物是费孝通先生。他认为通过大力发展农村非农产业和小城镇，形成以大城市为中心、乡镇企业为主体的城乡发展一体化网络，是实现城乡协调发展的必由之路。[①] 从 1985 年至 1990 年，国内学术界共发表一百多篇专门针对城乡发展一体化问题进行研究的文章，在经济学领域主要包括城乡差距、新型城乡关系、城乡发展体制创新、城乡结合部发展、对城乡发展一体化的认识五个方面。

关于城乡差距，有学者通过对比我国城乡经济、社会、政治方面存在的巨大差距，指出扩大的城乡差距不是社会主义的应有之义，日益扩大的城乡差距会阻碍我国的改革进程，并从制度层面深刻分析了造成我国城乡二元结构的原因在于工农业财政投入的配置不合理、工农产品价格剪刀差和户籍制度造成的人为分割。[②][③]

关于新型城乡关系，有学者通过回顾改革开放前和改革开放后十年内中国城乡关系各个方面的变化[④][⑤]，指出城乡社会结构的变化始终滞后于经济结构的变化，城乡收入差别在中国始终是二元社会结构的集中表现。[⑥] 这一科学论断可以解读为我国最早对"城乡

216

[①]　费孝通：《中国城乡经济发展道路》，《中国社会科学》1993 年第 1 期，第 3—13 页。

[②]　朱庆芳：《城乡差别与农村社会问题》，《社会学研究》1989 年第 2 期，第 26—33 页。

[③]　陈平其：《城乡差别：一个不容忽视的社会问题》，《华中师范大学学报研究生论文专辑》，1990 年。

[④]　张雨林：《我国城乡关系的历史考察》（上），《中国农村经济》1989 年第 9 期，第 3—10 页。

[⑤]　张雨林：《我国城乡关系的历史考察》（下），《中国农村经济》1989 年第 10 期，第 3—9 页。

[⑥]　李善峰：《当代中国城乡关系的实证研究》，《社会学研究》1989 年第 3 期，第 31—38 页。

发展一体化"的理论诠释。有学者对新型城乡关系进行了解构，认为新型的城乡关系应该是一种协调的关系，不仅包括经济的协调，更包括社会、科技、文化、环境和政治等多方面的协调，经济协调是最主要的方面，城乡工业协调发展是新型城乡关系的主导因素，城乡间的分工协作是新型城乡关系的基本含义，经济联合是新型城乡关系的实现形式。①②③

关于城乡发展体制，有学者主张在体制上突破，应该变"地市分离、地管县"体制为"地市合并或撤地建市、市管县"体制，这是城乡经济发展的必然要求④，更有利于充分发挥中心城市对周围乡村腹地的辐射与带动作用，加速城乡发展一体化的进程。⑤还有学者立足发展农村经济，认为农村经济的发展与繁荣会在更大程度上提升整个国民经济的发展与繁荣，但隐藏在农村经济大量具体问题的背后具有机制性作用和深层次的问题，是城乡之间的经济利益关系的矛盾。因此，改变农村固有的分离性，破除宏观经济对农村经济的体制束缚是促使城乡发展一体化的关键。⑥由此衍生而来的农村剩余劳动力、农业与农村现代化等涉农问题，被进一步系统化为"三农"问题，并成为一个专门的研究领域。

关于城乡结合部发展，有学者指出，1990 年前后城乡发展一

217

---

① 杨万东、王碧峰：《城乡协调严酷的现实与现实的选择》，《经济体制改革》1990 年第 5 期，第 56—63 页。

② 严英龙、朱晓林：《新型城乡关系和城乡工业协调发展》，《农业经济问题》1986 年第 10 期，第 35—38 页。

③ 卢文：《我国城乡关系的新发展》，《中国农村经济》1986 年第 11 期，第 29—31 页。

④ 杨临生：《市领导县是城乡经济发展的必然要求》，《山西师范大学学报（社会科学版）》1985 年第 4 期，第 26—29 页。

⑤ 叶路、王镇辉等：《走有中国特色的城乡一体化道路——市领导县体制的若干理论与对策》，《福建论坛（社科教育版）》1990 年第 4 期，第 47—50 页。

⑥ 陈锡文：《改善城乡利益关系，深化农村经济改革》，《农业经济问题》1988 年第 4 期，第 17—21 页。

体化在城乡边缘区大力推进。① 城乡边缘区兼有城市和乡村两种地域的特征，是中国独特的地域类型，构成城市、乡村、城乡边缘区三元地域结构类型。因此，这一时期，学者的研究大多以城乡边缘区为研究对象和案例，对城乡边缘区的概念、特性、类型、空间演变机制等进行了探讨。顾朝林等在探讨中国城市边缘区划分的基础上，对中国大城市边缘区的人口特性、社会特性、经济特性、土地利用特性以及地域空间特性进行了研究；② 张愕提出城市边缘区是城市活动和乡村开发的交集，其空间结构主要是受土地配置制约的，并指出城市边缘区开发活动引发的环境和社会经济问题；③ 汤正刚认为城乡边缘区在"以点（城区）带面（郊县农村）"的过程中，可以加快市域乡村城镇化进度，而在城市规划编制的过程中可将城乡边缘区的用地纳入规划，使城区和郊县的土地控制和用地功能调整一体化；④ 崔功豪等提出边缘区演变的动力机制是城市内部发展压力作用于郊区所产生的被动型城市化力和郊区自发的城市化力共同作用的结果，其发展受到城乡经济发展水平、社会文化心理因素等影响，其中经济发展是决定性因素，经济活动的内容和方式决定了边缘空间结构特征，并提出我国城市边缘区的发展过程可划分为农业型、半工业型、工业型三个阶段；⑤ 武进、马清亮对城市边缘区的概念研究意义进行了探讨，并结合中外城市边缘区发展的实际，系统地分析了城市边缘区空间结构演化受经济、自然、技

---

① 李明宇、金丽馥：《我国城乡二元结构现状解析及路径选择》，《农业经济》2005年第4期，第3—4页。

② 顾朝林：《简论城市边缘区研究》，《地理研究》1989年第3期，第95—101页。

③ 张愕：《城市边缘区开发活动特征及其类型研究》，《城市规划汇刊》1991年第5期，第26—33页。

④ 汤正刚：《城乡一体化：中心城市市域城镇规划的总方针》，《经济体制改革》1995年第4期，第17—22页。

⑤ 崔功豪、武进：《中国城市边缘区空间结构特征及其发展——以南京等城市为例》，《地理学报》1990年第4期，第399—411页。

术、区位、土地、政治与规划力量、城郊关系和社会文化心理与行为模式等多种因素的共同影响；① 徐琪认为大城市边缘区的土地具有为市民提供食品生活保障、建立新兴工业区以及重要的物资集散地等功能，同时城市边缘区土地也具有过渡性、周期性、动态推移性和集约高效性等特征。② 更有学者从经济与环境相互作用的角度出发，认为城乡结合部的一体化发展必须遵循生态经济规律，争取综合效益，切不可片面追求经济效益而误入歧途。③

　　更多的学者对于城乡发展一体化的内涵、内容、机制、路径模式等进行了探讨。其中，张雨林在《社会学研究》发表的《论城乡一体化》比较具有代表性。该文指出城乡一体化是指相对发达的城市和相对落后的农村打破相互分割的壁垒，逐步实现生产要素的合理流动和优化组合，促使生产力在城市和农村之间合理分布，求得城乡经济和社会生活紧密结合与协调发展，逐步缩小城乡生产力水平的差距。城乡一体化是正确处理城乡关系的基本观点，并不是将城乡拉平和混同，它既作为城乡关系的目标模式，又作为经济社会发展的历史进程。④ 曾瑞祥（1986）认为城乡经济一体化，是指城市经济与农村经济构成一个整体或系统，这个系统有众多分系统，如物质、资金、技术、劳务，每个分系统还有许多子系统和元素，这些分系统、子系统、元素相互之间有着一种息息相关的联系和制约机制，而不是一种随机性的统计数的堆累。⑤ 陕西社会科学院经济所小城镇课题组（1987）对城乡发展一体化的路径进行了研

----

① 武进、马清亮：《城市边缘区空间结构演化的机制分析》，《城市规划》1990年第2期，第38—64页。

② 徐琪：《论大城市边缘区土地合理利用》，《城市研究》1995年第3期，第18—21页。

③ 伍新木：《城乡一体化与区域生态经济系统》，《武汉大学学报（社会科学版）》1990年第6期，第11—18页。

④ 张雨林：《论城乡一体化》，《社会学研究》1998年第5期，第25—32页。

⑤ 曾端祥：《论城乡经济一体化》，《理论探索》1986年第12期，第28—31页。

究，认为小城镇的发展是促进城乡发展一体化进程的重要战略，其对陕西省的小城镇进行了研究，并将其分为五个类型，详细阐述了小城镇联结城市与农村和作为周围地区农村经济、政治、文化中心这两个作用，最后提出小城镇发展的根本目的是为了农业劳动力向非农产业的转移，并引导整个城镇体系的建设。[1] 居福田（1990）对形成城乡发展一体化的机制进行了研究，指出我国要形成城乡发展一体化新格局，必须建立和完善三个协调城乡发展的运行机制：城乡分配和积累转换机制、二元结构转换机制和生产要素流动机制。[2]

总体来说，这一期间对城乡发展一体化的讨论比较深入，对什么是城乡发展一体化，以及城乡发展一体化推进的意义、路径、机制等理论问题有了清晰的认识，这一时期发表的大量肯定城乡发展一体化的文章，使人们逐渐认识到，城乡关系从二元对立转向一体化是历史发展的必然趋势。

3. 城乡发展一体化理论体系的构建：20 世纪 90 年代中后期至今

如果说 20 世纪 90 年代以前关于城乡发展一体化的研究是以案例为基础的经验研究居多的话，那么 1990 年之后，关于城乡发展一体化的研究开始了理论上的探索，学者们围绕城乡发展一体化的内涵、内容、特征、路径、动力机制与实现条件、阻碍因素与具体措施等进行研究，形成了城乡发展一体化的理论体系。在研究内容上趋向于具体化与系统化，即不再笼统地谈城乡发展一体化，而是从某一个领域入手来研究城乡发展一体化，或者是研究某一专题；在研究方法上趋向于多样化与实证化，即不再单一从经济学角度研究，还从地理学、生态学、城市规划学等角度来研究，并且利用统

---

[1]　陕西社会科学院经济所小城镇课题组：《小城镇发展的趋势和前景——陕西省小城镇调查与研究》，《人文杂志》1987 年第 5 期，第 50—57 页。

[2]　居福田：《论城乡协调发展机制》，《社会学研究》1990 年第 1 期，第 14—20 页。

计软件和计量软件对某一区域的城乡发展一体化水平实证考察。城乡发展一体化随着实践的深入，其研究内容趋于完善、丰富，理论趋于系统、成熟。

这一时期，关于城乡发展一体化的研究出现了新视角。杨培峰从哲学角度思考了城乡发展一体化理念，并提出了城乡协调的区域观、可持续协调观等城乡发展一体化规划的观念。[①] 邹军等从生产力角度提出城乡发展一体化是生产力发展到一定水平时，城市和乡村成为一个相互依存、相互促进的统一体，是社会发展的必然趋势。[②] 朱家瑾从系统论角度探讨了城乡发展一体化的架构，指出它是由社会、经济、自然、城镇系统构成[③]，为系统化的研究城乡发展一体化奠定了基础。车生泉从生态学角度提出在城乡发展一体化景观格局设计和规划中要充分尊重生态规律，维护和恢复城乡发展一体化过程中景观生态过程及格局的连续性和完整性。[④]

城乡发展一体化演进动力机制方面，杨荣南等从事物发展的内因与外因角度认为乡村城市化、城市现代化、改革开放政策及引进外资等是我国城乡发展一体化的主要动力。[⑤] 甄峰从城乡系统发展角度出发，认为城乡发展一体化的动力机制为城市化和农业产业化。[⑥] 吴伟年则以金华市为例提出城乡发展一体化的动力机制包括

221

---

① 杨培峰：《城乡一体化理念——跨世纪的思索》，《规划师》1999 年第 1 期，第 105—108 页。

② 邹军、刘晓磊：《城乡一体化理论研究框架》，《城市规划》1997 年第 3 期，第 14—15 页。

③ 朱家瑾：《城乡一体化系统规划探讨》，《重庆建筑大学学报》1998 年第 3 期，第 73—78 页。

④ 车生泉：《城乡一体化过程中的景观生态格局分析》，《农业现代化研究》1999 年第 3 期，第 140—143 页。

⑤ 杨荣南、张雪莲：《城乡一体化若干问题初探》，《热带地理》1998 年第 1 期，第 12—17 页。

⑥ 甄峰：《城乡一体化理论及其规划探讨》，《城市规划汇刊》1998 年第 6 期，第 28—31 页。

城市"集聚经济"的拉力、农村工业化的推力以及城乡间统一的要素市场和基础设施的融合作用力。① 李同升等指出城乡发展一体化的动力机制包括中心城市的向心力和离心力、乡镇企业的发展和乡村的工业化、小城镇的发展和乡村城镇化、农业的产业化与现代化。②

城乡发展一体化的实现条件方面，杨荣南等提出农业现代化、城乡经济一体化、基础设施的革新、城乡生活水平与生活质量提高、城乡生态环境美化是城乡发展一体化实现的条件。朱磊指出城乡发展一体化必须同时具备的条件是城乡生产力达到较高的发展水平、地区经济发展比较均衡、城镇相当密集、交通通讯等基础设施能适应或超前于当前经济社会发展的要求。③ 吴伟年提出城乡职能分工的合理化、经济发展和市场配置的一体化、区域性基础设施的一体化、城乡经济资源与环境的可持续发展等，既是实现城乡发展一体化的必备条件，又是城乡关系是否处于协调发展状态的一种标志。④ 石忆邵等提出城乡发展一体化的标志是网络型地域经济系统的生成，核心是市场一体化。⑤⑥⑦

2003 年以后，"三农"问题成为困扰中国经济社会发展的瓶颈之一。鉴于此，理论界围绕着"三农"问题形成的原因、解决思路

---

① 吴伟年：《城乡一体化的动力机制与对策思路——以浙江省金华市为例》，《世界地理研究》2002 年第 4 期，第 46—53 页。

② 李同升、库向阳：《城乡一体化发展的动力机制及其演变分析——以宝鸡市为例》，《西北大学学报（自然科学版）》2000 年第 3 期，第 256—260 页。

③ 朱磊：《城乡一体化理论及规划实践——以浙江省温岭市为例》，《经济地理》2000 年第 3 期，第 44—48 页。

④ 吴伟年：《城乡一体化的动力机制与对策思路——以浙江省金华市为例》，《世界地理研究》2002 年第 4 期，第 46—53 页。

⑤ 石忆邵、何书金：《城乡一体化探论》，《城市规划》1997 年第 5 期，第 36—38 页。

⑥ 石忆邵：《城乡一体化理论与实践：回眸与评析》，《城市规划汇刊》2003 年第 1 期，第 49—54 页。

⑦ 冯雷：《中国城乡一体化的理论与实践》，《中国农村经济》1999 年第 1 期，第 69—72 页。

及途径等方面的问题，特别是针对中国如何加快新型工业化和推进城镇化建设等问题展开了较为深入的探讨。这一阶段的代表性观点有：白永秀等提出了"后改革时代"的命题，认为城乡经济社会一体化是后改革时代的关键；① 厉以宁在 2003 年之后将研究重心转移到农村问题上来，他认为城乡二元结构改革是继国有企业改革之后另一项带有根本性质的的经济体制改革②，城乡发展一体化是新中国成立 60 年来城乡体制变革的方向。③

此外，还有学者进行了城乡发展一体化与城市化④⑤⑥、小城镇⑦⑧⑨、农业产业化、农村劳动力转移⑩⑪、三元社会结构⑫ 等方面

① 白永秀：《由"前改革时代"到"后改革时代"》，《西北大学学报（哲学社会科学版）》2010 年第 2 期，第 5—7 页。

② 厉以宁：《论城乡二元体制改革》，《北京大学学报（哲学社会科学版）》2008 年第 3 期，第 5—11 页。

③ 厉以宁：《走向城乡一体化：建国 60 年城乡体制的变革》，《北京大学学报（哲学社会科学版）》2009 年第 6 期，第 5—7 页。

④ 陈晓红、李城固：《我国城市化与城乡一体化研究》，《城市发展研究》2004 年第 2 期，第 41—44 页。

⑤ 洪银兴、陈雯：《城市化和城乡一体化》，《经济理论与经济管理》2003 年第 4 期，第 5—11 页。

⑥ 陈光庭：《城乡一体化与乡村城市化双轨制探讨》，《规划师》2002 年第 10 期，第 15—18 页。

⑦ 张叶：《小城镇发展对城乡一体化的作用》，《城市问题》1999 年第 1 期，第 43—46 页。

⑧ 王改弟：《发展小城镇与实现城乡一体化》，《河北学刊》2001 年第 6 期，第 78—82 页。

⑨ 廉伟、王力：《小城镇在城乡一体化中的作用》，《地域研究与开发》2001 年第 2 期，第 23—25 页。

⑩ 张利生、项军：《城乡一体化与农村劳动力转移》，《山东经济战略研究》1998 年第 11 期，第 44—46 页。

⑪ 杜肯堂、李大光：《论城乡一体化与农村劳动力转移》，《经济体制改革》1997 年第 4 期，第 120—124 页。

⑫ 徐明华、盛世豪、白小虎：《中国的三元社会结构与城乡一体化发展》，《经济学家》2003 年第 6 期，第 20—25 页。

的研究。

总之，这一时期的研究涉及城乡发展一体化理论研究的各个方面，形成了一系列显著的成果和研究观点。

二、国内城乡发展一体化研究的主要观点

近三十年来，国内学者对城乡发展一体化理论进行研究，并提出了一系列被学术界认可的观点，这些观点主要集中于城乡发展一体化的原因、内涵、主要内容、发展模式、衡量指标、动力机制等方面。

1. 关于我国城乡二元结构形成原因的观点

对我国城乡经济社会二元结构形成原因的解释，主要围绕二元结构的特殊性展开，并形成了以下观点：

第一，"二元"论。王检贵（2005）等人以"刘易斯—费景汉—拉尼斯"理论为依据，认为我国具有二元经济结构的特征，指出我国农村存在大量边际生产率为零的剩余劳动力，并强调工业化就是农村剩余劳动力向城市工业部门不断转移的过程。[1]

第二，"三元"论。从国内来看，"三元"论有当代"三元"论和近代"三元"论之分。当代"三元"论者，如吴伟东（1988）[2]、李克强（1991）[3]、陈吉元（1994）[4]、张朝尊（1995）[5]、赵荣

① 王检贵：《中国究竟还有多少农业剩余劳动力?》，《中国社会科学》2005 年第 5 期，第 27—35 页。

② 吴伟东：《我国三元经济结构转换过程中的矛盾与冲突》，《农村金融研究》1988 年第 8 期，第 60 页。

③ 李克强：《中国的三元经济结构与农业剩余劳动力转移》，《中国社会科学》1991 年第 3 期，第 65—82 页。

④ 陈吉元、胡必亮：《中国的三元经济结构与农业剩余劳动力转移》，《经济研究》1994 年第 4 期，第 14—22 页。

⑤ 张朝尊：《中国三元结构经济存在和发展的机理》，《改革》1995 年第 2 期，第 58—61 页。

祥（2000）[1]等人认为，随着农村工业的发展，我国自近代开始形成的二元经济结构已不复存在，以农村工业为主体的乡镇企业经济已经成为与农业经济及城市工业经济相并列的国民经济中的一种独立经济形式。他们强调我国出现的经济结构并不是其他发展中国家所存在的"二元经济结构"，而是一种特殊的"三元经济格局"，即由农业部门、农村工业和城市部门所构成的经济体系。近代"三元"论者仅为少数，主要以吴承明、林刚等为代表。近代三元结构是指传统农业部门、以机器大工业为代表的现代部门以及具有两部门共同点的新型农村商品性工副业共同构成的三部门结构。其中，新型农村商品性工副业部门被称为三元结构中的"中元结构"。

　　综上所述，不论是当代"三元"论者还是近代"三元"论者，他们关注的都是现代部门无法吸收庞大的传统部门劳动力前提下的经济结构问题，并认为在我国的现代化过程中，传统部门和现代部门可以在一定条件下互补互动。由于三元结构，我国经济现代化不是单向的现代部门取代传统部门，而是多方向的，特别是通过传统部门自身的现代化来消化劳动力，通过传统部门和现代部门的协调发展提高全社会的现代化水平。在理论观点上，当代"三元"结构论与近代"三元"结构论有很大的区别。两者在对我国传统经济的认识、实现现代化的途径和关于我国现代化的目标和价值取向等方面存在较大的分歧。[2]

　　第三，"新三元"论。事实上，关于定位三元结构的文献从各自的研究角度出发都有所侧重，主要体现在何谓"第三元"的界定

---

　　[1]　赵荣祥：《构建三元经济结构是西部大开发的必由之路》，《求实》2000年第8期，第19—21页。

　　[2]　林刚：《关于我国经济的二元结构和三元结构问题》，《中国经济史研究》2000年第3期，第38—63页。

上。乔根平①（2002）、路海沧、孙芳伟②（2002）等人认为，信息产业随着信息化的发展逐步形成，信息化推动了城市工业部门的扩张和农业效率的提高，为二元结构的转型提供了物质基础。但信息产业的存在引发了结构的变迁，发展中国家和地区的二元结构逐步演变成三元结构。其他关于三元结构的提法还有：城市工业、小城镇产业和农村农业（毛锋、张安地，2007③；赵秀玲，1995④，1996⑤）；农村经济、工业经济、知识经济（卞凤玲，2005⑥）。此外，李宝民（1994）⑦把小城市、镇及国有农场作为第三元经济；徐明华、盛世豪（2003）⑧等则把第三元定义为城市农民工，等等。黄泰岩、张培丽（2004）⑨立足于知识经济部门的出现，试图对二元经济理论在新的背景下进行扩展，提出超越二元经济理论的新分析框架。通过分析刘易斯把工业经济作为经济结构中独立一元的原因，判断知识经济部门是否符合二元经济结构划分的逻辑。研究发现，知识经济部门完全可以成为经济结构中独立的一元，从而将二

226

---

① 乔根平：《经济增长与结构转换——一个三元经济模型的理论框架》，《教学研究》2002 年第 10 期，第 29—33 页。

② 路海沧、孙芳伟：《浅析我国的三元经济结构》，《松辽学刊（人文社会科学版）》2002 年第 1 期，第 12—14 页。

③ 毛锋、张安地：《"三元结构"发展模式与小城镇建设》，《经济经纬》2007 年第 5 期，第 76—79 页。

④ 赵秀玲：《三元结构——我国乡村城市化的现实选择》，《小城镇建设》1995 年第 10 期，第 22—25 页。

⑤ 赵秀玲：《谈小城镇建设中的制度改革问题》，《城乡建设》1996 年第 9 期，第 24—25 页。

⑥ 卞凤玲：《三元经济结构对城乡居民收入差距扩大的张力分析》，《中州学刊》2005 年第 4 期，第 32—34 页。

⑦ 李宝民：《三元经济论》，《特区经济》1994 年第 12 期，第 31—32 页。

⑧ 徐明华、盛世豪等：《中国的三元社会结构与城乡一体化发展》，《经济学家》2003 年第 6 期，第 20—25 页。

⑨ 黄泰岩、张培丽：《知识经济条件下的发展道路选择》，《党政干部学刊》2006 年第 9 期，第 4—6 页。

元经济理论扩展到"三元经济",并在比较二元经济理论假设前提、内在机制的基础上,构建了三元经济理论的新分析框架。三元经济理论的分析框架是二元经济理论的继承和发展,它顺应了知识经济时代的到来。

第四,"二元半"论。一些学者(如郑文兵、陈艳,2006[①])认为三元经济结构论存在缺陷,指出乡镇企业虽然在我国经济发展中起到了重要的作用,但以乡镇企业为代表的农村工业是现代部门与传统部门的交叉,它既有传统部门的性质,也有现代部门的特征,不能作为独立的一个经济元,只能是半个经济元。

第五,"四元经济结构"论。徐庆(1997)[②] 等人从经济发展的同质化目标出发,批评了以产业类别相区别的二元和三元经济结构论,认为它们忽略了第三产业的发展,模糊了经济发展同质化的方面观,这必然会导致片面工业化、扼制第三产业的发展和农业现代化。他们认为发展中国家在同质化方向发展的过程中,其经济结构也是多元化的,我国由于转型经济特征,呈现出明显的四元结构:城市现代部门、城市传统部门、乡镇企业部门和农村传统部门。与此相似,有的学者认为四元经济应是农村正式部门、农村非正式部门、城市正规行业和城市非正规行业这四个部门经济(谭崇台,1999;赵勇,1996;汪段泳、刘振光,2005)。还有些学者认为,"四元经济形态"应该是农业经济、工业经济、知识经济,再加上生态经济。

第六,"环二元"论。吴天然、胡怀邦、俞海等(1993)[③] 认为,

227

---

① 郑文兵、陈艳:《一种"三元经济结构"的思路及其对中国农业的影响》,《农业经济》2006 年第 8 期,第 33—35 页。

② 徐庆:《四元经济发展模型与城乡收入差距扩大》,《经济科学》1997 年第 2 期,第 3—9 页。

③ 吴天然、胡怀邦等:《二元经济结构理论与我国的发展道路——兼论环二元经济结构的形成及转换》,《经济理论与经济管理》1993 年第 4 期,第 8—14 页。

我国经济不仅仅是一般的二元经济结构，而是一种比较特殊的环二元经济结构，即在总体上存在着城市及工业和农村及农业这样两个相互区别的"经济元"，而各个"经济元"内部又存在着两个相互区别的"微经济元"，并且还可以将"微经济元"再细分，整个国民经济形成了大小不等的二元的环的重叠。

第七，"双二元结构论"。王国敏（2004）①、朱志萍（2008）② 认为城乡二元结构是我国经济社会发展中的典型特征，是计划经济体制下政府主导的强制性制度变迁（包括户口、土地、就业、社会保障等一系列制度变革）的结果。我国的城乡二元结构有其特殊性，不仅表现为以工业为代表的现代部门和以农业为代表的传统部门之间的二元经济结构，还表现为城市社会与农村社会长期分割所造成的二元社会结构。我国的二元经济结构形成于农业全面支持工业的赶超型发展战略，二元社会结构形成于以户籍制度为核心的城乡分割制度。这样，二元经济结构和二元社会结构共同构成了我国独具特色的"双二元结构"。

第八，"双层刚性二元经济结构论"。任保平（2004）③ 认为，我国二元经济结构的总体特征表现为两个方面：一是"双层刚性二元经济结构"，其总体上是城市与乡村的二元经济结构，而每一元中又分为两层，从城市来看是现代工业与传统工业并存，从农村来看是传统农业与乡镇企业为代表的现代农业的并存，而且不同层次之间关联程度差，表现出刚性结构；二是中国的二元经济结构是转型二元经济结构，具体表现为工业化的二元性、城乡劳动力市场的

228

---

① 王国敏：《城乡统筹：从二元结构向一元结构的转换》，《西南民族大学学报（人文社科版）》2004年第9期，第54—58页。

② 朱志萍：《城乡二元结构的制度变迁与城乡一体化》，《软科学》2008年第6期，第104—108页。

③ 任保平：《论中国的二元经济结构》，《经济与管理研究》2004年第5期，第3—9页。

二元性、就业结构的二元性、城乡市场体系的二元性和区域经济的二元性。

第九，"网络结构"论。周天勇（2006）[①]认为，中国正在经历一个从封闭的乡村和城市结构向开放的、互联的城市网络结构的转型。他力图把发展经济理论简单的二元结构转型改造成为分散和隔离结构向集中的节点和网络结构转型的状态，进而形成发展经济学以"转移—聚集—网络"为架构的历史和逻辑相统一的全新结构转型框架，形成一个发展经济学"传统社会的分散、隔离状态—转移带来的经济性—集中和聚集的经济和不经济—人口集中后企业规模结构与就业及公平的关系—现代城镇集中节点和网络相联系的网络结构"的分析框架。

2. 关于城乡发展一体化内涵的观点

目前，学术界在城乡发展一体化的概念界定上主要有以下几种主要观点：

第一种观点，侧重于从生产力发展的角度来界定城乡一体化。杨荣南（1997）认为，城乡一体化是生产力发展到一定水平，把城市与乡村建设成一个相互依存、相互促进的统一体。[②]应雄（2002）认为，城乡一体化是指在大力发展生产力的过程中，促进农村人口城市化，逐步缩小城乡差别，实现城乡经济、社会、环境的和谐发展，使城乡共享现代文明。[③]陈雯（2003）认为，城乡一体化是在生产力水平相当高的时期，充分发挥城乡各自优势、理顺交流途径的双向演进过程。[④]

---

① 周天勇：《高级发展经济学》，中国人民大学出版社2006年版。

② 杨荣南：《关于城乡一体化的几个问题》，《城市规划》1997年第5期，第41—52页。

③ 应雄：《城乡一体化趋势前瞻》，《浙江经济》2002年第13期，第48—49页。

④ 陈雯：《"城乡一体化"内涵的讨论》，《现代经济探讨》2003年第5期，第16—18页。

第二种观点，侧重于从系统和整体的角度来界定城乡一体化。甄峰（1997）认为，从系统的观点来看，城乡一体化是指城市和乡村是一个整体，其间人流、物流、信息流自由合理地流动，城乡经济、社会、文化相互渗透、相互融合、高度依赖，各种时空资源得到高效利用。① 杨荣南（1997）认为，城乡一体化涉及自然—社会—经济复合生态系统的方方面面，是城乡复合生态系统演替的顶级状态。② 朱志萍（2008）认为，城乡一体化涉及社会、经济、生态环境、规划建设等方面，是一个复杂的系统工程。③

第三种观点，侧重于从融合与合作的角度来界定城乡一体化。石忆邵（1999）认为，城乡一体化的实质是城乡之间竞争与合作的耦合联动发展。④ 洪银兴、陈雯（2003）⑤、陈雯（2003）⑥ 以及姜作培（2004）⑦ 认为，从融合的角度来看，城乡一体化是指城市与乡村的两个不同特质的经济社会单元和人类聚落空间，在一个相互依存的区域范围内结为一体，谋求融合发展、协调共生、共同繁荣的过程。

第四种观点，侧重于从与传统体制对比的角度来界定城乡一体化。杨荣南、张雪莲（1998）认为，城乡一体化是在改革开放之

---

① 甄峰：《城乡一体化理论及其规划探讨》，《城市规划汇刊》1998年第6期，第28—31页。

② 杨荣南：《关于城乡一体化的几个问题》，《城市规划》1997年第5期，第41—52页。

③ 朱志萍：《城乡二元结构的制度变迁与城乡一体化》，《软科学》2008年第6期，第104—108页。

④ 石忆邵：《关于城乡一体化的几点讨论》，《规划师》1999年第4期，第114—116页。

⑤ 洪银兴、陈雯：《城市化和城乡一体化》，《经济理论与经济管理》2003年第4期，第5—11页。

⑥ 陈雯：《"城乡一体化"内涵的讨论》，《现代经济探讨》2003年第5期，第16—18页。

⑦ 姜作培：《城乡一体化：统筹城乡发展的目标探索》，《南方经济》2004年第1期，第5—9页。

后为解决城乡之间的矛盾和资源的合理配置而提出的，目的是充分发挥城市与乡村的优势和作用。① 顾益康、邵峰（2003）认为，城乡一体化就是要改变计划经济体制下形成的城乡差距发展战略，建立起地位平等、开放互通、互补互促、共同进步的城乡社会经济发展的新格局。②

第五种观点，侧重于从区域空间规划的角度来界定城乡一体化。李同升、库向阳（2000）认为，城乡一体化是从区域角度出发，寻求区域持续、协调、全面的发展途径。它不是空间的均衡化，而是在明确城乡分工、相互促进基础上的双向发展过程，是一个有效聚集、有机疏散、高效协作的最优空间网络系统，是区域内城乡关系演化的高级阶段和最终目标。城乡一体化的最终目的是为城乡居民创造一个物心俱丰的生存环境，中心城市的扩散效应、乡村工业化、农业产业化和小城镇发展是内陆地区城乡一体化发展的主要动力源泉。③

此外，依据城乡一体化的内涵，邓丽君（2001）指出城乡一体化具有六大特征：一是长期性，即城乡一体化是一个长期战略，不可能在短时期内实现；二是整体性，即兼顾城市与乡村的协调、统筹与均衡；三是地域性，即城乡一体化的载体是以城市为中心的一个有限度的辐射区域；四是互动性，即城乡互动；五是双向性，即城市化与逆城市化并存；六是广泛性，即涉及城乡不同发展阶段的各方面的不同内容。④

3. 关于城乡发展一体化主要内容的观点

综合学术界的观点，城乡发展一体化的内容主要有城乡政治一

231

---

① 杨荣南、张雪莲：《城乡一体化若干问题初探》，《热带地理》1998 年第 1 期，第 12—17 页。

② 顾益康、邵峰：《全面推进城乡一体化改革——新时期解决"三农"问题的根本出路》，《中国农村经济》2003 年第 11 期，第 20—27 页。

③ 李同升、库向阳：《城乡一体化发展的动力机制及其演变分析——以宝鸡市为例》，《西北大学学报（自然科学版）》2000 年第 3 期，第 256—260 页。

④ 邓丽君：《城乡一体化之我见》，《现代城市研究》2001 年第 2 期，第 10—15 页。

体化、城乡经济（产业）一体化、城乡社会一体化、城乡文化一体化、城乡空间一体化、城乡制度一体化、城乡人口一体化、城乡生态环境一体化、城乡市场一体化、城乡管理一体化、城乡规划一体化、城乡基础设施一体化、城乡公共服务一体化、城乡区域发展一体化（杨荣南，1997①；甄峰，1997②；陈雯，2003③；姜作培，2004④；顾益康、许勇军，2004⑤；陈峰燕，2008⑥；白永秀，2010⑦）。

此外，万艳华（2002）认为，我国城乡一体化的目标体系包括城乡空间布局的高度融合、城乡功能结构的高度互补、城乡生态环境的高度协调、城乡基础设施的高度共享、城乡人口流动的高度顺畅、城乡政治文化的平等、城乡生活水平的共同提高等内容。⑧洪银兴、陈雯（2003）认为城乡一体化应该包含体制一体化、城镇城市化、产业结构一体化、农业企业化和农民市民化等内容。⑨李岳云等（2004）认为，城乡统筹包括城乡关系统筹、城乡要素统筹

---

① 杨荣南：《关于城乡一体化的几个问题》，《城市规划》1997年第5期，第41—52页。

② 甄峰：《城乡一体化理论及其规划探讨》，《城市规划汇刊》1998年第6期，第28—31页。

③ 陈雯：《"城乡一体化"内涵的讨论》，《现代经济探讨》2003年第5期，第16—18页。

④ 姜作培：《城乡一体化：统筹城乡发展的目标探索》，《南方经济》2004年第1期，第5—9页。

⑤ 顾益康、许勇军：《城乡一体化评估指标体系研究》，《浙江社会科学》2004年第6期，第95—99页。

⑥ 陈峰燕：《城乡经济社会一体化的思路与对策》，《中共云南省委党校学报》2008年第10期，第103—105页。

⑦ 白永秀：《后改革时代的关键：城乡经济社会一体化》，《经济学家》2010年第8期，第84—89页。

⑧ 万艳华：《我国城乡一体化及其规划探讨》，《华中科技大学学报（城市科学版）》2002年第6期，第60—63页。

⑨ 洪银兴、陈雯：《城市化和城乡一体化》，《经济理论与经济管理》2003年第4期，第5—11页。

和城乡发展统筹三个方面的内容。① 杨玲（2005）认为，城乡一体化的主要构成要素包括以下六个方面：一是经济要素，包括产业一体化、资源配置一体化和市场一体化；二是社会要素，包括政治地位一体化和社会福利一体化；三是生态要素，建立城乡一体化的生态环境；四是文化要素，主要指城乡文明一体化；五是空间要素，指各类要素空间布局一体化；六是政策（制度）要素，包括城乡统一的户籍制度、土地制度、金融制度和行政制度等。②

4. 关于城乡发展一体化形成路径的观点

由于目前我国大部分地区的城乡发展一体化实践尚处在起步阶段，各地的发展模式尚未定型，因此国内对城乡发展一体化的路径研究大多停留在理论层面上，目前主要集中在农业产业化、新型工业化和新型城镇化三个方面。

赵保佑（2008）认为统筹城乡发展的主要手段是农业剩余劳动力向工商业转移，并将城乡协调发展的模式划分为中心城市扩展、带动、辐射型和城乡互动、双向城市化发展模式两种类型。③ 黄坤明等（2009）在研究了嘉兴、义乌、成都等城市的城乡一体化演进路径后，认为城乡一体化应该是民本自发和政府自觉"一体两翼、共同推进"的过程。④ 邓建华（2011）在分析我国构建城乡一体化新格局存在的农业现代化技术层次不高、现有农村城镇化水平低、当前农村工业基础薄弱、农村社会文化教育落后和生态环境保护问题严峻等现实困境后，提出农业现代化、农村城镇化、农村工

233

---

① 李岳云、陈勇、孙林：《城乡统筹及其评价方法》，《农业技术经济》2004 年第 1 期，第 24—30 页。

② 杨玲：《国内外城乡一体化理论探讨与思考》，《生产力研究》2005 年第 9 期，第 23—26 页。

③ 赵保佑：《统筹城乡协调发展的国际经验与启示》，《学术论坛》2008 年第 3 期，第 104—108 页。

④ 黄坤明、施祖麟、车文辉：《民本自发与政府自觉：城乡一体化在嘉兴的实践》，《中国发展》2009 年第 1 期，第 76—83 页。

业化、社会文明化和生态和谐化是新时期我国构建城乡经济社会一体化新格局的路径选择。① 段禄峰、张鸿（2011）通过分析我国城乡一体化的发展现状，认为严重的城乡二元结构和混乱的城乡空间布局是制约城乡协调发展的主要障碍，提出了政府主导、制度创新、技术创新、城乡规划、生态管制、产业聚集、空间优化等我国城乡一体化的发展路径。② 陈学云、史贤华（2011）认为城乡发展一体化是农村与城市的边界由明确到模糊的过程，利用新农村建设的平台和契机，加快推进城镇化和城乡一体化进程。一方面，要素向城市流动，城市人口加速增长，城市日益向郊区扩张；另一方面，城市的生产方式、生活方式、思想意识和消费心理影响着农村，最终实现城乡融合。通过城市郊区化——建设"农村特色的新城镇"和农村城镇化——建设"城镇特色的新农村"，逐步实现城乡人口、经济、社会、文化和生态一体化。③

5. 关于城乡发展一体化发展模式的观点

国内学者从我国城乡发展一体化的实践中总结其发展模式的内容与特征，其中代表性成果有：

第一，刘维新（1996）从苏南地区的实践中提出了"三位一体"的发展模式。④ 其内涵是：在建设小城镇的同时，集中开辟"工业小区"，通过调整改造将乡镇企业集中在该区，以解决"村村冒烟"与环境污染问题；将乡镇企业的职工迁到小城镇居住，从离土不离乡变为离土又离乡，使之成为城镇居民；通过统一规划，将过

---

① 邓建华：《"三农"视阈下我国城乡一体化新格局的路径选择》，《财经问题研究》2011年第6期，第91—95页。

② 段禄峰、张鸿：《城乡一体化视域下的西安市城乡二元经济结构解析》，《生态经济》2011年第8期，第73—77页。

③ 陈学云、史贤华：《我国城镇化进程中的城乡一体化路经研究——基于新农村建设平台》，《经济学家》2011年第3期，第59—66页。

④ 刘维新：《城乡一体化的"三位一体"发展模式》，《城市发展研究》1996年第6期，第26—28页。

密的自然村进行合并，把宅基地返还于田，以增加耕地面积。该模式的优点在于：使得旧城改造得以有序实施，推动了城市现代化和乡村城镇化进程，同时也提高了土地的优化和利用效益；促进了农业生产上的专业化、集约化、规模化经营。从生态角度讲，"三位一体"减少了污染，提高了土地的利用力，节约了土地。

第二，王卓祺（2007）从中国大陆、台湾地区及国际经验出发，比较分析了三种城乡统筹模式。① 第一种模式："工业区＋地产发展模式"，即工业园区和房地产配套发展的模式。这种模式在沿海及城市近郊区较易推行，见效快。但从本质上看不是发展农村及农业，因为"工业区＋地产发展模式"使农村依靠外力发展起来，这势必会导致农村及农业被连根拔起。第二种模式"农业现代化模式"，是台湾地区城乡一体化的经验，即通过现代化耕作方式，提高农业生产效率，降低成本，并通过现代化加工手段增加农产品的附加值。该模式的挑战在于土地重划的利益公平分配。第三种模式"新农村发展模式"，是一种远景设想模式，即用新的观念来指导农村的建设，这种模式最为困难，但其符合全球社会经济发展趋势，能真正体现城乡统筹。以上三种模式相比较而言，第二种模式和第三种模式更适合中国目前的城乡关系，体现了农村发展的本质和关键。采用"新农村发展模式"需要注意不可操之过急，因为该模式是一项长远的社会改造过程。

第三，张俊卫（2008）提出的"2+8"模式。他从城乡总体规划的角度提出城乡统筹的"2+8"分析框架。② 其内涵是："两大途径"指以城镇化和社会主义新农村建设为途径，实现城乡统筹的总体目标；"八项内容"指产业发展统筹、空间布局统筹、土地利用统筹、居民点体系统筹、环境保护统筹、基础设施建设统筹、社会

235

---

① 王卓祺：《城乡统筹发展模式比较》，《开放导报》2007年第6期，第28—30页。

② 张俊卫：《城乡统筹发展的"2+8"研究模式》，《规划师》2008年第10期，第5—9页。

事业发展统筹、体制改革统筹。"两大途径八项内容"是对城乡统筹发展研究的整合和集成，融入了城镇总体规划思想，为城乡统筹发展的研究提供了一个科学合理的、便于操作的分析框架。其中，"两大途径"是作者对国家解决"三农"问题政策的总结，"八项内容"则是从规划专业角度所做的分类，便于规划技术人员在实践过程中借鉴和应用。

第四，方堃（2009）从供给方式角度提出了"政府主导＋社会协同"模式，即主张政府主导、市场运作和社会筹资共同作用于农村发展，由多元主体合作供给农村公共服务。这种模式克服了农村公共服务由国家单方供给的弊病，将农村公共服务的政府主导、市场运作和社会筹资三方面力量进行优势整合，从而达到改变服务质量，形成多方位治理的合作网络，促使政府对农村公共事务的管理由"善政"向多元化"善治"的转变。①

不同地区在实践与发展过程中逐渐形成了具有区域特征的城镇化模式。其中，学者们对具有典型意义的四种模式（苏南模式、珠江三角洲模式、上海模式和成都模式）的特征进行了总结，归纳如下：

第一，苏南模式的主要特征是：农民依靠自己的力量发展乡镇企业，乡镇企业的所有制结构以集体经济为主；乡镇政府主导乡镇企业的发展，政府除提供制度和政策环境外，还通过制定发展规划、战略引导投资者进入，奠定苏南地区发展的基础；苏南模式把工业化放在城市发展的首位，以工业化促进城市化，形成了工业化支撑新农村发展的新格局。

第二，珠江三角洲模式的主要特征是充分利用地理优势，大力发展外向型经济，在外资、民间资金和政府投入等多元投资拉动下，珠江三角洲地区的城镇化进程大大加快，城市空间结构和布局

---

① 方堃：《城乡统筹的县域农村公共服务模式与路径探究——从"国家单方供给"到"社会协同治理"的逻辑变迁》，《天津行政学院学报》2009 年第 3 期，第 38—44 页。

也发生了根本性改变。

第三，上海模式的主要特征是在对中心城区和郊区的功能明确定位以后，把农村经济发展和社会发展纳入建设上海国际化大都市中，将经济发展、工业发展和基础设施建设重点从中心城区向郊区转移。同时，打破了旧的体制障碍：加快公共就业服务体系的建设，完善和发展了城乡统筹的就业服务体系；加快建立失地农民养老保障，构建出一套适应城乡一体化的社会保障体系；改革完善户籍制度，使农民享有自由进城和迁徙的权利；改革完善土地制度，切实保障农民的现实利益和长远利益；探索改革农村集体资产管理制度，使农村管理与城市化、法治化接轨。

第四，成都模式的主要特征是政府创新制度环境、市场活化经济资源和城乡统筹和谐发展。在方法和路径上可以概括为政府规划推动，市场配置资源；强化产业支撑，立足多元特点；创新制度设计，促进要素流转；聚焦公共产品，连接城乡发展。总体上来看，这种"成都模式"具有典型的政府主导和推动的痕迹，农民的自主意识和参与意识不是很强烈，一体化的程度较为有限。

6.关于城乡发展一体化动力机制与形成条件的观点

关于城乡一体化的动力学机制有内因决定论及内外因合力等不同看法。有些学者强调城市的向心力和离心力是城乡一体化的动力，有些学者则强调制度创新才是形成城乡一体化的基本思路。归纳各种观点，城乡发展一体化的动力机制可以分为两类：内在城市拉力和外在的政府推力。内因是指中心城市的向心力和农村的离心力；外因是指政府统筹发展力、利益协调力和制度创新力。

内因论方面，汤正刚（1995）认为，城区的经济辐射功能和城市主导作用是实现城乡协调发展的基本动力。① 石忆邵、何书

237

---

① 汤正刚：《城乡一体化：中心城市市域城镇规划的总方针》，《经济体制改革》1995 年第 4 期，第 17—22 页。

金（1997）分析了中心城市的极化效应和扩散效应，认为城乡一体化的动力是大城市的向心力和农村的离心力。[①] 一些学者从小城镇出发，重点分析了小城镇在吸纳农业剩余劳动力，带动乡村经济、社会发展方面的作用，提出要加强小城镇的规划与建设（史开国，1998[②]；刘志伟，1997）。还有学者从城市和乡村两大系统出发来探讨城乡一体化的动力。张留征等（1992）认为，重新发动城市化，促进工业化和城市化的同步发展，将是走出二元经济结构，促进未来城乡协调发展的必然战略突破口，并提出国家工业化、城市化同农村工业化、农村城市化的"双向城市化"发展模式。刘君德等（1997）分析了上海郊区的城市乡村转型，认为"自上而下的扩散力机制""自下而上的集聚力机制"及"对外开放的外力机制"，构成了上海郊区城乡转型的主要动力机制。[③] 宁越敏（1998）从政府、企业、个人三个城市化主体的角度分析了 20 世纪 90 年代中国城市化的动力机制和特点，认为当前中国正出现新城市化趋势，即多元城市化动力替代以往一元或二元城市化动力，较为集中的城市开发模式替代分散的乡村企业发展模式，从而使经济绩效得到提高。大、中、小城市齐头并进，城市体系不断趋于完善。[④] 曹广忠、刘涛（2010）则将城乡一体化的动力归结为自上、自下、外引、内联动力机制。[⑤] 张安录（2000）归纳了城乡相互作用的动力机制为

238

---

① 石忆邵、何书金：《城乡一体化探论》，《城市规划》1997 年第 5 期，第 36—38 页。

② 史开国：《加快小城镇建设 推进城乡经济一体化》，《贵州师范大学学报（社会科学版）》1998 年第 2 期，第 15—17 页。

③ 王德忠、刘君德：《外资利用状况评价预警分析——以浦东新区为例》，《经济地理》1997 年第 1 期，第 21—25 页。

④ 宁越敏：《新城市化进程——90 年代中国城市化动力机制和特点探讨》，《地理学报》1998 年第 5 期，第 470—477 页。

⑤ 曹广忠、刘涛：《中国省区城镇化的核心驱动力演变与过程模型》，《中国软科学》2010 年第 9 期，第 86—95 页。

自上而下型的扩散机制、自下而上的集聚力机制、外资注入的驱动力、自然生态动力。① 李同升、库向阳（2000）从陕西省宝鸡市城乡发展一体化的演变出发，总结出中心城市的扩散效应、乡镇企业发展、农业产业化和小城镇建设是城乡一体化的主要推动力，在不同历史阶段其作用机制和形式不同。②

　　大多数学者认为城乡发展一体化的主要动力来自于城市的向心力和离心力。当向心力大于离心力时，城市集聚效应显著，农村优质资源向城市集中；当向心力小于离心力时，扩散效应显著，城市带动农村发展。然而，市场机制是一种自发、循序渐进的行为过程，甚至城市盲目集聚会导致一系列的"城市病"问题，由此学者们逐渐意识到城乡发展一体化的加速发展需要政府的引导。

　　外因论方面，方振辉（2009、2010）认为，城乡发展一体化新格局的形成必须依靠四大机制：除以市场为导向、以工业化、城市化、市场化为基础的聚集扩散机制和市场互动机制外，还必须依靠以政府为主导、以规划政策制度为手段的统筹协调机制和均衡决策机制。③ 王建增（2011）认为，在推进城乡发展一体化过程中涉及政府、企业和居民等利益主体，它们之间的利益既具有一致性又具有矛盾，因此，应以城乡统筹、以农为本为基本原则，用制度创新与宏观手段推动、调控城乡一体化进程，使社会利益体系保持大体上合理与稳定的格局；重视农民话语权，构建农民利益诉求与表达机制，建立由广大群众参与的城乡一体化建设决策机制与评价机

239

---

①　张安录：《城乡相互作用的动力学机制与城乡生态经济要素流转》，《生态经济》2000 年第 4 期，第 5—8 页。

②　李同升、库向阳：《城乡一体化发展的动力机制及其演变分析——以宝鸡市为例》，《西北大学学报（自然科学版）》2000 年第 3 期，第 256—260 页。

③　方振辉：《城乡经济社会一体化新格局形成机制探略》，《理论导刊》2010 年第 5 期，第 21—24 页。

制，以推进城乡一体化进程的顺利进行。① 宋宇、任保平（2011）运用新发展经济学的"制度—激励—组织—能力"框架，对西部城乡发展一体化的制度结构建设、激励结构建设、组织结构建设和能力结构建设进行分析，提出城乡发展一体化体制机制建设的"四轮驱动"模式。②

7. 对城乡发展一体化的水平评价

在国内，第一个尝试建立城乡发展一体化评价指标体系的是杨荣南。杨荣南（1997）③建立了城乡发展一体化评价指标体系的基本框架，包括城乡经济协调度、城乡人口协调度、城乡空间协调度、城乡生活协调度、城乡生态环境协调度五个方面，共35个具体指标来测度城乡发展一体化水平，开创了我国城乡发展一体化定量研究的先河。继杨荣南之后，研究城乡发展一体化评价的文献大量涌现，白永秀等（2005）④、顾益康等（2004）⑤、修春亮等（2004）⑥、张淑敏等（2004）⑦、完世伟（2008）⑧、王桂平

---

① 王建增：《论城乡一体化利益协调机制的构建》，《河南师范大学学报（哲学社会科学版）》2011年第1期，第49—52页。

② 宋宇、任保平：《西部城乡一体化体制机制建设的四轮驱动模》，《开发研究》2011年第1期，第27—29页。

③ 杨荣南：《城乡一体化及其评价指标体系初探》，《城市研究》1997年第2期，第19—23页。

④ 白永秀、岳利萍：《陕西城乡一体化水平判别与区域经济协调发展模式研究》，《嘉兴学院学报》2005年第1期，第76—86页。

⑤ 顾益康、许勇军：《城乡一体化评估指标体系研究》，《浙江社会科学》2004年第6期，第95—99页。

⑥ 修春亮、许大明、祝翔凌：《东北地区城乡一体化进程评估》，《地理科学》2004年第3期，第320—325页。

⑦ 张淑敏、刘辉、任建兰：《山东省区域城乡一体化的定量分析与研究》，《山东师范大学学报（自然科学版）》2004年第3期，第65—68页。

⑧ 完世伟：《区域城乡一体化测度与评价研究——以河南省为例》，天津大学博士论文，2006年。

(2008)①、李志杰 (2009)②、赵锋 (2010)③、刘伟等 (2010)④、靳拥军 (2011)⑤、王蔚 (2011)⑥ 等众多学者对构建城乡发展一体化的评价指标体系进行了研究，对城乡发展一体化实现程度量化评价进行了有益尝试。关于城乡发展一体化水平评价的研究，可以归纳为评价内容、评价方法与评价结果三方面。

第一，评价内容。就评价指标体系而言，研究内容主要是指评价体系一级指标的选取和确定。目前，国内文献对一级指标的分类方式主要有三种。

第一种是按城乡发展一体化的内容进行划分，比如按经济、生活、基础设施等大的方面进行划分。大部分学者都是以这种方式组织一级指标的（刘伟，2009；李志杰，2009⑦；完世伟，2008⑧）。值得注意的是，城乡政治和行政制度也是城乡发展一体化的一个重要方面。然而，纵观目前的指标体系，很少有学者提到这方面的指标，这与这些指标难以量化的特性有很大关系。

第二种是从政府行为的角度进行划分，可以分为投入性指标和产出性指标两大类（付兆刚，2006，2009；杨亚平，2008）。

241

---

① 王桂平：《东西部城乡一体化水平比较研究》，西北大学博士论文，2008 年。

② 李志杰：《我国城乡一体化评价体系设计及实证分析——基于时间序列数据和截面数据的综合考察》，《经济与管理研究》2009 年第 12 期，第 95—101 页。

③ 赵锋：《广西城乡一体化评价指标体系的设计及实证研究》，《广西社会科学》2010 年第 1 期，第 56—59 页。

④ 刘伟、张士运、孙久文：《我国四个直辖市城乡一体化进程比较与评价》，《北京社会科学》2010 年第 4 期，第 28—36 页。

⑤ 靳拥军：《基于因子分析的重庆市城乡一体化发展研究》，《管理现代化》2011 年第 1 期，第 50—52 页。

⑥ 王蔚、张生丛、魏春雨、张玉桃：《湖南省城乡一体化评价指标体系及量化分析》，《湖南大学学报（自然科学版）》2011 年第 4 期，第 89—92 页。

⑦ 李志杰：《我国城乡一体化评价体系设计及实证分析——基于时间序列数据和截面数据的综合考察》，《经济与管理研究》2009 年第 12 期，第 95—101 页。

⑧ 完世伟：《城乡一体化评价指标体系的构建及应用——以河南省为例》，《经济经纬》2008 年第 4 期，第 60—63 页。

第三种是按照指标与城乡统筹结果的因果关系进行分类，分为显示性指标、传导性指标和分析性指标（中国社会科学院农村发展研究所城乡统筹研究课题组，2009①）。显示性指标（如城乡居民人均可支配收入、城乡人均受教育年限等）是指那些能直接体现城乡统筹发展状况的指标。然而，这些指标并不能说明城乡发展不平衡的原因，必须用第二类指标即分析性指标（如城乡人均财政投入）来进一步评价影响城乡统筹显示性指标的决定性因素。显示性指标和分析性指标在评价体系中承担着不同的功能，前者显示城乡统筹的结果，后者揭示城乡二元结构的深层原因。传导性指标是连接分析性指标和显示性指标的纽带，主要由反映市场一体化程度的指标构成，如城乡劳动力价格比、城乡土地价格比等。显示性指标更有利于向社会公布相关结果之用，而分析性指标更适合分析深层原因，为政府制定相关决策、进行绩效管理之用。

第二，评价方法。国内外关于多指标综合评价的方法有很多，根据确定权重的方法不同，大致可以分为三类。

第一类是主观赋值法，如德尔菲法。这类方法多是采用主观评分的定性方法，因此，由于受到较多的人为因素影响，往往会夸大或者降低某些指标的作用。采用此方法的成本和所需要的信息量也比较大，但它充分利用了专家和官员对相关问题的经验。采用这种方法的研究有邓玲、王彬彬（2008）②、苏春江（2009）③、王力、汪海霞（2006）④ 等。

---

① 中国社会科学院农村发展研究所城乡统筹研究课题组：《统筹城乡发展评价及其政策建议》，《重庆社会科学》2009年第11期，第18—26页。

② 邓玲、王彬彬：《统筹城乡发展评价指标体系研究——基于成都市温江区的实证应用》，《西南民族大学学报（人文社科版）》2008年第4期，第80—84页。

③ 苏春江：《河南省城乡一体化评价指标体系研究》，《农业经济问题》2009年第7期，第96—100页。

④ 王力、汪海霞：《新疆石河子垦区城乡一体化进程评价及分析》，《石河子大学学报（哲学社会科学版）》2006年第6期，第10—13页。

第二类是客观赋值法，即根据各指标间的相关关系或是各指标变异程度来确定权重，如主成分分析法。使用主成分分析法的研究主要有杨振宁（2008）[①]、王阳、岳正华（2010)[②]、李志杰（2009）[③] 等。

第三类是主客观结合赋值法，如层次分析法、网络层次法配合使用等。使用层次分析法确定权重的研究主要有：任平、周介铭、张果（2006）、吴先华、王志燕、雷刚（2010)[④]、王洪跃、张雄（2010)[⑤] 等。

各种研究各有其优劣点。主观赋值法人为因素成分太大，不够客观科学。主成分分析方法的优点是不仅可以使城乡统筹发展中所收集的大量信息尽可能地减少损失，而且可以通过数学变换将原有的多个指标转化为少数几个相互线性无关的主要分量，从而简化数据结构，并根据主成分的方差贡献率客观地确定权重，避免评价指标的共线性和权重确定的人为性，使评价结果更趋客观合理。但其缺点也同样明显，它只能在多个观察对象间进行排序，发现它们的相对位置以及相对差距，但无法测量其与城乡统筹目标的绝对差距。层次分析法的优点是将人的主观性用数量的形式表现出来，使之条理化、科学化，可以避免因存在主观性所产生的权重预测与实际情况不一致。其缺点是由于评价过程的随机性、评价专家的不确

243

①　杨振宁：《城乡统筹发展与城镇化关系的实证研究——基于安徽的数据》，《农业经济问题》2008 年第 5 期，第 49—54 页。

②　王阳、岳正华：《城乡统筹协调发展的实证：2000—2008——以四川省为例研究》，《农村经济》2010 年第 2 期，第 39—43 页。

③　李志杰：《我国城乡一体化评价体系设计及实证分析——基于时间序列数据和截面数据的综合考察》，《经济与管理研究》2009 年第 12 期，第 95—101 页。

④　吴先华、王志燕、雷刚：《城乡统筹发展水平评价——以山东省为例》，《经济地理》2010 年第 4 期，第 596—601 页。

⑤　王洪跃、张雄：《湖北省城乡一体化评价研究》，《现代农业科技》2010 年第 6 期，第 397—398 页。

定性及认识上的模糊性，这种方法带有很大程度的主观臆断性。此外，当同一层次的元素很多时，判断矩阵容易产生不一致性，从而降低结果的可信度。

第三，评价结果。对城乡发展一体化水平进行评价，最终将会涉及对城乡发展一体化进行阶段划分和评判的问题。综观现有的评价体系，与评价体系的理想值设定方式相应，可以梳理出三种阶段划分的模式：相对阶段划分模式、绝对阶段划分模式以及二维阶段划分模式。

第一种：相对阶段划分模式。由于一些研究在进行评价体系设计时采用了相对理想值的设定方式，因此，其评价结果只能反映一组评价对象在城乡发展一体化过程中的相对位置。在这一模式下，对城乡发展一体化进行的阶段划分，也只能反映相对发展阶段，而不是城乡发展一体化的绝对阶段。

244

例如，任平、周介铭、张果（2006）[①] 基于主成分分析法，在对数据进行无量纲化处理后，得出了成都市各区城乡统筹发展水平的相对排序。对最终的得分进行相对化处理后，将综合评估值小于 70 分的区县，归为城乡统筹一体化准备阶段；将得分在 71—80 之间的区县，归为城乡发展一体化发展起步阶段；将得分在 81—90 之间的区县，归为城乡发展一体化发展扩散阶；得分高于 90 分的区县，归为城乡发展一体化基本实现阶段。采用这种方式的还有曾国平、敬京、曹跃群（2009）[②] 等。

但是严格说来，这种归类方式存在着一定的局限性。假设评价对象在城乡统筹发展上都处于较为落后的水平，由于这种评价方式采用的是一种相对化的评价方式，因此，即使评价对象在最终的

---

①　任平、周介铭、张果：《成都市区域城乡一体化进程评价研究》，《四川师范大学学报（自然科学版）》2006 年第 6 期，第 747—751 页。

②　曾国平、敬京、曹跃群：《城乡统筹发展评价指标的运用——基于 2007 年我国 31 个省区市截面数据》，《科技与经济》2009 年第 5 期，第 3—7 页。

相对排名上处于前列，也不能说明该评价对象就已经实现了城乡统筹。

第二种：绝对阶段划分模式。如果在理想值的设置上采用了绝对理想值的设置方式，则在阶段划分上，均采用绝对阶段划分的模式。例如，苏春江（2009）[①] 基于实际值与目标值的比较法，对河南省各地 2005 年城乡一体化发展水平进行了评价。作者将城乡发展一体化综合评分在 60 分以下的地区，归为城乡统筹发展初始阶段；综合评分在 61—70 分之间的地区，归为起步阶段；综合评分在 71—80 分之间的地区，归为扩展阶段；综合评分在 81—90 分之间的地区，归为提升阶段；综合评分在 90 分以上的，归为基本实现阶段。采用这种方式进行阶段划分的还有高珊、徐元明、徐志明（2006）、许玉明（2008）、付兆刚（2006）等。另外，浙江省和成都市的城乡统筹评价体系也是以这种方式进行阶段划分的。这种划分方式也有其局限，即最终只能得到一个综合评分。然而，城乡发展一体化是一个多维度的概念，其中既包含城乡共同发展的向度，也包含城乡协调发展的向度，更包括城乡融合的向度。只有在多个向度都处于较高水平，才算进入城乡统筹发展的阶段。罗雅丽、张常新（2007）建立的评价体系和二维阶段划分的方式，在一定程度上克服了这一局限。

第三种：二维阶段划分模式。二维阶段划分模式是指在划分城乡统筹发展阶段上，不是依靠一个综合分值，而是基于城乡整体发展和城乡协调发展两个向度的分值进行阶段划分。罗雅丽、张常新（2007）[②] 建立了一个包含城乡整体发展和城乡协调发展两个一级指标的评价指标体系，对大西安从 1980 年至 2004 年的城乡统筹发展

[①] 苏春江:《河南省城乡一体化评价指标体系研究》,《农业经济问题》2009 年第 7 期，第 96—100 页。

[②] 罗雅丽、张常新:《城乡一体化发展评价指标体系构建与阶段划分——以大西安为例》,《江西农业学报》2007 年第 7 期，第 141—143 页。

趋势进行了评价，分别得出了城乡整体发展和城乡协调发展两个维度的连续数据。作者将城乡发展水平或城乡协调度小于15%的评价对象归为传统的城乡二元发展阶段；将城乡发展水平大于15%且小于30%或城乡协调度大于15%且小于30%的评价对象归为城乡互动起步阶段；将城乡发展水平大于30%且小于60%或城乡协调度大于30%且小于60%的评价对象归为城乡初步一体化阶段；将城乡发展水平大于60%且小于90%或城乡协调度大于60%且小于90%的评价对象归为城乡中度一体化阶段；将城乡发展水平大于90%或城乡协调度大于90%的评价对象归为城乡高度一体化阶段。

8. 关于推进城乡发展一体化的政策主张

第一，主张制度创新的观点。顾益康、邵峰（2003）认为，推进城乡一体化要采取十大制度改革：一是农业产权制度改革，使土地真正成为农民的财富；二是农业经营体制改革，建立贸工农一体化的经营机制；三是土地征用制度改革，变征用为购买；四是户籍制度改革，让城市成为农民创业的新领地；五是农村金融体制改革，让农民和农村企业也能顺利地贷到款；六是劳动就业与社会保障制度改革，让农民也能到城里来工作，享受与城里人一样的社会保障；七是财政与税收体制改革，建立公共财政体制；八是教育体制改革，让义务教育成为政府的义务；九是乡镇管理体制改革，减职、减人、扩范围；十是农业行政管理体制改革，让农业部门成为贸工农一体化的管理机构。① 朱志萍（2008）认为，我国城乡二元结构归根于农业全面支持工业的赶超型发展战略和以户籍制度为核心的城乡分割体制，体现了强制性制度变迁的特征；而城乡二元结构的演变，则是强制性制度变迁和诱致性制度变迁共同作用的结

---

① 顾益康、邵峰：《全面推进城乡一体化改革——新时期解决"三农"问题的根本出路》，《中国农村经济》2003年第11期，第20—27页。

果。因此，只有结合制度变迁的强制力和诱导力，通过统筹城乡发展、推进城乡一体化制度创新，才能够打破城乡二元结构的栓结。同时，政府要营造良好的制度环境，进行一系列的制度创新，诱发社会主义市场经济微观主体进行诱致性制度创新，并通过统筹城乡发展，调整好农民和市民之间、农村和城市之间、农业和工业之间的利益关系，最终实现城乡一体化的宏伟发展目标。①

第二，主张系统把握的观点。姜作培（2004）认为，推进城乡一体化是一项长期复杂的社会系统工程，涉及城乡、经济、政治、文化等各个领域，牵扯到城乡制度、体制、机制等各个层面，因此在推进城乡一体化的实践中，必须辩证地把握好依托和自主、主导作用和支持作用、市场机制和政府调控、近期和远期等几个问题。② 王国敏（2004）指出，城市与农村、工业与农业是经济社会发展不可分割的整体，城乡统筹发展的路径选择在于：建立城乡互动、工农互促的协调发展机制；建立城乡统一、开放、有序的市场体系；构建有利于农村发展的公共财政体制；改革农村税费制度，减轻农民负担，给农民平等发展的机会；积极推进农业产业化，促进城乡产业统筹发展。③ 杨继瑞（2005）也认为，推进城乡一体化是一个庞大的系统工程，其中，制度安排是推进城乡一体化的保障，农业全程产业化是推进城乡一体化的抓手，都市农业是推进城乡一体化的纽带，新型工业化是推进城乡一体化的引擎，安居乐业的城镇化是推进城乡一体化的平台，农地合理流转是推进城乡一体化的杠杆，农村基层干部的执行力和积极性是推进城乡一体化的

247

---

① 朱志萍：《城乡二元结构的制度变迁与城乡一体化》，《软科学》2008年第6期，第104—108页。

② 姜作培：《城乡一体化：统筹城乡发展的目标探索》，《南方经济》2004年第1期，第5—9页。

③ 王国敏：《城乡统筹：从二元结构向一元结构的转换》，《西南民族大学学报（人文社科版）》2004年第9期，第54—58页。

动力。①

第三，主张"三化"带动"三农"的观点。国务院发展研究中心、中国农村劳动力资源开发研究会联合课题组（2005）提出，要发挥城镇化、工业化和信息化的组合效应，带动"三农"问题的解决，实现城乡一体化。② 具体来说，一是发挥各城镇、城市圈、城市带之间的对接和辐射，使更多的农村融入城市经济；二是通过新型工业化实现多种反哺"三农"形式，实现国际资本和技术与国内大工业、农村工业融合和对接，走中国特色的新型工业化道路；三是整合国家信息高速公路的同时，在广大农村建立国家绿色信息高速公路，为农民提供全方位的"准信"。

第四，主张有重点的建设的观点。宋洪远等（2003）认为，当前加快农村经济社会发展的途径和措施包括：加强农村公共设施建设，促进农村社会事业发展；扩大农村地区投资，促进农业和农村经济发展；调整优化农业结构，加快建设现代农业；调整政策，创新体制，促进乡镇企业发展；加快小城镇建设，提高农村城镇化水平；消除城乡壁垒，促进农村劳动力就业转移。③ 国家发展改革委发展规划司（2008）认为，统筹城乡发展要着力解决好以下问题：理顺规划关系、统筹城乡规划；引导产业集中发展、优化城乡产业布局；完善基础设施网络建设、推进城乡基础设施一体化；统筹城乡劳动力就业，建立统一的劳动就业制度；推进城乡社会事业协调发展、构建城乡均等化的公共服务保障机制。④ 陈峰燕（2008）

---

① 杨继瑞：《城乡一体化：推进路径的战略抉择》，《四川大学学报》2005 年第 4 期，第 5—10 页。

② 国务院发展研究中心、中国农村劳动力资源开发研究会：《"三化带三农"实现城乡一体化》，《经济研究参考》2005 年第 11 期。

③ 宋洪远、庞丽华、赵长保：《统筹城乡，加快农村经济社会发展——当前的农村问题和未来的政策选择》，《管理世界》2003 年第 11 期，第 71—77 页。

④ 国家发展改革委发展规划司：《统筹城乡发展，促进城乡经济社会一体化》，《宏观经济管理》2008 年第 6 期，第 18—22 页。

认为，要推进城乡发展一体化，必须从以下四个方面着手：以深化认识为出发点，正确处理城乡一体化中的辩证关系；以创新机制为切入点，拓宽城乡一体化的资金投入渠道；以完善政策为立足点，营造城乡一体化的良好环境；以城镇建设为着力点，优化城乡一体化的有效载体。[①] 此外，陆学艺（2009）指出，要贯彻落实统筹城乡经济社会发展，首先要使作为统筹主体的各级党委和政府对这一问题有明确的认识，其次要对现行的城乡体制机制进行改革，最后必须使这一战略任务在组织上得到落实。[②]

三、国内城乡发展一体化研究述评

回顾中国城乡发展一体化研究的历程，检视其三十多年来的成就与缺憾，在充分肯定成果的同时思考其不足，对于促进城乡发展一体化研究具有非常重要的意义。

1. 研究成就总结

第一，城乡发展一体化理论不断丰富、巩固和提高。三十多年来，学术界对传统城乡关系理论，尤其是以社会主义政治经济学为立论基础的"超工业化"理论（以普列奥布拉任斯基为代表）和"协调发展"理论（以布哈林为代表）展开了无数次的探讨与争论，澄清了一些模糊认识（如乡村和农业是否对推动社会经济发展具有不可或缺的作用），也丰富了这一领域中的相关理论。

无论农村经济体制改革，还是城市经济体制改革，抑或当下的统筹城乡改革，都是按照现代城乡关系理论并立足中国国情来规范和调整我国城乡关系的。改革开放以来，国外城乡关系理论的广泛引进，国内城乡发展一体化学理性探究的逐步开展，既拓展了我

---

① 陈峰燕：《城乡经济社会一体化的思路与对策》，《中共云南省委党校学报》2008 年第 10 期，第 103—105 页。

② 陆学艺：《破除城乡二元结构，实现城乡经济社会一体化》，《社会科学研究》2009 年第 4 期，第 104—108 页。

国城乡发展一体化研究的理论视野，又在原有成果的基础上巩固和提高了我国城乡发展一体化研究的整体水平。可以说，中国的城乡关系理论基本上突破了20世纪苏联城乡关系的理论分析框架。

第二，城乡发展一体化研究的中国化特征初步彰显。这里所说的中国化特征绝对不是简单的排外，而是指将中国的社会文化背景逐渐渗透到研究过程中，超越吸收和模仿西方传统理论的学习阶段，以综合创新的方式形成稳定的、具有中国特色的学术思想和学术范式，以此来考察国内城乡发展一体化的研究历程。三十多年来，在国内学者的研究中不乏彰显中国化特征的论述。

其一，概念的中国化特征。"城乡发展一体化"这个概念本身就淋漓尽致地体现了中国传统文化中的"中和"思想，最真实地反映了中国人民构想构建和谐社会的朴实愿望。

其二，学术立场的中国化特征。在学术研究中确立符合中国实际的研究角度和价值立场是彰显中国化特征的基本标识。在关于城乡发展一体化问题的众多论述中，黄平的主张较鲜明地体现了这一特点。他针对一些盲目运用西方传统理论去衡量中国城乡发展一体化发展的论述，尖锐地指出："不管指标多细，技术意义上多精确，都不能取代人们在其中的实际状态和身心感受。"因此，我们对中国城乡问题的观察和研究"应该是多维度、多取向、多重的，不应该是一维的"。①

其三，理论命题的中国化特征。理论命题是研究成果的重要表现形式。一方面，理论命题的逻辑结构中贯穿了源于一定社会文化环境的个性思维特征；另一方面，特定的个性思维特征在综合吸收各派理论成果的同时，必将准确凝练出深刻的理论命题。这一关系同样适用于城乡发展一体化研究。近几年来，理论界立足中国城

① 黄平：《城乡一体化是实现共同富裕的关键》，《人民论坛》2011年第22期，第42页。

乡发展实际，并根据中国城乡建设的经验，综合中西之长，理论命题的中国化趋势已渐显现。如赵勇立足中国国情，综合中西方发展经济学不同派别的观点，提出了富有中国特色的城乡购买力动态平衡论。[①] 黄坤明则以统筹城乡改革的实践思考引领理论分析的深入，总结提炼出富有浙江地域特色的城乡发展一体化演进路径——民本自发与政府自觉。[②] 所有这些都说明一个事实，即城乡发展一体化研究中的中国化特征正在逐渐得到彰显。

2. 研究的不足

第一，从研究阶段来看，20 世纪 90 年代中期以前对城乡发展一体化的研究多停留在表面问题上，系统总结和归纳的研究不多见。20 世纪 90 年代中后期至今，对城乡发展一体化问题进行的理论探索逐渐增多，并取得了一定的成果，但尚不系统与成熟。随着城乡统筹改革的深入推进，城乡发展一体化表现出较强的区域性和动态性，不同区域的发展模式、动力、机制和战略等不尽相同，城乡发展一体化的复杂性增加，理论的局限性日渐明显。

第二，从研究内容来看，我国经济社会发展地区差异显著，而这种差异性正是未来制定城乡发展一体化战略的重要出发点。然而，新时期城乡发展一体化的区域性差异分析在研究中显得较为欠缺。在国内现有的关于城乡发展一体化研究的文献中，重政策解读轻区域差异探究仍然是一个比较普遍的现象。实际上，城乡关系的发展变迁是离不开其所在区域背景的，无论在动力因素或是实现条件上，离开区域发展环境的解释都是不充分的，都难以全面而科学地筹划和指导城乡发展一体化的全局性问题。

第三，从研究方法看，目前，借鉴西方比较成熟的理论、运用多学科交叉综合方法对我国城乡发展一体化问题进行研究的成果

251

---

① 赵勇：《中国城乡购买力动态平衡论》，中国人民大学博士论文，2000 年。

② 黄坤明：《民本自发与政府自觉——城乡一体化在嘉兴的实践》，《农村工作通讯》2008 年第 24 期，第 6—9 页。

渐多，但是由于城乡发展一体化问题现实性很强，成果多为政策性建议。虽然这些研究对解决现实问题起到过积极作用，但真正切合中国城乡发展实际并高效推进城乡发展一体化进程的对策措施，以及具有中国特色的理论探索相对匮乏。加之我国城乡二元对立关系的特殊性和复杂性，如何构建并运用具有中国特色的城乡发展一体化理论，去研究中国城乡发展的实际问题，值得学术界继续思考。

第四，从研究手段来看，由于城乡尤其是乡村基础数据不够全面，定量研究多停留在运用自然条件、基础设施、城镇体系等刚性指标进行数量分析，而以社会整合度、凝聚力以及民众的归属感、认同感等软性指标展开量化分析的尚不多见，以在时间序列上对城乡社会经济发展状况以及生活在其中的社会公众在城乡发展一体化构建过程中的实际状态和身心感受作量化对比的就更少了。构建完善而系统的城乡发展一体化测评体系的研究亦较少，如对城乡发展一体化状况以及不同时期的动态监测，对城乡发展一体化进程进行科学预测等动态研究仍显薄弱。这些研究手段量化分析的不力，不仅抑制了中国特色城乡发展一体化理论的发展，而且也影响了研究成果的科学性。

第三篇　战略推进

第六章　城乡发展一体化的地位和作用

　　城乡发展一体化是深化改革的关键。本章主要论述全面深化改革中城乡发展一体化的具体地位和作用，其中地位体现在它是构建城乡之间、区域之间和谐关系的关键，是解决居民收入差距的关键，是缩小工农业差距的关键；作用体现在其有利于扩大内需、拉动消费，有利于促进社会稳定，有利于促进农民市民化、转变农民生活方式，有利于推动政府转型、创新社会管理，有利于保护环境等。

255

第一节　城乡发展一体化的地位

　　城乡发展一体化的地位是指城乡发展一体化在进一步深化改革中的功能、职责以及由此显示出的重要程度。城乡发展一体化是我国继续深化改革的新动力，是进一步推动我国经济持续发展的新引擎，是不断缩小城乡差距的有力保障，是城乡共享改革成果的前提条件。

　　城乡发展一体化自提出以来，经历了两方面的演变：第一，从"统筹城乡发展"到"新农村建设"。2002年，党的十六大在制定全面建设小康社会战略的同时，针对城乡二元结构提出了"统筹城乡经济社会发展"的方针。2003 年,党的十六届三中全会把"统筹城乡发展"作为科学发展观的重要内容,并将其列为五个统筹①之首。2004—2015 年,中央连续十二年发布关于"三农"问题的一号文件,并于 2005 年作出了建设社会主义新农村的战略部署。第二,从城乡一体化到城乡发展一体化。继党的十六大强调统筹城乡发展之后,2007 年,党的十七大提出要"建立以工促农、以城带乡的长效机制,形成城乡经济社会发展一体化新格局"。同年,国家批准成都和重庆作为统筹城乡综合配套改革试验区。2008 年,党的十七届三中全会指出,当前"中国总体上已进入以工促农、以城带乡的发展阶段,进入加快改造传统农业、走中国特色农业现代化道路的关键时刻,进入着力破除城乡二元结构、形成城乡经济社会发展一体化新格局的重要时期",并提出加快"建立城乡发展一体化制度。尽快在城乡规划、产业布局、基础设施建设、公共服务一体化等方面取得突破,促进公共资源在城乡之间均衡配置、生产要素在城乡之间自由流动,推动城乡经济社会发展融合"。2012 年,党的十八大报告指出,"解决好农业农村农民问题是全党工作重中之重,城乡发展一体化是解决'三农'问题的根本途径。加快完善城乡发展一体化体制机制,着力在城乡规划、基础设施、公共服务等方面推进一体化,促进城乡要素平等交换和公共资源均衡配置,形成以工促农、以城带乡、工农互惠、城乡一体的新型工农、城乡关系"。2013 年,党的十八届三中全会指出,"城乡二元结构是制约城乡发展一体化的主要障碍。必须健全体制机制,形成以工促农、以城带乡、工农互惠、城乡一体的新型工农城乡关系,让广大农民平等参与现代化进程、共同分享现代化成果"。

① 统筹城乡发展、统筹区域发展、统筹经济社会发展、统筹人与自然和谐发展、统筹国内发展和对外开放。

一部世界经济史既是一部世界城乡分离史，同时也是一部世界城乡融合史。从世界经济发展的角度看，城乡关系的历史演变，呈现"否定之否定"规律：先是城乡分离，城市快速扩张，农村衰落，农村的生产要素流向城市。在这一阶段，城市高度发达，农村相对落后，甚至萧条，过后是城市生产要素饱和，城市病出现，生产要素的收益下降，农村的优势逐渐显现，农村经济社会快速发展，城市的生产要素流向农村，促进农村快速发展，逐渐实现城乡融合，城乡发展一体化使城乡由非协调发展转变为协调发展。然而，当前我国城乡差距不断扩大，城乡矛盾已经成为社会的主要矛盾之一，所以，为促进和谐社会建设，党中央日益重视"三农"问题，采取积极措施促进农业、农村、农民的发展，以期尽快实现城乡发展一体化。

一、城乡发展一体化的一般地位

257

城乡关系是人类社会发展中最基本最重要的关系之一。马克思和恩格斯最早对城乡关系演变作出了客观的认识，他们认为在人类发展过程中，城乡关系要经历三个辩证发展的阶段：第一阶段，城市诞生于乡村，乡村是城市的载体，乡村在整个人类社会系统中占据主导地位；第二阶段，从工业革命开始，城市化进程加速，随着工业的发展，城市逐渐占据主体地位，且城乡在经济、社会、文化等方面的差异愈加明显，城乡分割、城乡对立等现象逐渐显露；第三阶段，随着城市化的深入发展，城乡间的依存度加强，城乡之间逐步走向融合，实现城乡发展一体化。马克思和恩格斯认为，城乡之所以会重新在更高级的形态上实现融合，是经济社会协调发展的客观要求。而对于"城乡融合"的实现途径，马克思在《共产党宣言》中强调，要"把工业与农业结合起来，促进城乡之间的对立逐渐消灭"。恩格斯在《共产主义原理》中提出，"通过消除旧的分工，通过产业教育、交换工种、所有人共同享受大家创造出来的福利，通过城乡的融合，使社会全体成员的才能得到全面发展"。①

之后，列宁和斯大林基于建设社会主义国家的时间经验，对城乡关系有了进一步的认识，认为城乡平等不仅包括平等生产条件，而且包括同等生活条件，指出消灭城乡对立和城乡差别是共产主义建设的根本任务之一，建立"城乡之间的结合"是党和国家实践的基本主题。② 斯大林认为只有工业和农业都实现了社会化，经济才能健康发展，他指出，"必须实行电气化计划，因为这是农村接近城市和消灭城乡对立的手段"。③ 可见，斯大林把生产条件上的平等看作是消除城乡对立、实现城乡发展一体化的途径。这一认识着重强调了科技进步对城乡发展一体化的推动作用。苏联时期建立的数以万计的集体农庄和国营农场就是城乡之间同时发展的最有利证据。此外，斯大林还否定了恩格斯"大城市毁灭"的观点，认为随着城乡对立的消灭，不仅大城市不会消灭，并且会出现新的大城市，它们是文化最发达的中心。它们不仅是大工业的中心，而且是农产品价格和一切食品工业部门强大发展的中心。这种情况将促进全国文化的繁荣，将使城市和乡村具有同等的生活条件④、工业和农业之间的本质差别消灭，但不能引导它们之间任何差别的消失。由此不难看出，斯大林眼中城乡对立消灭，不是它们之间一切差别的消失，而是城乡、工农之间所有制本质差别的消灭，从而使城市和乡村具有同等的生活条件。⑤

西方学者也提出了关于城乡关系的一系列理论。1898 年，英国城市学家埃比尼泽·霍华德提出了田园城市理论，他把兼有城市

---

① 《马克思恩格斯选集》第 1 卷，人民出版社 2012 年版，第 308 页。

② 黄坤明：《城乡一体化路径演进研究：民本自发与政府自觉》，科学出版社 2009 年版，第 1 页。

③ 斯大林：《斯大林选集》（上卷），人民出版社 1979 年版，第 355 页。

④ 斯大林：《斯大林文集》，人民出版社 1985 年版，第 617 页。

⑤ 斯大林：《苏联的社会经济问题》，人民出版社 1961 年版，第 22 页。

和乡村优点的理想城市称为"田园城市"。该理论强调把城市和农村作为一个整体来发展，通过对资金来源、土地分配、城市财政收支和田园城市经营进行科学的管理，使二者相互补充，共同发展。1902 年，霍华德在《明日的田园城市》一书中提出了城乡磁石（Town-Country Magnet）的概念，倡导用城乡一体的新社会形态来取代城乡对立的旧社会形态。他认为，"城市和乡村都各具有其优点和缺点，而'城市—乡村'则避免了二者的缺点，城市和乡村必须结合，这种愉快的结合将迸发出新的希望、新的生活、新的文明。"[①] 通过对"城市""乡村""城市—乡村"三块磁铁的描绘，他形象地阐述了"城乡一体化"观点，用城乡一体的新社会形态来取代城乡对立的旧社会形态。这一理论对西方发达国家产生了重要影响，一度成为世界所推崇的重要模式之一。

加拿大学者麦基基于第二次世界大战后亚非拉发展中国家的城市发展特点，在考察东南亚若干大城市的基础上，于 20 世纪 80 年代提出了"Desakota"理论。他认为，"Desakota"是一种以区域综合发展为基础的城市化现象，它们一般处于大城市之间的交通走廊地带，借助城乡之间强烈的相互作用，带动劳动密集的工业、服务业和其他非农产业的迅速发展，实现了居民职业活动和生活方式不同程度的转变。麦基的这一理论向西方国家传统的以大城市为主导的单一城市化模式提出了挑战，尤其是对城乡之间相互作用和双向交流的论述，为许多发展中国家的城乡发展一体化研究提供了新的思路。

马克思主义者和西方学者都认为城乡在生产发展和生活条件上应该是协调的、同等的。所不同的是，马克思主义者认为，城乡发展一体化是生产力发展到一定阶段的必然产物，并从战略高度科

259

---

① ［英］比尼泽·霍华德：《明日的田园城市》，金经元译，商务印书馆 2000 年版，第 2 页。

学地预测了城乡关系的走向；而西方城市学家则是从实用主义角度入手，主要研究城乡发展一体化的具体操作。但他们共同表明，走向城乡协调发展是一个国家或地区经济社会发展的最终选择和必然结果，城乡发展一体化在社会发展中起着至关重要的作用。

二、城乡发展一体化是进一步深化改革的关键

马克思说，"城乡关系的面貌一改变，整个社会的面貌也跟着改变"。① 由于城乡之间存在的原有差距和改革开放以来城乡差异化政策的作用，虽然我国国民经济得到了一定的发展，但城乡关系的矛盾也不断凸显，集中表现在空间上的城乡分割和内容上的经济社会发展失衡两大方面，这严重阻碍了生产要素在城乡之间的自由流动，影响了农民市民化、农业工业化、农村城市化的进程，不利于城乡经济社会的全面协调发展。而中国在进一步深化改革中强调和谐、强调一体化发展，所以，消除城乡分割、解决城乡经济社会失衡，实现城乡发展一体化，是当前乃至今后相当长的一段时间内我们工作的一项重要内容，对继续深化改革具有重要意义。可以说，城乡发展一体化是进一步深化改革的关键，对构建社会主义和谐社会有不可替代的作用。

1. 城乡发展一体化是构建城乡间、区域间和谐关系的关键

城乡和谐是构建和谐社会的一个重要内容。中国作为一个发展中国家，不仅有典型的二元经济结构的特征，而且受前改革时代政策的影响，一定程度上加深了城乡分离，扩大了城乡差距，使得农村被边缘化，"三农"问题更加严重。早在新中国成立初期，政府通过建立以二元户籍制度为核心，包括就业制度、福利保障制度、教育制度、公共事业投入制度等在内的社会制度体系，铸成了一个城乡长期隔绝的二元社会结构格局，它严格地限制农村人口向

---

① 《马克思恩格斯选集》第 4 卷，人民出版社 1958 年版，第 159 页。

城市流动，使城乡关系逐渐偏离利益统一和协调发展的轨道。并且，在这种格局下，城乡间工农阶级利益矛盾逐渐演化，对新中国的全面健康发展形成了结构性制约。

改革开放后，城乡关系虽曾一度有所缓和，但随后受一系列因素影响，新的矛盾和问题凸显，如农民增收困难、农民的人均负担加重、农民工就业歧视问题严重等，集中体现为城乡居民收入差距的急剧扩大。城乡关系不和谐严重制约着农村社会经济的发展，进而影响到城市经济的持续发展、城乡关系的协调以及社会的稳定，已经成为目前我国社会不和谐因素中最突出和最集中的表现，统筹城乡发展已到了非实行不可的地步①。重点推进城乡发展一体化进程，是实现城市反哺农村、工业反哺农业、城市人群反哺农村人群，保证城乡生产和生活条件平等，实现城乡要素自由流动的关键所在，最终通过工农互促、城乡互促实现城乡和谐发展。

改革开放以来，国民经济发展在取得了重大成就的同时，由于区域间政策、地理位置等的空间差异，区域间差距不断扩大。以人均地区生产总值为例（见表6-1），将31个省区市划分为四档，其中人均地区生产总值超过50000元的，除内蒙古外，其余均是东部沿海省份，其中人均地区生产总值最高的天津是最低的贵州的4倍多，可见区域发展的不协调程度。所以，在进一步深化改革中，要不断加强区域合作，在互动中实现优势互补，在互动中共同发展。首先，在生产经营活动中构建地区间的竞合机制，在竞争中实现合作，在合作中实现双赢，走出前改革时代的低层次恶性竞争怪圈；其次，建立地区间的长期合作平台，实现区域经济一体化，缩小行政区划的功能与作用，扩大经济区划的功能与作用；最后，完善区域合作机制，建立专门的、长期性的区域合作组织平台，以实

261

---

① 石玉顶:《马克思恩格斯关于城乡统筹发展的思想及其启示》,《经济学家》2005年第6期, 第29—30页。

现区域的协调发展。①

表6–1　　2013年各省区市人均地区生产总值

(单位：元)

人均地区生产总值	各省区市
90000—100000	天津、北京、上海
50000—80000	江苏、浙江、内蒙古、辽宁、广东、福建、山东
30000—50000	吉林、重庆、陕西、湖北、宁夏、河北、黑龙江、新疆、湖南、青海、海南、山西、河南、四川、江西、安徽、广西
20000—30000	西藏、云南、甘肃、贵州

资料来源：《中国统计年鉴（2014）》。

2. 城乡发展一体化是解决城乡居民收入差距的关键

我国居民收入分配差距在不同层面呈现出逐步扩大的趋势，而城乡收入差距是造成这一趋势的主要根源。20 世纪 90 年代以后城乡收入差距日益扩大，如果把城镇居民的医疗补贴、教育补贴、失业保险等因素考虑在内，城乡收入差距将会更大。而国际发展经验表明，当人均 GDP 达到 1000 美元左右时，收入差距的继续扩大将会显著影响经济的长期增长，而且是社会不稳定的潜在因素。前改革时代我国经济一直保持着高速增长，GDP 增长率一直保持在 8% 以上，但城乡居民收入水平的实际增速明显慢于 GDP 和人均 GDP 的实际增速（见表6–2），并且城乡居民的收入增长率也有所差异，城市整体上快于农村。

在进一步深化改革的过程中，城乡发展一体化是增加农民收入、缩小城乡差距的关键所在。

---

① 白永秀：《由"前改革时代"到"后改革时代"》，《西北大学学报（哲学社会科学版）》2010 年第 2 期，第 5—6 页。

表6-2 城乡居民收入、GDP、人均GDP的实际增长率

(单位: %)

年份 \ 实际增长率	GDP	人均 GDP	城镇居民可支配收入	农村居民人均纯收入
2003	10.0	9.4	7.2	3.3
2004	10.1	9.4	4.0	4.7
2005	10.4	9.8	7.3	6.8
2006	11.6	11.1	8.2	6.4
2007	13.0	12.5	9.1	7.5
2008	9.0	8.4	6.7	7.2
2009	8.3	9.3	8.8	8.3
2010	10.0	8.7	7.5	9.7
2011	9.2	8.8	8.4	11.4
2012	7.8	7.13	9.6	10.7
2013	7.7	7.13	7.0	9.3
2014	7.4	—	6.8	9.2
1978—2008	9.8	8.6	7.7	6.8
1998—2008	9.8	9.1	7.5	4.6
2000—2008	10.2	9.5	7.6	5.3
2000—2010	9.8	9.2	7.9	7.2
2011—2014	8.0	—	8.0	10.2

资料来源: 历年《中国统计年鉴》。

第一，城乡发展一体化有利于增加农民的工资性收入。县域是城乡的结合部，是统筹城乡经济社会发展的最佳结合点，城乡发展一体化有助于推动县域经济发展，从而有效促进城镇的产业集聚、人口集聚和农民职业分化，引导农村剩余劳动力向非农产业转移，促进农民转移就业，最终建立城乡一体的人力资源市场，实现对农民工的职业培训，从而提高农民工的就业能力和创业能力。所

263

以，城乡发展一体化能有效地利用农村的劳动力资源、全面提高农民的素质，促进农业和非农产业的发展，最终利于增加农民的工资性收入。

第二，城乡发展一体化有利于增加农户家庭经营收入。农村分散的经营方式已经无法与当前社会化大生产相适应。城乡发展一体化能打破城乡分离的工业化模式，通过坚持以市场为导向、以科技为动力、以农业的科学经营管理为理念、以农产品生产基地为基础的原则，形成农业的主导产业，促进农业技术的提高，实现农业产业化经营，壮大农产品生产的龙头企业，最终走农业产业化道路，增强市场竞争力，有效提高农户的家庭经营收入。

第三，城乡发展一体化有利于增加农民的财产性收入。进一步深化改革将完善土地资源配置的市场机制，依法保障农民对土地的占有、使用、收益等权利。通过完善土地承包经营权流转机制，使得农民按照自愿有偿原则处置自己的土地，既有利于发展多种形式的规模经营，又从根本上保障了农民的土地权利，促进农民财产性收入的增加。

3. 城乡发展一体化是解决工农业差距的关键

前改革时代，农业及农村改革始终是中国社会主义初级阶段改革发展的开路先锋。中国奇迹的缔造离不开农村改革发展的一系列创造性探索，如统分结合的双层经营体制、乡镇企业的异军突起、农村劳动力转移就业。但是，我国改革发展的巨大成果并未在工农业之间实现共享，相反30年来城乡差距呈现拉大趋势。在党的十七届三中全会上，总结了十一届三中全会以后30年来我国农村改革发展的光辉历程和宝贵经验，同时就如何加快推进社会主义新农村建设，大力推动城乡统筹发展作出指示。统筹城乡经济社会发展，作为一种全新的发展理念，要求以政府行为为主导，通过统筹方式处理好新时期的城乡关系，实现城乡、工农协调发展。

由于城乡二元结构长期存在，且不可能在短期内予以消除，一些问题的解决，可能需要长时期的过程，一些矛盾的化解，也需要采取过渡性的中间制度安排，还有一些矛盾和问题则是在推进城乡统筹过程中才逐渐暴露的。在前改革时代，存在着农业基础薄弱、工业素质不高、第三产业发展滞后的产业关系不协调问题。进入 20 世纪 80—90 年代，伴随着改革开放，在城乡分离的基础上又出现了经济高速发展、社会问题日趋突出的现象，不但形成了城乡分离的格局，也形成了经济与社会分离的格局。针对这种格局，进入 21 世纪，我国提出要"加快完善城乡发展一体化体制机制，着力在城乡规划、基础设施、公共服务等方面推进一体化，促进城乡要素平等交换和公共资源均衡配置，形成以工促农、以城带乡、工农互惠、城乡一体的新型工农、城乡关系"。因此，要解决好工农关系和城乡关系，关键在于城乡发展一体化。

在进一步深化改革中要解决好三大产业的关系就必须做好三个方面的工作：第一，必须大力加强第一产业，因为农业是国民经济的基础。第二，调整和提高第二产业，因为工业是整个经济发展的主要带动力；第三，积极发展第三产业，因为第三产业兴旺发达，是现代化的重要特征。这三个方面的重中之重是第一产业，它是所有产业的基础，但农业问题不是一个单一问题，它又集中反映为"三农"问题。解决"三农"问题的实质，是要解决农民增收、农业增长、农村稳定。因此，从产业地位角度看，城乡发展一体化是解决"三农"问题的关键核心所在。

城乡发展一体化的性质就是要求城乡和谐统一协调发展，最终形成以城市为中心、小城镇为纽带、乡村为基础，城乡依托、互利互惠、相互促进、协调发展、共同繁荣的新型城乡关系。经过前改革时代，中国已经进入工业化中期阶段和城镇化快速发展时期。就农业和农村本身而言，也已进入了一个新的发展阶段。农业在国内生产总值中占的比重越来越低，农民收入增长来源由农业逐渐转向非农产业。当前，工业化、信息化、城镇化、市场化、国际化深

265

入发展，农业和农村正经历着深刻变化。我们必须立足于全局、立足于长远、立足于全球，用战略眼光对农业、农村形势进行前瞻性分析，准确把握农业和农村正在发生的重大变化，把握好农业、农村发展面临的机遇，清醒认识制约农业和农村发展的深层矛盾和问题。总体来说，在革命、建设、改革各个历史时期，我们党始终高度重视、认真对待、着力解决"三农"问题，因为它关系到党和国家事业发展全局，是我们走向现代化进程中最艰巨的任务，也是全面建设小康社会面临的最大难题。关心农民、支持农业、发展农村，不仅是一个现实问题，也是理论问题；不仅是一个经济问题，也是政治问题。城乡发展一体化的性质决定了其是解决"三农"问题的关键，也是解决"三农"问题的总体政策。

第二节　城乡发展一体化的作用

改革开放以来，中国经济增长的奇迹主要表现在数量上，形成了"高数量、高速度、低质量、低效益"的特征。中国经济在高速增长的同时，由于二元经济结构的影响，一些矛盾和问题也逐渐暴露出来，包括经济增长的结构性矛盾比较突出、经济增长的不稳定因素仍然存在、经济增长的成果分配不和谐、经济增长的模式尚未根本改变、经济增长的代价依然较高、国民经济素质和经济竞争力有待提高等。

进一步深化改革过程中，我们要全面建设小康社会，其重点和难点都在农村。要全面建设小康社会，就必须实现城乡的全面繁荣。城市的发展要以农村经济的繁荣为后盾，而农村的繁荣也离不开城市的强势带动。只有将城乡经济作为统一的整体，统筹协调发展，全面建设小康社会才有保障。同时，在进一步深化改革中构建社会主义和谐社会的总体目标就是要扩大社会中间层，减少低收入和贫困群体，理顺收入分配秩序，加大政府转移支付力度，努力改善社会关系和劳动关系，正确处理新形势下的各种社会矛盾，建立更加幸福、公正、和谐、节约和充满活力的全面小康社会。可见，理顺城乡关系，实现城乡的和谐发展，构建"以城带乡，以乡促城"的局面，是构建和谐社会的基础和重要组成部分。在进一步深化改革中，我们要继续保持经济的稳步增长，并且提高经济增长的质量，要进一步打破城乡二元结构，实现产业结构的转变，促进城乡经济、政治、文化协调发展。城乡发展一体化作为进一步深化改革的关键，对经济社会发展将发挥巨大的作用。

一、有利于扩大内需

我国改革开放三十多年来一直以出口和资本形成（投资）为主导拉动经济增长，外生增长一直是主体，内生增长长期不足。1978—2008年，我国出口平均增速23.8%，加入世界贸易组织后，2001—2008年平均增速24.2%；受2008年国际金融危机影响，2009年较2008年出口增速明显下降，全年负增长16%。2010年，我国外贸进出口总值29727.6亿美元，比上年增长了34.7%。其中，出口15779.3亿美元，增长31.3%；进口13948.3亿美元，增长38.7%；贸易顺差为1831亿美元，同比减少6.4%。到2013年，我国外贸进出口总额已达到41589.9亿美元，比上年增长了7.5%。其中，出口22090亿美元，增长7.8%；进口19499.9亿美元，增长7.2%；贸易顺差为2590.1亿美元，同比增加12.4%。2014年全年进出口总额264335亿元人民币，比上年增长2.3%。其中，出口143912亿元人民币，增长4.9%；进口120423亿元人民币，下降0.6%；进出口相抵，顺差23489亿元人民币。[1] 可见，近年来我

---

① 2013年数据及以前年度数据来自历年《中国统计年鉴》；2014年数据来自中华人民共和国国家统计局：《2014年国民经济在新常态下平稳运行》。

国进出口总额增速回落，外生增长动力下降。同时，中国社会科学院人口与劳动经济研究所发布的题为《中国就业增长与结构变化》的报告，认为目前我国的劳动力供给结构已经从劳动力过剩向劳动力供给平衡乃至短缺转变，也就是说农村劳动力供给以达到"刘易斯拐点"。2004 年，珠江三角洲就开始出现以"民工荒"为表现形式的劳动力短缺。近年来，劳动力短缺表现更加明显，数量型人口红利逐步弱化，劳资矛盾不断上升，直接造成了劳动力推动型引起的通货膨胀。因此，可以大胆预测，这是一个低成本出口时代的结束。

在这些外部环境影响下，我国内需增长面临着更加巨大的压力。近年来，消费增长初步显现。2010—2013 年中国支出法 GDP年均名义增长 13.4%，资本形成额年均增长 13.1%，最终消费年均增长 14.6%，最终消费增速快于经济增长 1.2 个百分点，快于投资增速 1.5 个百分点。我国的最终消费率虽然在 1978—2010 年之间螺旋式下降，但在 2011 年以后，呈现逐渐增长趋势。2010 年我国最终消费率为 48.2%，2011 年增长至 49.1%，2012 年为 49.5%，2013 年为 49.8%。但是，消费率增长速度缓慢，广大农村居民的消费潜力还未充分挖掘出来。城乡发展一体化将对挖掘农村消费潜力，塑造消费主导的增长模式起到极大的促进作用。

二、有利于社会稳定

随着经济的快速发展，由此而引发的多元利益主体之间的利益矛盾、利益冲突开始增加，并以复杂化、尖锐化的方式不断地出现在社会的各个方面，不仅冲击着一个时期以来全社会已经形成的改革与发展的共识，而且还使政府的执政理念发生重大转变。主要体现在，第一，全社会开始高度重视各地出现的以利益纠纷为主要内容的社会矛盾，并把它们视为影响中国未来经济与社会发展的关键问题；第二，各级政府工作的重心，开始由经济工作第一，向注重协调社会关系、维护社会稳定方面转移；第三，以什么方式解决影响社会稳定的各种利益矛盾与冲突，正在成为全社会共同关注的一个焦点。

深化改革时期，我们要构建和谐社会，正确反映和兼顾不同方面群众的利益。城乡发展一体化必然对社会的平稳发展和构建和谐社会起到重大作用，其主要体现在以下几方面：

1. 有助于建立统一的社保体系

在城乡基本公共服务均等化下，通过制度并轨和整合，全面将城乡居民纳入社会保障覆盖范围，逐步把城乡分设的社会保障发展成为"制度合一、服务衔接、功能配套"的保障体系。第一，医疗保险方面，使城镇职工基本医疗保险、城镇居民基本医疗保险和新型农村合作医疗三网并行，三网并两网、区域统一，直到实现全国统一的国民健康保险制度，最后实现公平、普惠的医疗保险目标。同时，防止对弱势群体的参保排斥，加大医疗救助力度，提高保障水平。第二，社会救助方面，城市居民最低生活保障制度与农村居民最低生活保障制度实现并轨，形成我国城乡居民最低生活保障制度，择机逐步扩展到城乡社会救助项目的医疗救助、教育救助、灾害救助、住房救助和司法援助等项目，最终形成我国城乡社会救助的一体化。第三，在养老方面，统筹城乡养老保障体系，改革机关事业单位退休金制度，建立公职人员养老保险制度和城乡老年津贴制度，将农村计划生育户、双女户的老年人奖励辅助津贴制度向新农保制度或城乡居民老年津贴制度转轨，实现城乡居民养老保险制度、公职人员养老保险制度和职工保险制度的并轨，最终形成统一的国民基本养老保险制度。

2. 有助于统一公共服务体系

进一步深化改革中，要通过城乡发展一体化不断缩小城乡公共服务的差距，最终实现公共服务均等化。第一，有助于建立统一的教育体系。资本和技术都是促进经济发展的重要因素，其中最活

跃、最具能动性和长期起作用的是人力资本。农民知识化是农业现代化的关键。提高农民的文化知识和技能水平，既是农业现代化的目标，同时也是实现该目标的可靠保证。随着进一步深化改革中城乡发展一体化的推进，有利于巩固并发展农村基础教育，有利于大力发展农村职业教育。今后高中阶段教育增量主要来自农村学龄人口，城乡发展一体化将为普及农村高中阶段教育创造基础条件。第二，有助于统一规划，统一基础设施标准。长期以来我国一直注重城市基础设施的建设，忽视农村基础设施的供给，在很大程度上制约了农业产业化的实现、农民生活条件的改善以及农村经济的可持续发展。同时，受传统的工业优先发展战略和城乡二元经济结构影响，再加上农业自身积累能力弱，当前我国农村基础设施的供给现状并不乐观，基础设施建设中还存在很多问题。城乡发展一体化有利于增加农村基础设施投入，改善农业基础设施投入结构，规范农业基础设施管理。

三、有利于促进农民工市民化

农民工市民化是指农民进入城市就业并长期生活，成为城市新市民和逐步融入城市的过程。从我国农民工流动的一些主要特征来看，农民工市民化进程已经有了现实的基础。第一，农民转移就业的稳定性得到显著提升，流动的"家庭化"趋势明显。常年在外务工的农民工已经占到较大比重，举家外出、完全脱离农业生产和农村生活的农民工已经占到一定比例。根据国家统计局资料，截至2014年末，农民工总量27395万人，比2013年增加501万人，增长1.9%，其中，本地就业农民工10574万人，增长2.8%，外出就业农民工16821万人，增长1.3%。[1] 第二，新生代农民工成为主体，

①　数据来源于中华人民共和国国家统计局：《2014年国民经济在新常态下平稳运行》。

融入城市的意愿强烈。目前，20 世纪 80 年代以后出生的、年满 16 周岁以上的青年农民工已经超过 1 亿人，成为农民工的主体力量。新生代农民工对土地的情结弱化，思想观念、生活习惯、行为方式已日趋城市化。目前，大量农民工不能沉淀在城镇，工业化进程与农民工市民化进程相脱节，成为严重制约城乡协调发展的一个突出矛盾。

进一步深化改革中城乡发展一体化将有利于农民转变生活方式。

第一，劳动领域生活方式的转变。首先表现在土地利用方式的变化，即人们对土地索取方式及土地产品结构的变化。生产的主要目标从粮食自给转向追求经济收益，从自给自足的封闭状态变成开放状态。其次是农民劳动范围扩大，由耕作几亩土地到进入城市，为城市建设作出了巨大贡献。最后，农民职业范围扩大，农民除了种田以外，现在可以一边在城市打工，一边在乡镇企业从事非农职业；即使是留在农村的，也越来越多地在农闲时从事如纺织、烧砖瓦、修理以及运输业、商业、服务业、加工业等非农职业。

第二，消费领域生活方式的改变。一方面，农民消费水平从温饱型向小康型发展。在计划经济时代，农民无法充分满足自己的消费需求，消费水平低，柴米自家产，油盐鸡蛋换；而现在随着土地承包经营，或者到城镇寻找从事非农产业的机会增加，农民的收入也增加了，消费也随之向小康型发展。另一方面，消费结构由"生存型"向"发展享受型"转变。当前，农民在吃方面已由"求饱"转向"求营养"。同时，城乡发展一体化加大了农民对知识的需求，使得富裕的农民在文化、教育方面的支出和消费也呈现不断上升的趋势。

第三，社会交往方式的变化。一方面，交往对象由亲缘、血缘逐步转向业缘。我国农民的传统交往是建立在亲缘、血缘的基础上，交往中感情因素较浓。改革开放以来，建立在行业共同利益上的交往已成为农民生活的重要组成部分。另一方面，交往范围已由过去村与村、镇与镇发展为农村与大城市的交往。这与大量农村剩余劳动力流向城市，从事非农业的机会增大是密切相关的。

第四，婚姻生活方式的变化。我国农村长期以来通婚圈的大小一般都是以乡镇为范围，跨乡镇特别是跨县通婚的现象极少。当前，随着户籍制度改革对农村劳动力流动限制的放宽，农村青年在大城市与农村之间频繁流动，生活空间的扩大，必然拓宽其原有的社会交往面，再加上从事非农职业机会的增多所激发的独立性，以及城市青年爱情、婚姻、家庭生活方式的熏陶，他们在婚姻生活方式上更多选择自由恋爱，并以此为基础走进婚姻殿堂。

第五，农民文化娱乐生活方式的变化。过去，农民的文化生活单一贫乏，户外露天电影、户内电视就是他们全部的闲暇生活。今天在许多富裕起来的农村，建立了文化活动中心，有图书室、球类室、歌舞厅，成立了农民业余剧团、电影放映队、秧歌队等。农民在劳动之余陶冶了情操，净化了心灵，文明健康的生活方式进入了每个家庭，琴棋书画已成为富裕起来的农民的新追求。[1]

四、有利于推动政府转型

进一步深化改革中城乡发展一体化要大力推动政府转型，不断创新社会管理，即打破长久以来以城市为中心的行政管理模式，要逐步形成城市支持农村的政府间合力，整合中央政府支农资源，加大省级政府统筹城乡发展一体化的力度，探索市县政府在城乡发展一体化中的作用和角色。一直以来，我国政府管制功能过强，"强国家、弱社会"的社会管理形态塑造了一个凌驾于社会之上的政府本位、官本位的官僚系统，它与经济转型、社会转型不相适

---

① 夏建文：《我国农村改革中农民生活方式的变化与积极作用》，《农业现代化研究》2006 年第 9 期，第 353—359 页。

应，已经影响了政府的社会控制能力。因此，为适应农村公共服务供给与管理的需要，政府的管理形态也要作出相应的调整，要强化公众服务导向，突出社会本位、民本位，积极回应公众需求，建立一个开放式、互动式的政府。

第一，政府职能转型首先应体现为政绩观的转变。城乡统筹发展最终要反映在居民生活质量、环境质量的提高和制度公正与机会均等等社会发展指标上，所以这些指标应尽快成为评价各级政府政绩的重要内容，并且不断深化它对全体官员的激励和约束。

第二，政府聚财方式的转变。由以往主要通过生产型增值税转向主要通过消费型增值税，即从生产环节转向消费环节、财富环节去思谋财政收入，告别只要多上生产项目就等于多增加财政收入的施政逻辑。从财税制度上促使政府不再醉心于大张旗鼓的生产型投资、垄断资源配置；不再将财政资金当作资本使用，进入竞争性行业；将着力点放在改善民生、调控社会贫富差距、拓宽市场活动空间，以及在流通领域、消费领域构建更加和谐的社会环境上。

第三，政府投资方向的转变。由以往主要投资于企业项目转向把主要精力和财力集中到夯实国家经济基础的重大项目，根据城乡统筹规划提供一体化所需要的公共产品，包括使城乡共同受益的健康与教育设施、公共交通、环境卫生、安全饮用水等，甚至可以通过购买服务，引导和影响企业投资和私人投资，实现政府财政效力最大化。这样，就可以最大限度地调动全社会力量投入清水工程、蓝天工程、宁静工程、家园工程等民生事业，迅速而有效地缩小城乡差距，解决二元经济结构下长期困扰我们的人与自然、人与社会失衡发展的问题。

第四，政府干预目标的转变。由通过政策倾斜的方式鼓励一部分人、一部分地区先富起来转向依靠制度保障、政策调整和长效机制建设，保护弱势群体、落后地区的基本利益不受侵害，不因经济社会的发展而被边缘化。同时，继续采取有效措施调整城乡经济

273

结构，疏通市场渠道，培育一体化市场，建立社会信用制度，将农村信息制度建设纳入地方政府基本职责范围。此外，不仅要对市场竞争本身作出法律规范，还要对市场竞争可能产生的外部性问题作出法律规范。

第五，政府维护自身利益方式的转变。政府作为社会生活中的利益主体不同于那些市场运行中的利益主体。政府以地生财的获利动机及其与农民博弈争利的行为，既损害了自身形象，又扭曲了市场规则，直接伤害了本应受到保护的弱势群体。通过剥夺农民对土地增值收益分配权来维护政府自身利益的方式是本末倒置的，应当坚决禁止，重新回到依法征税，不直接干涉土地经营，从而确保其他利益主体的博弈能够健康公正进行。

第六，政府管制区域经济发展的权力层次的转变。为了摆脱目前对农村基层政府腐败现象既难施章法又缺少办法的窘境，控制治理行为和经济行为"灰色化"倾向的蔓延，管制区域经济发展的权力单位应由乡镇政府上升为县市级政府；加快行政层级扁平化，强化区域意识，使政府的调控作用更加宏观化，便于在县市范围内统筹协调，进而降低行政成本①。

五、有利于保护环境

改革开放以来，我国的经济得到全面飞速发展，尤其是农村经济实现快速增长，为其他各产业提供了坚实的物质基础。但伴随着经济的增长也带来了一系列的污染问题。近些年来，人们开始注重环境保护，但一直以来都忽视了农村地区的环境保护，导致农村的环境污染和破坏日渐严重。如果任其发展下去，农村的环境污染将成为我国经济进一步发展的制约因素。城乡发展一体化将更好地

---

① 张国平、邱风：《基于再分配改革与政府转型的城乡统筹发展思考》，《经济学家》2006年第6期，第56—63页。

实现城乡环境统一规划、财政统一支持、基础设施一体化、社会管理一体化、公共服务一体化等，这样可以实现最大限度地保护土地资源、生态环境和人居环境。

1.有利于保护土地资源

农村土地资源在我国国民经济中的基础地位是由其所承担的基本功能决定的，而且这种基本功能又是其他任何资源都不能取代的。农村土地资源保护是我国实现国民经济可持续发展的一项长期而艰巨的任务，保护我国的农村土地资源，并促使其实现可持续利用就是保护我们中华民族的生命线。截至 2010 年年末，中国约有耕地 18.2672 亩，比 1997 年的 19.4912 亩减少 1.2372 亩。[1] 据 2009 年末的第二次全国土地调查数据显示，全国人均耕地约 1.52 亩，不到世界平均水平（3.38 亩）的一半。[2]

城乡发展一体化使劳动力大量流动，使农业劳动力耕种面积增加，从一定程度上缓和人多地少的尖锐矛盾，减轻了人口对土地和自然资源的压力，对由于生态环境较差导致的贫困起到一定的缓解作用。另外，一些地区原来一直存在着村民挖虫草、挖野生药材、捡拾发菜等现象，随着外出流动人数的增加，这一现象大范围减少。同时，城乡发展一体化还有利于建立健全环境保护机制，具体来说：一方面，城乡发展一体化有利于健全农业生态建设保护长效机制，会继续推进天然林保护、退耕还林等重点生态工程，延长工程实施期限，加强重点流域、区域的水土保持和水土流失治理，加强水生生态修复建设，扩大防沙治沙工程实施范围。加强对农业生态环境的监测和农业生产投入品的管理，加强畜禽粪便无害化处理和资源化利用，加大农村面源污染治理力度。另一方面，城乡发

275

---

① 《我国目前耕地面积约 18.2672 亩，十年减少 1.2372 亩》，新华网，2011 年 2 月 24 日。

② 《中国人均耕地降至 1.52 亩，不到世界人均水平一半》，中国网，2013 年 12 月 30 日。

展一体化有利于推动农村合理规划合理布局，形成农民的适度集中居住，是宅基地集约化利用的重要体现。通过"拆院并院"、宅基地整理，将使农户适度集中起来居住，将多余的宅基地复耕，可以扩大耕地面积。

2. 有利于保护生态环境

随着农村工业化步伐的加快，城市工业向农村转移，农村的环境污染逐年增加。在城市环境日益改善的同时，农村环境问题一直都是我国经济社会建设中的难点和重点问题。尤其是在工业化、城镇化程度较低的农村，农村生态环境污染已经严重阻碍农村的社会发展和农民生活环境的改善。

进一步深化改革中城乡发展一体化将从以下几方面保护农村生态环境：第一，加大对天然草原植被恢复工程、退牧还草工程等的支持力度，加大自然保护区建设和生物多样性保护力度。加大财政转移支付中的生态补偿力度，提高资源税、费征收标准，调整分配比例，增加资源开发地政府财政收入和当地群众的收益，建立生态效益补偿制度。第二，转变农村经济增长方式，推广生态农业，防治农业污染。第三，统筹城乡环保资源，按照"公共服务均等化原则"加大农村环保投入、改善农村环保设施是解决农村环境问题的基础。第四，重视农村环境管理机构建设、培育农村民间环境保护组织是解决农村环境问题的组织保障。

3. 有利于改善农村人居环境

农村人居环境是农村人口赖以生存的基地，是农村人口利用自然、改造自然的主要场所，是其生存和发展的基础条件。进一步深化改革中城乡发展一体化应做到以下几方面以改善农村人居环境。

第一，继续加大对农村基础设施的投入比重，改善农村人居生存环境。按照"工业反哺农业，城市支持农村"的要求，继续加大对农村基础设施的投入比重，切实增加公共财政对农村基础设施的供给投入。政府应在预算中安排一定资金用于农村环境卫生基础设施建设，重点加强农村自来水以及水污染处理系统、垃圾处理系统、农村改厕和畜禽粪便处理、乡村绿化等的建设，加强农村环境危害控制，改善农民的生存环境。此外，农村基础设施建设，要结合当地实际情况，充分考虑农民需求和生活习惯，同时做好维护和管理，要使这些基础设施建设能够做到惠民、便民和利民。

第二，统筹环卫事业发展，实现城乡垃圾处理系统一体化。要完善农村人居环境建设体系，使之统一化、规范化和高效化。要加快农村环卫基础设施建设，统筹城乡环卫事业发展，要把农村垃圾处理纳入城市环保系统之中统一规划和管理，实现农村垃圾处理规范化、装备化、组织化。同时要加强农村环保队伍建设，组建相应的环境保护机构，配备专职环保工作人员和技术人员，并且聘请村级环保协管员，延伸环保管理链，实施县、乡、村三级环境保护联动机制。此外，环卫工作人员可在当地农村招聘，可优先考虑家境困难的村民，一方面增加他们的收入来源，另一方面解决了环卫工人配备的问题。

第三，加强科学规划与管理，建设绿色宜居村庄。首先，要按照统筹城乡发展的要求和城乡绿化一体化的思路，从农村环境整治、自然生态平衡和农村经济可持续发展入手，制定科学的、高质量的新农村绿化规划。要善于利用各地特定的地理环境、不同的气候条件、自身的历史传统、农民的切实需求等，针对不同情况采取不同措施，力争形成一村一景、各具特色的新农村绿化格局。其次，要继续加强农村绿化建设，加快实施村庄绿化、庭院绿化、通道绿化、农田防护林建设和林业重点工程建设等绿化工程，增加农村公共绿地和文化广场等，努力创造有地域文化特色的现代居住空间和居民文化交流环境，使新农村既有浓郁的乡土气息，又富有现代人居环境韵味。再次，要把农村的绿化美化工作纳入新农村和美丽乡村建设的总体发展规划，并列入农村干部政绩考核内容，做到发展经济与生态建设统筹兼顾，同步进行。最后，要加强农村绿化的保护和长期管护。要建立管护机制，组建管护队伍，配备管护人员，落实管护责任，保障绿化成果；要加大执法力度，坚决制止和查处各类侵占绿地、毁坏绿化、盗窃树木等违法行为，保护好已有的绿化成果。

第四，不断提高农民的生态环保意识。要通过开展多层次、多形式的农村环境保护知识宣传教育，帮助农民树立环境保护理念，提高环境保护意识。要积极倡导广大农村干部、群众，从革除不良卫生习惯、建设现代新型农村环境卫生入手，建设绿色宜居家园，促进农村人与自然的和谐健康发展。要加强对农民的科普教育和政策引导，建立健全村规民约，结合道德教育和精神文明创建，不断增强农民自我教育、自我服务、自我管理、自我约束的能力，培育农民关心生态、关心环境卫生的良好风尚。

第五，大力发展农村循环经济，实施农村清洁卫生工程。首先，要充分利用农村资源，实施农业生态工程，加快发展"种植—加工—养殖—沼气"的循环经济。如充分利用农村剩余秸秆、有机食品副产品等资源，组织农民发展以养猪为主的畜牧业生产，然后利用畜禽粪尿生产有机肥等，以解决畜牧业发展带来的畜禽粪便污染环境问题。其次，要积极发展绿色农业，促进农业持续发展。最后，要加强对农村工业企业的监督管理，严格执行企业污染物达标排放和污染物排放总量控制制度，防治农村地区工业污染。

第七章　城乡发展一体化的战略设计

上一章对城乡发展一体化的地位和作用进行了分析，本章我们将要对我国推进城乡发展一体化的战略进行设计。城乡发展一体化是经济新常态下解决一系列经济和社会矛盾的关键性战略，需要准确判断其战略目标，设计战略步骤，并分析战略内容重点。

第一节　城乡发展一体化的战略目标

城乡发展一体化可以从两个方面上理解：一方面是保持城市与乡村群体现有差距和现有特色的前提下，共同发展、协调发展的一体化；另一方面是实现城乡之间、工农业之间、城乡群体之间差距的逐渐缩小乃至消失。在此基础上，我们从空间目标、内容目标和终极目标三个方面来设定城乡发展一体化的战略目标。

一、空间目标：实现城市、乡村两个空间范围的发展一体化

城乡发展一体化在实施和推进过程中，涉及城市与乡村这两大空间，它们分别是城乡产业的发展空间和城乡居民的生活空间，在城乡关系中居于核心地位。城乡空间一体化的第一层次目标是城

乡两个空间共同发展，而且农村的发展速度要相对快于城市，否则城乡空间差距不可能缩小。第二层次目标是城乡空间联系加强，在城乡基础设施互联互通的基础上，农村的基础设施快速发展，覆盖面进一步扩大、质量水平不断提高。第三层次的目标是城乡，特别是农村空间治理水平不断提高，土地、河流、湖泊、海洋等空间资源的综合规划、开发、保护水平不断提升。

二、内容目标：实现多维度的城乡一体化

按照我们对城乡发展一体化的定义，城乡发展一体化应包括城乡经济一体化、城乡社会一体化、城乡政治一体化、城乡文化一体化、城乡生态环境一体化五个方面的维度。具体来说，城乡经济一体化要实现由城乡二元经济结构转化为城乡经济协同发展，包括城乡经济主体一体化、城乡产业一体化、城乡市场一体化等分目标。城乡社会一体化要实现城乡二元社会结构转化为城乡社会协同发展，包括城乡公共服务一体化、城乡社会管理一体化、城乡收入分配一体化等分目标。城乡政治一体化要实现城乡二元政治结构转化为城乡政治协同发展，包括城乡发展机会均等化、城乡户籍制度一体化、城乡就业制度一体化等分目标。城乡文化一体化要实现城乡二元文化结构转化为城乡文化协同发展，将自然经济文化、计划经济文化以及原始朴素的市场经济文化转化为现代市场经济文化，包括城乡理念观念一体化、城乡行为方式一体化、城乡生活方式一体化等分目标。城乡生态环境一体化要实现城乡二元生态环境转化为城乡生态环境协同发展，包括城乡环境保护一体化、城乡污染治理一体化、城乡环保意识一体化等分目标。

三、终极目标：实现城乡群体物质与精神的一体化

实现城乡发展一体化究其根本是人在发展层面上的一体化，需要从物质和精神这两大层次上考虑。城乡发展一体化过程终究

是，城市群体与乡村群体之间在生存、生活、发展这些有关人的需求层次上不断提升的过程。物质层面一体化的实现是下一步精神层面的城乡发展一体化实现的基础和保障，而城乡发展一体化的最终实现是以城乡群体在精神层面的一体化为标志。精神层面的一体化包括城乡群体在市场经济理念方面的一体化，在思维方式、行为方式方面的一体化，在生产生活方式方面的一体化等内容。

第二节　城乡发展一体化的战略步骤

城乡发展一体化是以"实现人的城乡一体化"为终极目标的，涉及多空间、多维度的复杂动态过程，它不可能一蹴而就，而应是分阶段、分步骤逐步实现的。按照前一节我们提出的城乡发展一体化的空间、内容、终极三个维度的目标，我们认为，从 2008 年出台《中共中央关于推进农村改革发展若干重大问题的决定》开始，到 2050 年可采取三步走战略：第一步从 2008 年到 2020 年，是城乡发展一体化的基础奠定期；第二步从 2021 年到 2040 年，是城乡发展一体化的深入推进期；第三步从 2041 年到 2050 年，是城乡发展一体化的系统完善期。

一、第一步：基础奠定期（2008—2020 年）

2008 年党中央出台《中共中央关于推进农村改革发展若干重大问题的决定》，标志着我国改革从以建立和完善市场经济体制为重点的经济改革逐渐转变为以解决"三农"问题为抓手、缩小各方面差距为重点的综合改革，自此拉开了国家顶层设计并全局统一谋划的推进城乡发展一体化工作的序幕。所以，我们以 2008 年作为我国城乡发展一体化建设"基础奠定期"的起点。2020 年是以习近平为核心的新一届党和国家领导人确定的全面实现小康社会的完成时间，城乡发展一体化是全面小康的重要内容，因此小康社会全面建成之日，城乡发展一体化的基础应当初步奠定。

在这一时期，一是要遏制城乡差距扩大的势头，二是要加快推进农业现代化、农村城镇化、农民市民化进程，三是要初步破解城乡二元结构，四是要加快中西部地区农村发展。

具体来说，到2020年，在制度破冰方面，户籍制度改革取得重大突破，农地经营流转试点见到成效，好的经验开始在全国推广。在产业发展方面，与富国产业相比，富民特别是富农产业快速发展，与一般性产业相比，农村特色优势产业快速发展；现代化农业建设取得显著进展，农业综合生产能力明显提高，国家粮食安全和主要农产品供给得到有效保障；资源节约型、环境友好型农业生产体系基本形成。在农村发展方面，农村经济体制更加健全，城乡发展一体化体制机制基本建立；农村基本生活保障、基本医疗卫生制度更加健全；农村人居和生态环境明显改善，可持续发展能力不断增强。在农民发展方面，农村基层组织建设进一步加强，村民自治制度更加完善，农民民主权利、政治权利得到切实保障；城乡基本公共服务均等化明显推进，农村文化进一步繁荣，农民基本文化权益得到更好落实，农村人人享有接受良好教育的机会。在中西部农村发展方面，中西部综合经济实力应大幅提升，地区经济总量和城乡居民收入大幅提升，绝对贫困现象消除；人民生活水平和质量大幅提升，中西部与东部之间城乡差距开始收窄。

二、第二步：深入推进期（2021—2040年）

从2021年到2040年，是城乡发展一体化全面展开和深入推进时期，基本形成城乡发展一体化新格局。

在这一时期，一是要进一步缩小城乡差距，二是要使农业现代化、农村城镇化、农民市民化进程深入推进，三是要进一步扩展城乡发展一体化的范围，重点破解城乡社会、政治、文化、生态等经济之外的二元结构。

具体来说，到 2040 年，在改革深化方面，全面深化改革深入推进，东中西部地区协调互动，城乡居民收入稳定增长；城乡面貌发生历史性变化，美丽乡村建设取得重大成效。在产业方面，特色明显、符合比较优势的若干引领经济社会发展的富民、富农产业集群基本形成；农业产业化、科技化、规模化、生态化① 建设成效明显；各类农产品期货市场基本建立，农民可以有效对冲农产品价格风险，并在部分大宗农产品上拥有国际定价权；农副产品加工、仓储物流、特色文化旅游等富民产业发展迅速，绿色产业、生态产业发展取得显著进展；农业及其相关产业新业态大量涌现。在农村发展方面，农村经济体制逐渐健全，农产品市场完善，商贸流通体系基本完善；农村居住环境、工作环境、生态环境、休闲环境明显改善，和城市差距基本消弭；农村基本公共服务能力持续增进，公共服务供给体系基本完善，公共服务供给质量与城市差距基本消失。在农民发展方面，农业转移人口转化为市民的制度机制障碍完全破除，农民民主权利、政治权利、文化权利得到切实保障；农民基本上实现与城市居民机会均等。

283

三、第三步：系统完善期（2041—2050 年）

从 2041 年到 2050 年，是我国基本实现城乡发展一体化的系统完善期。在这一阶段，我国将最终基本形成城乡发展一体化新格局：一是城乡差距缩小到合理范围之内，二是农业现代化、农村城镇化、农民市民化进程完成，三是城乡经济、社会、政治、文化、生态五重二元结构完全破解。

具体来说，到 2050 年，在城乡关系方面，我国经济发展速度

---

① 农业生态化至少包括农业产品绿色化、原产地化、有机化，农业生产过程的无污染，无农药、化肥使用，对水体、土壤、空气没有污染等方面。

和城乡居民收入保持合理增长，城乡差距完全消除，从城乡经济、社会、政治、文化、生态环境多重二元结构顺利转化为城乡一元结构，中西部与东部地区的城乡发展一体化水平基本相同。在"三农"发展方面，形成生产要素自由流动、三次产业协调发展、公共资源均衡配置、城乡收入基本均等、生态环境优美、社会和谐有序的城乡一体化新局面。

第三节　城乡发展一体化的战略重点

推进我国城乡发展一体化战略，在体制层面上的战略重点，表现为五大改革和创新。

第一，行政体制层面，增加农民群体在政策决策层面的制衡力和影响力，将政策制定引向中立。农民本应是城乡发展一体化过程的主体，但是在"三农"改革过程中，存在主体的模糊认识，其原因在于对农民群众首创精神的忽视和缺乏对农民在农业经营中主体地位的有效保障造成的。任何改革都是一个利益重构的过程，而在这个过程中，不同利益集团之间应存在着制衡机制，但是我国由于"三农"长期处于被动、弱势地位，自身也缺乏主体意识，缺乏成为改革主体的条件和形成机制，这就造成了城乡分割过程中城市居民单方面的拥有决策权，缺少了在制定城乡一体化的政策过程中的利益制衡机制，从而城乡分割和城乡对立愈发严重。除了从农村内部增强农民主体意识之外，更重要的是构建以城乡协调发展为基本目标的利益分享机制。要实现这一目标，必须辅之以一定的行政体制改革。

第二，户籍制度层面，逐渐改变城市户籍体制刚性，让"体制内"和"体制外"的社会群体共同成为经济发展利益的分享者。以户籍制度为中心，在就业制度、医疗保险制度、社会保障制度等一系列制度的支撑下形成的制度集合，经过二十多年的计划经济和改革开放以来市场经济对城乡分割的不断强化，已经成为一个难以打破的、对改革有加大反弹性的体制问题。从这个意义上说，户籍制度改革的进程如此缓慢，是一种群体维护其特权和既得利益的选择。因此，需要从体制的高度对户籍制度进行大规模的改革。在未来户籍制度改革的重点集中在以下几个方面：

其一，功能改革在先，结构改革在后。也就是在不改变户籍制度的基本框架结构的情况下，先改进制度的功能，削弱户口身份的区隔功能以及户口的价值功能，增强户口的信息功能。

其二，加强替代性制度建设，逐渐弱化直至彻底改革原有户籍管理体制。中国的户籍制度已经成为影响我国城乡发展一体化进程的体制性问题，因此，要彻底消除户籍制度的影响，并非简单意义上的废除，而是通过构建新的、更合理的户籍管理体系来替代原有的户籍制度和户籍体制，才能为彻底的改革户籍制度创造条件。

其三，观念改变与技术性改革协同进行。从制度和体制层面上推进户籍制度的改革，是一种技术层面上的改革。但是，户籍制度以及由户籍体制所带来的一系列社会制度安排、群体划分和利益分配格局已经造成了持续相当长时间的意识形态和观念上的分割、歧视和不平等。这种观念上的和意识形态上的分割和不平等反过来会作用于户籍制度，从而成为户籍制度改革过程中的障碍和壁垒。因此，从技术层面对户籍制度进行改革的同时，必须推进在观念和意识形态上的城乡居民公平、平等理念的形成。

第三，教育制度层面，改革现有的教育体制。重新调整教育资源分布和配置水平，提高教育资源的利用效率，完善基础教育和继续教育体制，不断提高农民和社会弱势群体的教育水平，为他们的纵向社会流动创造条件。主要从以下几个方面着手：

其一，教育经费的来源体制上，逐渐改变义务教育投资由地方政府承担的格局，转而由高层政府负担。特别是在农村，改变目

285

前的以县财政承担为主的投资体制，减轻农民负担。同时，在区域之间，教育经费的投资主体不应当采取一刀切的模式，可实行弹性标准，即发达地区的义务教育投资可以以省级政府为主体，落后地区的义务教育投资可以以中央政府为投资主体。

其二，义务教育的城乡配置上，在对偏远、贫困农村地区的教育资源有效整合的前提下，优先保证这部分群体的义务教育投入。义务教育的本质是纯公共产品，强调的是受教育的机会均等，但是在义务教育投入体系中也存在着大而全、小而全的现象，尤其是偏远贫困地区的义务教育问题。这不仅会造成教育资源的浪费，还会降低义务教育的水平，不利于贫困人口的教育水平提升。因此，需要在教育资源整合的前提下，实现有限的教育资源高效率配置。

其三，城市农民工子女教育问题上，人口流入地和流出地政府应当在掌握流动适龄儿童受教育情况的前提下，在全国范围内统筹规划学校的建设，同时人口流入地学校不应当以户籍为由对流动人口适龄儿童进行排斥。此外，在公立学校的教育资源难以容纳的情况下，允许设立农民工学校，承认这些学校合法的地位，对其进行管理，并提供一定的财政支持。

其四，城市中农民工继续教育问题上，人口流入地政府最初应当以政府作为投资主体，在城市中组建多个农民工继续教育培训机构，并通过组织考试，颁发相应的职业技能资格。随着农民工对职业技能培训需求的增加，以及招收农民工的企业对自身员工素质提升的需要，政府可以逐渐退出投资主体的角色，仅作为管理者和职业资格认定的颁布者，由民间资本作为这些继续教育培训机构的主要投资主体。

第四，就业制度层面，维护城市农民群体的职业稳定性，提升城市农民群体和弱势群体的职业市场机会。就业体制层面上的城乡发展一体化战略措施主要表现在两个方面：其一，对于那些在城市中工作的农民工群体来说，通过对这部分群体教育水平的提升和基础教育覆盖面的扩展，在提升农民工个人职业素质和文化修养的基础层面上，提高他们在劳动力市场中的竞争性和职业稳定性，从而帮助这部分弱势群体拓展职业市场机会。其二，对于那些留在农村的农村劳动力来说，同样存在着就业和职业的问题，关键在于将农民的身份与农民的职业相区分。除了转移为城市和小城镇的非农业人口之外，乡村中农民的身份与职业的分离主要沿着四个方向推进：转变为农业企业家、转变为农业产业工人、转变为现代兼业经营者以及转变为国家农业公职人员。

第五，政绩考核层面，改变各级地方政府唯 GDP 的发展目标和政绩观，促进城乡发展一体化。对于地方政府政绩的考核，一直都缺乏统一的规定，唯一可以作为衡量标准的就是经济数字和以 GDP、人均 GDP、财政收入为核心的一系列省区市排名。这种唯 GDP 的政绩评价体制，所带来的弊端显而易见，而最为显著的就是城市与乡村、经济与社会以及城市内部与乡村内部在经济、社会、文化、政治等诸多层面上的分割和断裂。

城乡发展一体化战略在体制层面上的这几大战略重点里，第一个战略重点，即行政体制层面上，增加农民群体在政策决策层面的制衡力和影响力，将政策制定的方向引向中立，是其他所有战略重点的基础和保证。原因在于，城乡发展一体化是一场深入经济、社会、政治、文化各个层面的改革，是一场不同利益团体间利益格局重新分配和调整的过程。户籍体制改革、教育体制改革、就业体制改革的过程中涉及的利益相关者包括户籍管理者与被管理者、城镇户口身份者与乡村户口身份者、本地人口与外来人口、政府与个人等多对关系。其中，处于政策制定主导地位的是户籍管理者、城市人、本地人这些群体，使得在城乡发展一体化的政策制定和制度变迁过程中会严重影响制度变迁的中立性和公平性，从而导致城乡二元结构愈发显著、不断固化。

287

第八章　城乡发展一体化的关键性问题

　　上一章中，我们提出了后改革时代我国城乡发展一体化的战略目标、战略重点、战略步骤和主要内容，在此基础上，本章对我国城乡发展一体化中的关键性问题做进一步的探讨和研究。任何一个二元经济国家或地区要兼顾经济增长、充分就业、缩小城乡差距、一定的城镇化速度这四大目标，就必须依靠实实在在的产业发展，搭建起产业发展载体与平台，此谓城乡发展一体化的载体——产业发展。我国城乡发展过程当中的一大问题是大城市远离农村地区因而缺少对其的辐射带动作用，个中缘由是县域经济发展滞后。所以在市—县—乡镇三级地方城镇体系下，关键是提升县城的辐射带动作用、促进县域经济发展，此谓城乡发展一体化的重点——县域城乡一体化。产业平台搭建、县域经济发展都离不开包括土地、劳动力在内的资源要素自由流动和高效配置，但现实是我们面临多方制度掣肘，唯有破解这些制度体制障碍，才可能有力推动城乡发展一体化，此谓城乡发展一体化的难点——实现制度创新。任何增长和发展，出发点和落脚点都必须是"人"，否则，我们的城镇化只能是以物为本而非以人为本，城乡一体化只能是被动而非主动的。对我国来说，欲实现以人为本的城镇化和主动的城乡一体化，就必须解决农村居民和农业转移人口的后顾之忧，实现公共服务均等化，此谓城乡发展一体化的保障——

公共服务均等化。

第一节　城乡发展一体化的载体：产业发展

中国城乡发展一体化水平滞后，主要原因和表现是农村生产要素过度分散导致的"三农"发展滞后。党的十七届三中全会指出，"农业基础仍然薄弱，最需要加强；农村发展仍然滞后，最需要扶持；农民增收仍然困难，最需要加快"。① 因此，中国要实现城乡发展一体化，务必加快解决"三农"问题，而要解决"三农"问题，则应遵循农业现代化、农村城镇化、农民市民化三条路径，实现农业、农村和农民转型。而农业现代化、农村城镇化和农民市民化这三条路径，其实现载体是产业。

一、城乡发展一体化的载体是产业

产业是城乡发展一体化的载体，要通过产业这个载体逐渐缩小城乡之间、经济与社会之间的差距。产业集群是产业的升级形式，指具有外部经济的企业在某一区域集中，由于规模效应改善区域经济状况。在城乡发展一体化过程中，企业是重要支撑点，是产业和产业集聚形成的基础。企业、产业、产业集聚之间的逻辑结构是：企业是最为基础的元素，在企业基础上形成产业，在产业基础上形成产业集聚，其发展是"企业—产业—产业集聚"三位一体的模式。

第一，从农民市民化角度来看。农民市民化是在与国家、政府相对应的社会文化层面上，借助于工业化和城市化的推动，使现有的传统农民在身份、地位、价值观、社会权利以及生产生活方式

① 《十七大以来重要文献选编》（上），中央文献出版社 2009 年版，第 671 页。

等各方面全面向城市市民的转化，以实现城市文明的社会变迁过程。① 推进农民市民化的关键是改善农民的就业状况，实现城乡居民就业一体化，包括就业资格、就业领域、就业待遇同等化，使农民从传统生产方式中脱离出来。完成农民向市民的角色转换，其前提是产业发展。

第二，从农业现代化角度看。城乡发展一体化的重要目标是缩小城乡居民收入差距，缩小城乡居民收入差距的关键是增加农民收入，增加农民收入的关键是增加就业岗位，增加就业岗位的关键是发展现代产业，由此可见发展现代产业是城乡发展一体化的主要推动力。同时，农业发展需要依托产业进行，通过产业化经营、规模化运营，使农业转型为现代农业。农民增收和农业现代化发展，可从根本上解决"三农"问题。

第三，从农民增收角度看。"三农"问题的关键是农民增收，农民增收的关键是农民就业，就业问题的关键是就业载体。产业这个就业载体形成后，可为农民增收提供保障。农民收入的不断增加，是城乡发展一体化的物质基础，同时也为农民市民化提供了先验条件。

二、加快产业发展的途径

产业，是农村生产要素集中的落脚点，也是农村城镇化的载体，对于推动城乡发展一体化具有重要作用。在城乡发展一体化过程中，应该通过发展现代农业、发展农村工业和服务业、加快产业培育等途径加快产业发展。

第一，发展现代农业。在现代农业发展方面，各地应以市场需求为导向，立足自身比较优势，明确区域农业发展重点，形成特

---

① 陈映芳：《征地农民的市民化——上海市的调查》，《华东师范大学学报（哲学社会科学版）》2003年第3期，第88—95页。

色鲜明、优势突出的农业产区。在此过程中，应积极引导育种、加工、储运、流通、销售等环节的农业企业向优势产区集中，完善农业社会化服务体系，加强农业龙头企业和农民专业合作社对于农户的引导作用，从而构建完整的现代农业产业链条，以农业产业化推动农业现代化。

第二，发展农村工业和服务业。在农村工业和服务业发展方面，应引导农村企业集聚发展，形成"企业—产业—产业集群"三位一体的农村企业发展路径，促进农村工业产业化和服务业产业化。若干同类企业形成产业，若干同类产业形成产业集群，农村工业产业化和服务业产业化可以通过构建完整的产业链条，降低经营成本，实现合作共赢。通过大力发展农村工业和服务业，可以优化农村产业结构，提高农产品深加工力度，增加农产品附加值，消化农村剩余劳动力，实现城乡生产要素的自由流动与合理配置，从而促进农村经济发展。

第三，加快产业培育。按照"产品—企业—产业"三位一体的模式要求，在城乡发展一体化过程中，要积极培育城乡共有的产品，尤其是名牌产品；培育城乡共有的企业以及企业集群，尤其是具有一定规模的企业与企业集群；培育城乡共有的产业以及产业集群，尤其是具有地方特色的产业以及产业集群。通过"产品—企业—产业"这一模式的推进，形成一批名牌产品，一批知名企业，一批特色产业，从而夯实与壮大城乡发展一体化的载体。

291

第二节　城乡发展一体化的重点：
县域城乡发展一体化

城乡发展一体化的重点是县域。2010年，县域 GDP 综合占全国 GDP 总量的 49.8%，并呈现持续增长的态势。发展壮大县域经

济，对于解决"三农"问题，实现城乡发展一体化具有重要战略意义。

一、县域的概念界定

县域是一国发展的基础与关键点。

县城是城乡发展一体化的发力点，是城乡的综合点与矛盾的交汇点。从性质上看，县城是城市与农村综合体；从居民主体上看，在县域内城镇居民和农村居民的人都有；从社会生活看，县域包含了经济、社会、政治、文化、生态各个领域；从社会矛盾看，县域是效率与公平、政治与经济、宏观与微观、政府与企业各种矛盾的交汇点。

县域经济是以县级行政区划为地理空间，以县级行政区为调控主体，以县级独立财政为标志，以县城为中心、乡镇为纽带、农村为腹地，通过人才流、资金流、物资流、信息流等生产要素双向反馈而发挥整体功能，具有地域特色和完备功能的经济系统。[1] 县域经济是城市与农村、农业与非农业、农民与市民的集合体，是经济社会功能较为完善的综合性区域经济单元。截至 2012 年年底，我国共有 2852 个县级行政单位，包括市辖区 860 个、县级市 368 个、县 1453 个、自治县 117 个、旗 49 个、自治旗 3 个、特区 1 个、林区 1 个。[2]

县域经济是我国国民经济的基础性单元，具有区域性、综合性、层次性和综合性的特征。区域性是指县域经济具有典型的区域特征，即县域经济的生产、分配、交换和消费等经济活动，基本都在县域范围内进行。综合性是指县域经济不仅包含各类生产经营部

---

① 李小三、徐鸣：《关于县域经济的理论思考》，《江西社会科学》2000 年第 3 期，第 84—89 页。

② 《民政部：全国共有 333 个地级单位，2852 个县级单位》，人民网，2013 年 6 月 19 日。

门，还有财政、税收、工商管理等经济社会管理机构，因而是综合各类产业部门和社会单位于一身的国民经济系统。层次性是指县域经济一般包括县城经济、乡镇经济、村庄经济三个层次。开放性是指县域经济是一个开放的经济系统，这主要体现在经济要素的集聚和经济成果的扩散两个方面。

二、县域是城乡发展一体化的重点

县域经济作为我国国民经济的基础单元，是城镇经济和农村经济在县域范围内的有机结合，并且农村经济在县域经济中往往占有较大比重。县域和集镇作为连接城乡的枢纽，对于繁荣农村经济、解决"三农"问题具有不可替代的作用。我们认为，只有加快推进县域城乡发展一体化，才能实现城乡发展一体化。

第一，推进县域城乡发展一体化可以从根本上改造传统农业。改革开放以来，尽管我国经济保持了持续快速增长，乡镇企业蓬勃发展，大量农村劳动力转移到非农部门就业，但传统农业并未得到彻底改造。农业经营规模过小、农业产业化程度不高、农业现代化水平过低已成为制约我国经济社会发展的瓶颈之一。推进县域城乡发展一体化，可以充分发挥城镇非农产业对于农业的带动作用，形成"以工促农、工农互补"的良性发展格局，从根本上改造传统农业。

第二，推进县域城乡发展一体化有助于全面发展农村社会事业。长期以来，我国的户籍制度及其他相关制度安排事实上把城乡居民分割开来，在城市和农村实行两套不同的公共服务供给体制，城市公共服务得到有效供给的同时，农村公共服务供给严重不足，城乡之间在享受基础设施、社会保障、社会福利等公共服务方面存在巨大差异，从而严重影响了农村居民生活质量和人口素质的提升。推进县域城乡发展一体化，可以全面加快农村基础设施建设和公共服务供给，使农村居民与城市居民享受基本均等的公共服务，

293

促进城乡协调发展。

第三，推进县域城乡发展一体化可以加快农民生活方式转型。城市工业文明催生了市民文化，而农耕文明的长期存在则为小农文化提供了深厚的土壤，这使得城乡居民的生活方式存在巨大差异。与城市居民遵循"效率第一"的经济原则和陌生人契约交往方式不同，农村居民往往坚守"安全第一"的经济原则和熟人交往方式。尽管目前我国的城镇化率已经超过 50%，市民社会也日渐成熟，但由于传统农业长期难以得到根本改造，小农文化对于农村社会仍然有很深的影响。推进县域城乡发展一体化，可以加快农民市民化进程，进而实现农民生活方式转型。

三、推动县域城乡发展一体化的路径选择

第一，加强城乡之间空间联系。空间一体化是城乡一体化的重要条件。以空间一体化为条件推动县域城乡发展一体化，一是要通过构建高效便捷的交通网络，提高乡村公路等级，从而使城乡往来更加便利；二是要加快建立覆盖城乡的信息化网络体系，提高农村电脑普及率和宽带覆盖率，引导农民使用现代化信息技术，促进城乡信息一体化。

第二，加快城乡之间经济融合。经济一体化是城乡一体化的物质基础。以经济一体化为基础推动县域城乡发展一体化，一是要以发展农村经济和增加农民收入为中心，形成高效的现代化农业体系，促进农业产业优化升级，依靠提高农产品增加值增加农民收入；二是要引导农村剩余劳动力向城市转移，大力发展农村商贸、运输等第三产业，增加农民就业岗位和途径。

第三，促进城乡社会均衡发展。社会一体化是城乡发展一体化的重要保障。要通过解决城乡在教育、医疗、社会保障、生活环境等方面的不均衡，推动城乡在社会服务方面的均衡化。在教育方面，需不断加大教育投入，优化并整合县域教育资源，促进城乡教

育均衡发展。在医疗卫生方面，要不断推行县域医疗卫生体制改革，完善基层医疗卫生服务体系，着力提高农村医疗服务质量。在社会保障方面，提高农村养老保险覆盖水平，推进城乡社会保障一体化。

第三节　城乡发展一体化的难点：制度创新

对我国这样一个转轨中的发展中国家来说，城乡发展一体化面临诸多政策性掣肘，导致生产要素无法自由流动、资源配置效率难以提高。因此，制度创新成为城乡发展一体化的难点和关键。随着我国统筹城乡思想逐步演变为建立城乡发展一体化新格局，制度创新的要求日益迫切起来。城乡发展一体化中的制度是人、财、物、信息无障碍流动的保障，在此基础上，通过基础设施的一体化规划（不管是计划性的，还是市场化的，抑或是两者的有机结合），构成城乡发展一体化的完整内容。城乡发展一体化的终极目标是城乡之间的界限彻底消除，在共同发展的基础上，消除城乡差别。

城乡发展一体化的制度安排以帕累托优化为动因，即制度和契约的设立和施行，可以创造更多的利益或福利。城乡发展一体化就是要不断地寻找城乡主体实现帕累托改进的领域，然后通过协商、合作找到共赢的目标和实现的路径，并付诸实施。

一、我国城乡发展一体化中的制度困局

我国城乡发展一体化中的制度现在主要存在以下四个方面的问题。

第一，制度化程度较低。纵观我国的城乡发展一体化，局部发展程度差异很大，长三角、珠三角等区域依托经济发展优势，城乡经济差距很小，为这些地区实行城乡发展一体化奠定了较好的制

295

度基础。但是，大部分经济欠发达地区的城乡差距仍然很大，城乡二元结构仍是制约当地经济发展、制约城乡发展一体化的主要矛盾。从制度角度看，即使城乡发展一体化程度较高的地区也没有形成一体化的制度体系，更多的仅是地方政府倡导式的非制度性合作协调机制。这种协调机制中最重要的特点是关于城乡共同发展的共识是靠领导人作出的承诺来保障的，缺乏法律效力，具有很大的不稳定性。特别是领导的频繁更换更是加剧了这种不稳定性，一旦领导发生变动，原有的合作机制就会被架空。而且，由于城乡间的合作依靠的是政府推动的集体磋商，合作形式也极其不稳定。

第二，存在制度二元状态。以户籍制度为代表的城乡二元制度，将城乡人口划分为彼此分割的社会单元，是城乡发展一体化过程中面临的主要制度障碍和制约。1958年，《中华人民共和国户口登记条例》及配套制度的实施，为限制农村人口流入城市提供了详细的制度安排，被视为中国人口管理制度的一个分水岭。二元户籍制度人为地造成了城乡人口在就业、教育、社会保障和生活福利等方面的悬殊和差别。随着城市化进程加快，人口流动加速，部分地区户籍制度名存实亡，现行户籍管理制度不能对我国的人口流动进行有效管理。与户籍制度相对应的教育制度、就业制度和社会保障制度等，同样也是城乡发展一体化的制约因素。新中国成立之初，我国就形成了城乡二元社会保障体系，这种社会保障体系发展至今，面向城镇居民的包括生老病死伤残育以及社会救济在内的保障内容已相对完整，而广大农民的保障负担主要依靠家和自身积累。户籍、社保等二元制度，严重制约了我国城乡发展一体化的进程。

第三，制度化的议事和决策机制不健全。自从城乡统筹的思路被提出，很多工作都是围绕如何推进实施城乡统筹开展的。虽然各个主体就城乡之间的制度合作已经达成共识，但是实际操作中还没有一个统一的合作战略规划来指导工作。在我国，城乡合作组织形式松散，缺乏一体化的议事和决策机制，也没有功能性的组织机构。组织形式的不健全增加了城乡间的合作成本，客观上拖慢了城乡发展一体化。

第四，中央政府作用发挥不充分。中央政府对城乡发展一体化制度建设具有重要的作用。当城乡发展一体化过程中各方利益存在一定的冲突和矛盾，只有中央政府具有协调的能力，同时能够通过法律制度的形式保障增加福利不是以损害其他利益主体为代价。中央政府需要通过不断完善法规体系，形成协调机制，以促进区域城乡发展一体化。在我国，城乡二元结构存在是导致城乡差距的根源。各国的发展经验告诉我们，为了实现城乡发展一体化，必须从中央政府的角度通过立法形成有效的政策或制度保障。而目前的现状是中央政府的作用并没有完全发挥，特别是通过制度建设消除城乡二元结构方面。

二、制度创新的机制选择

制度一体化的本质是以一系列共同遵守的契约和制度为保障，使各类主体平等地享受政策带来的福利。其内容包括：规划生产力布局和产业发展原则；建设统一的市场环境；促进人、财、物和信息的交流；建立基础设施网络；统一规划自然资源开发和利用；在户籍、住房、就业、医疗、教育、社会保障等方面强化行政干预，构建一体化的制度和实施细则；协调多方的行为，在招商引资、土地批租、外贸出口、人才流动、技术开发、信息共享等方面，营造无差异的政策环境，一旦具备条件就上升为法律，真正实现制度一体化。从其他国家制度合作的成功经验来看，政府（包括地方政府或中央政府）是经济发展的重要发动者和组织者，政府的作用是首位的。毫无疑问，中央和地方各级政府是制度一体化的推进主体。

第一，政府是城乡发展一体化的制度供给主体。制度一体化的核心是建立相应的制度，而制度的供给主体是政府。随着我国市场经济体制改革的深入开展，目前城乡发展一体化是要构建各方的

297

竞争性协作关系。因此，政府的作用应该体现在建立规则、协调各方面利益上。规范化的制度能够保证在公平和公正的环境下开展竞争，最大限度上减少市场交易成本，充分发挥市场机制在资源配置中的决定作用。但同时应该注意到，单纯依赖政府的意愿和作为还不够。经济和社会的一体化需要市场的自由化、一体化，这样才能释放经济的内在潜能。经济发展水平达到一个较高的程度才能保证经济社会一体化的物质基础。这一演进过程主要依赖于企业和企业家自利的意愿和行为来实现。通过一体化的制度建设保证商品、资本和生产要素合理配置，以形成经济的活力，逐步形成资源的优化配置和经济结构的互补与改善，从而促进经济的融合与发展。

第二，政府要摆正自己的位置。在城乡发展一体化过程中，政府必须合理地给自己定位，摆正自己的位置，逐步从竞争性市场经济领域退出来，专心做好市场服务。市场服务指代政府能够提供的优质服务，其至少包含两类：有效的产权保障服务，解决各类社会经济纠纷，保障各类契约和制度的有效性、严肃性，保障充分的自由缔约权；为社会经济提供各种有效的"反欺诈"服务、"检验检疫"服务，即在消除城乡二元结构的基础上，构建一个城乡和谐、公平竞争的环境。市场经济环境下，市场是重要的交易场所，政府要服务于市场，服务的主要内容就是为市场创造公平竞争的环境。

第三，梳理各级政府之间的竞争合作关系。在以经济建设为中心、城乡关系协调发展的大背景下，各级政府之间也存在明显的竞争行为。各级政府都在通过博弈追求自身利益最大化，但同时造成利益分配不均衡，社会矛盾凸显。中央政府应该通过制度约束各级政府通过合作来实现社会利益最大化，主要包括建立合理的竞争规则，在合理的领域、合理的深度，以合理的方式展开竞争。具体而言可分为两个层次，一是要逐步形成利益协调机制。相对于中央政府，地方各级政府代表不同利益主体及自身利益（主要是财政收入）。没有全面的协调机制，各级政府利益不均衡，很容易做出损害市场和企业利益的事，形成城乡发展一体化的阻力。建立协调机制的主要途径是建立不同主体间经常性的会晤和协商机制。二是要通过协定、公约或协商、多方协议等形式打破城乡界限，构建城乡统一大市场。市场环境的统一是造就平等竞争环境的前提，消除户籍、就业、教育、医疗和社会保障等各领域的差别性待遇，进而协调城乡财政政策、货币政策、产业政策等，通过创造公平的竞争环境，使得城乡经济优势互补，共同发展。

第四，政府要积极推进公共领域的一体化。公共领域的一体化是城乡发展一体化的前提条件，主要包括基础交通设施、环境保护、水资源开发与利用、教育等公共领域的一体化。目前城乡之间利益博弈与权利互动的游戏规则不健全，特别是城乡二元结构仍然存在，制度合作和制度一体化进展缓慢。因此，要从户籍制度、土地制度和社会保障制度等关系民生的主要方面开始突破。在户籍制度方面，逐步放松原有的户籍管理，放宽对农民进城的落户限制和门槛，打破城乡分割的二元社会结构，逐步实现人口自由迁徙，并建立起城乡一体化的户籍管理制度。在土地制度方面，在明晰农村土地产权和保持原有土地承包关系的前提下，改革现行土地管理制度，形成城乡一体化的土地市场。在社会保障方面，逐步加快社会保障制度的改革和创新，建立城乡一体化的保障制度，完善农村社会保障制度，逐步扩大农村社保的覆盖范围。

第五，参考和借鉴其他国家和地区的成功经验。其他国家和地区的制度合作和制度一体化的成功经验值得我们参考和借鉴。众多的国际经验表明，制度一体化首先需要建立专门的机构，这个机构必须是超越局部、个体利益的，以谋求全局利益最大化为目标。在尽可能"做大蛋糕"的同时，建立公平、合理并对总体效率有促进的利益分享机制。城乡发展一体化的进程不管采用中央政府自上而下的推进，还是基层主体自下而上的推进，制度一

299

体化都是重要保证。这种制度一体化规定和各个利益主体之间的合作规则，应该满足两项要求：一是鼓励合作行为，通过足够的激励刺激合作行为发生；二是惩罚不合作的主体，适度的惩罚要使违规者望而生畏。

第四节　城乡发展一体化的保障：公共服务均等化

党的十七届三中全会明确提出着力破除城乡二元结构，形成城乡经济社会发展一体化新格局的目标。其中一项重要内容是，到 2020 年基本实现城乡基本公共服务均等化。公共服务职能是政府最根本的职能之一，实行统一的公共服务体制，制定有效的公共服务政策，为全体公民一视同仁地提供基本公共服务，缩小市场经济带来的收入差距、贫富差距、维护社会公平正义是发展社会主义现代市场经济的必然要求。

一、城乡公共服务均等化的概念

城乡发展一体化的目的在于让广大城乡居民公平发展，本质是要保障农民发展的权益。这些权益集中体现在发展能力和发展机会上，要培育农民平等的发展能力，给予他们均衡的发展机会，让他们在市场竞争的大环境中实现自身发展。因此，公共服务均等化是城乡发展一体化的保障。

公共服务是指"筹集和调动社会资源，通过提供公共产品这一基本方式来满足社会公共需要的过程"。[①] 曾红颖（2012）将我国基本公共服务范围划分为以下九类：社会保障和就业、医疗卫生、公共教育、公共管理、文体传媒、城乡社区、环境保护、公共安全

---

① 孙晓莉：《中外公共服务体制比较》，国家行政学院出版社 2007 年版。

和交通运输。[1] 公共服务是公共产品的重要组成部分，因此具有公共产品的不可分割性、消费的非竞争性和收益的非排他性等特点。公共服务均等化是指"保障一国全体公民不论其民族、性别、收入及地位差异如何，都能公平地享有与经济发展水平相适应、结果大致均等的基本公共服务"。[2] 城乡公共服务均等化更强调城市和农村在享受基本公共服务方面最终结果的相对公平，即特定时期城市和农村居民公共服务供给数量大致相同、公共准入机会大致相同。

公共服务的特点决定了提供公共服务是政府的重要职能。但受到城乡二元结构、发展观念、管理理念滞后以及各种落后体制机制的影响，我国社会事业发展总体上与经济发展不相适应，呈现出"一条腿长、一条腿短"的特点。[3] 在城乡关系的视角下，城乡社会事业发展的巨大差距使城乡社会一体化成为推进城乡发展一体化的现实瓶颈，主要表现在长期以来未能有效解决城乡基本公共服务均等化问题。

二、我国城乡公共服务均等化的现状

从总体上来看，我国城乡基本公共服务非均等化的格局还未根本改变，主要表现为以下几个方面：

第一，基础教育的城乡差距。政府提供的基础教育能"促使处于弱势状态的人群向上层流动，增进社会平等，促进社会稳定"。我国义务教育经历了从"乡村自给"到"以县为主"再到"公共财政保障"三个阶段，但城乡义务教育在教育经费、师资力量、城

---

[1] 曾红颖：《我国基本公共服务均等化标准体系及转移支付效果评价》，《经济研究》2012 年第 6 期，第 20—31 页。

[2] 黄云鹏：《"十二五"促进城乡基本公共服务均等化的对策建议》，《宏观经济研究》2010 年第 7 期，第 9—13 页。

[3] 温家宝：《关于发展社会事业和改善民生的几个问题》，《求是》2010 年第 7 期，第 3—16 页。

乡教育基础设施等方面仍存在较大差距。以教育经费为例，2005年之前城乡之间差距较大，城市和农村义务教育阶段教育经费支出比约为2：1；2006年之后，城乡义务教育供给主体实现一体化，城乡之间的差距在不断缩小，2010年城乡义务教育经费比缩小到1.1：1。

第二，医疗卫生服务的城乡差距。近年来，我国政府不断加大对农村医疗资源的投资力度，但从医疗卫生投入、资源分布等方面看，城乡之间仍存在较大的差异。从医疗卫生投入方面来看，2012年城市人均卫生费用为2969.01元，是同期农村人均医疗卫生费用的2.81倍，同时城乡绝对差距也达到顶峰。政府在城乡医疗卫生方面的投入偏向进一步导致了城乡医疗人员及设施配置等资源分布的失衡，城市居民所占用医疗卫生资源明显优于农村居民。2012年，城市每千人口拥有的床位数为6.88张，是同期农村的2.21倍；城市每千人卫生技术人员为8.6人，是同期农村的2.51倍。同时，应重视农业转移人口的公共医疗卫生服务问题，城市体制内职工都能得到不同程度的医疗补贴和补助，而城市中的农民工则大多享受不到此福利。大多数农民工及其他进城农民都不享受医疗费用补贴，高达78.7%的农民工是个人承担全部医疗费用。

第三，城乡社会保障的差距。党的十六大以来我国先后建立起城乡居民基本医疗保险、新型农村社会养老保险和城镇居民社会养老保险等重要制度，社会保障取得了一定的发展，但我国城乡一体的社会保障服务体系尚未建立，城乡之间社会保障水平和质量之间存在较大差距。以城乡基本养老保险为例，首先，城市养老保险覆盖率高。根据中国健康与养老追踪调查（CHARLS）相关研究报告①，在城镇户籍人口中，60%有职工养老保险，21.4%有其他养老

---

① 该报告名为《中国人口老龄化的挑战：中国健康与养老追踪调查全国基线报告》，北京大学国家发展研究院中国健康与养老追踪调查（CHARLS）的成果。

保险。与此形成对比的是，仅 25.6% 的农村户籍人口拥有新型农村社会养老保险，另有 19.2% 有其他养老保险。其次，在养老保险金额方面，新型农村社会养老保险的养老金金额低。如新型农村社会养老保险的养老金中位数为每年 720 元，而城镇及其他居民养老保险的养老金中位数为每年 1200 元，政府或事业机构的养老金的中位数最高，为每年 24000 元，为新农合养老金中位数的 33 倍多。

城乡发展一体化意味着城乡居民享有平等的社会地位和政治权利，享有大致相同的基本公共服务，城乡生产力发展水平逐步趋同。[①] 但从我国的现实来看，距离这些目标还很远。当前，城乡基本公共服务非均等已经成为推进城乡发展一体化面临的主要障碍和瓶颈。

三、城乡公共服务均等化的战略选择

我国城乡公共服务的非均等状态既受城乡二元结构的历史因素制约，又受到现实客观因素的制约，如实现公共服务均等化的制度不完备、公共决策机制不完善等。实现基本公共服务均等化，需要采取多种措施来化解均等化过程中所面临的难题。

第一，制定明确的公共服务均等化战略。政府要积极转变职能，突出政府的组织和公共服务功能，根据我国社会经济发展总体状况，制定均等化发展战略，确定各阶段均等化的战略目标。在均等化战略下，首先要完善基本公共服务均等化的法律体系，从立法上确保将公共服务的供给作为政府法定的职责；其次要明确政府间公共服务均等化的职责分工，确定不同层次政府之间在提供公共服务均等化方面的职责分工；最后要以农村为重点，向农村倾斜，着

---

① 迟福林、殷仲义：《中国农村改革新起点——基本公共服务均等化与城乡一体化》，中国经济出版社 2009 年版。

重增强农村公共服务的供给水平。

第二，建设公共服务型政府，转变政府职能。转变政府职能不仅是推进城乡基本公共服务均等化的重点，更是发展现代市场经济的必然选择。推进城乡基本公共服务均等化，进而实现城乡社会一体化，要求政府由"经济管制型"转变为"公共服务型"，并建立一套中央政府对地方政府基本公共服务均等化的考核制度。在强化政府公共服务供给主导作用的前提下，要注意创新公共服务共享模式。以需求为导向，采用政府购买、管理合同外包、特许经营、优惠政策等方式，鼓励、支持和引导社会力量参与公共服务供给，形成政府主导、市场引导和社会充分参与的基本公共服务供给体制。

第三，实现各个地方政府财政能力的均等化。在城乡发展一体化过程中，城乡公共服务均等化是以政府为主导进行的，因此，实现各级政府财政能力是改善公共服务的前提条件。一方面，要评估各地区的财力和财政支付能力，通过制度设计调整和完善政府间的转移支付；另一方面，要改变当前公共服务领域的投资机制。按照公共财政的理念，在城乡之间形成合理的财政资源配置格局。按照权责对等的原则，划定政府间的供给责任。特别要优先保障乡镇一级政府在公共服务供给方面的能力，相应的途径就是调整财税分配体制来保障各级政府的资金来源，特别是提供公共服务的资金来源。

参考文献

1. 马克思：《资本论》第 1 卷，人民出版社 2004 年版。

2. 马克思、恩格斯：《德意志意识形态》，人民出版社 1961 年版。

3.《马克思恩格斯全集》第 18 卷，人民出版社 1995 年版。

4.《马克思恩格斯全集》第 3 卷，人民出版社 1995 年版。

5.《马克思恩格斯选集》第 1 卷，人民出版社 1995 年版。

6. 马克思、恩格斯：《共产党宣言》，人民出版社 1997 年版。

7.《马克思恩格斯选集》第 1 卷，人民出版社 1972 年版。

8.《马克思恩格斯全集》第 46 卷，人民出版社 1979 年版。

9.《列宁全集》第 2 卷，人民出版社 1984 年版。

10.《列宁全集》第 3 卷，人民出版社 1984 年版。

11.《列宁全集》第 4 卷，人民出版社 1984 年版。

12.《列宁全集》第 5 卷，人民出版社 1986 年版。

13.《列宁全集》第 23 卷，人民出版社 1990 年版。

14.《列宁全集》第 29 卷，人民出版社 1985 年版。

15.《列宁全集》第 30 卷，人民出版社 1957 年版。

16.《列宁全集》第 31 卷，人民出版社 1958 年版。

17.《列宁全集》第 43 卷，人民出版社 1987 年版。

18.《斯大林选集》（上），人民出版社 1979 年版。

19.《斯大林选集》（下），人民出版社 1979 年版。

20. 毛泽东：《关于正确处理人民内部矛盾的问题》，《建国以来重要文献选编》（第 10 册），中央文献出版社 1994 年版。

21.《毛泽东文集》第七卷，人民出版社 1999 年版。

22.《毛泽东选集》第四卷，人民出版社 1991 年版。

23. 刘少奇：《中国共产党中央委员会向第八届全国代表大会第二次会议上的工作报告》，载《建国以来重要文献选编》（第 11 册），中央文献出版社 1995 年版。

24. 刘少奇：《刘少奇论新中国经济建设》，中央文献出版社 1993 年版。

25.《邓小平文选》第三卷，人民出版社 1993 年版。

26. 中共中央文献研究室：《建国以来重要文献选编》（第 14 册），中央文献出版社 1997 年版。

27. 中共中央文献研究室：《建国以来重要文献选编》（第 7 册），中央文献出版社 1993 年版。

28. 中共中央文献研究室：《十六大以来重要文献选编》（中册），中央文献出版社 2006 年版。

29. ［英］埃比尼泽·霍华德：《明日的田园城市》，金经元译，商务印书馆 2010 年版。

30. ［美］埃罗·沙里宁：《城市：它的发展、衰败和未来》，顾启源译，中国建筑工业出版社 1986 年版。

31. ［英］安格斯·麦迪森：《中国经济的千年表现（公元 960—2030 年）》，伍晓鹰、马德斌译，上海人民出版社 2008 年版。

32. ［比］亨利·皮雷纳：《中世纪的城市》，陈国梁译，商务印书馆 2006 年版。

33. ［美］刘易斯·芒福德：《城市发展史——起源、演变和前景》，宋俊岭、倪文彦译，中国建筑工业出版社 2005 年版。

34. ［美］罗伯特·L.海尔布罗纳、威廉·米尔博格：《经济社会的起源》，李陈华、许敏兰译，格致出版社、上海三联书店、上海人民出版社 2010 年版。

35. [美] 乔·奥·赫茨勒：《乌托邦思想史》，张兆麟等译，商务印书馆 1990 年版。

36. [法] 圣西门：《圣西门选集》（第 1 卷），王燕生等译，商务印书馆 1979 年版。

37. [法] 圣西门：《圣西门选集》（第 2 卷），董果良译，商务印书馆 1982 年版。

38. [法] 圣西门：《圣西门选集》（第 3 卷），董果良、赵鸣远译，商务印书馆 1985 年版。

39. [美] 斯塔夫里阿诺斯：《全球通史》，吴象婴、梁赤民、董书慧、王昶译，北京大学出版社 2005 年版。

40. 世界银行：《2009 年世界发展报告：重塑世界经济地理》，胡光宇等译，清华大学出版社 2009 年版。

41. 艾德荣：《职权结构、产权和经济停滞：中国的案例》，《经济学季刊》2005 年第 4 卷第 2 期。

42. 白永秀：《后改革时代的关键：城乡经济社会一体化》，《经济学家》2010 年第 8 期。

43. 白永秀：《由"前改革时代"到"后改革时代"》，《西北大学学报（哲学社会科学版)》2010 年第 2 期。

44. 白永秀、吴丰华：《城市化进程中的农村人文关怀及其设想》，《改革》2010 年第 7 期。

45. 白永秀、岳利萍：《陕西城乡一体化水平判别与区域经济协调发展模式研究》，《嘉兴学院学报》2005 年第 1 期。

46. 白永秀、赵伟伟、王颂吉：《城乡经济社会一体化的理论演进》，《重庆社会科学》2010 年第 10 期。

47. 卞凤玲：《三元经济结构对城乡居民收入差距扩大的张力分析》，《中州学刊》2005 年第 4 期。

48. 蔡云辉：《城乡关系与近代中国的城市化问题》，《西南师范大学学报》2003 年第 5 期。

49. 曹广忠、刘涛：《中国省区城镇化的核心驱动力演变与过程模型》，《中国软科学》2010 年第 9 期。

50. 曾红颖：《我国基本公共服务均等化标准体系及转移支付效果评价》，《经济研究》2012 年第 6 期。

51. 陈国灿：《江南社会农村城市化历史研究》，中国社会科学出版社 2004 年版。

52. 陈吉元、胡必亮：《中国的三元经济结构与农业剩余劳动力转移》，《经济研究》1994 年第 4 期。

53. 陈锡文：《改善城乡利益关系，深化农村经济改革》，《农业经济问题》1988 年第 4 期。

54. 陈晓红、李城固：《我国城市化与城乡一体化研究》，《城市发展研究》2004 年第 11 期。

55. 陈学云、史贤华：《我国城镇化进程中的城乡一体化路经研究——基于新农村建设平台》，《经济学家》2011 年第 3 期。

56. 陈映芳：《征地农民的市民化——上海市的调查》，《华东师范大学学报（哲学社会科学版）》2003 年第 3 期。

57. 陈钊：《中国城乡发展的政治经济学》，《南方经济》2011 年第 8 期。

58. 陈昭玖、周波、唐卫东、苏昌平：《韩国新村运动的实践及对我国新农村建设的启示》，《农业经济问题》2006 年第 2 期。

59. 迟福林、殷仲义：《中国农村改革新起点——基本公共服务均等化与城乡一体化》，中国经济出版社 2009 年版。

60. 楚成亚：《户籍身份与城乡关系观念》，《当代世界社会主义问题》2008 年第 4 期。

61. 崔功豪、武进：《中国城市边缘区空间结构特征及其发展——以南京等城市为例》，《地理学报》1990 年第 4 期。

62. 邓建华:《"三农"视阈下我国城乡一体化新格局的路径选择》,《财经问题研究》2011 年第 6 期。

63. 邓玲、王彬彬:《统筹城乡发展评价指标体系研究——基于成都市温江区的实证应用》,《西南民族大学学报（人文社科版）》2008 年第 4 期。

64. 邓拓:《中国救荒史》,三联书店 1958 年版。

65. 杜肯堂、李大光:《论城乡一体化与农村劳动力转移》,《经济体制改革》1997 年第 4 期。

66. 段禄峰、张鸿:《城乡一体化视域下的西安市城乡二元经济结构解析》,《生态经济》2011 年第 8 期。

67. 樊树志:《明清长江三角洲的市镇网络》,《复旦学报》1987 年第 2 期。

68. 方堃:《城乡统筹的县域农村公共服务模式与路径探究——从"国家单方供给"到"社会协同治理"的逻辑变迁》,《天津行政学院学报》2009 年第 3 期。

69. 方振辉:《城乡经济社会一体化新格局形成机制探略》,《理论导刊》2010 年第 5 期。

70. 费孝通:《中国城乡经济发展道路》,《中国社会科学》1993 年第 1 期。

71. 冯雷:《中国城乡一体化的理论与实践》,《中国农村经济》1999 年第 1 期。

72. 傅筑夫:《中国封建社会经济史》,人民出版社 1981 年版。

73. 高佩义:《中外城市化比较研究》,南开大学出版社 1992 年版。

74. 高强:《日本城市化模式及其农业与农村的发展》,《世界农业》2002 年第 7 期。

75. 葛绥成:《四川之行》,中华书局 1934 年版。

76. 葛正鹏:《论三元经济结构下我国农民市民化的舞台和载

体》,《经济体制改革》2007 年第 2 期。

77. 宫玉松:《中国近代城乡关系简论》,《文史哲》1994 年第6 期。

78. 辜胜阻、刘传江:《人口流动与农村城镇化战略管理》,华中理工大学出版社 2000 年版。

79. 顾朝林:《简论城市边缘区研究》,《地理研究》1989 年第3 期。

80. 顾朝林:《城市化的国际经验》,《城市规划》2003 年第 6 期。

81. 顾龙生:《中国共产党经济思想发展史》,山西经济出版社1996 年版。

82. 顾益康、邵峰:《全面推进城乡一体化改革——新时期解决"三农"问题的根本出路》,《中国农村经济》2003 年第 11 期。

83. 顾益康、许勇军:《城乡一体化评估指标体系研究》,《浙江社会科学》2004 年第 6 期。

84. 国家发展改革委发展规划司:《统筹城乡发展,促进城乡经济社会一体化》,《宏观经济管理》2008 年第 6 期。

85. 国家统计局城市社会经济调查总队:《2004 年中国城市发展报告》,中国统计出版社 2005 年版。

86. 国民党农村复兴委员会:《广西省农村调查》,商务印书馆1935 年版。

87. 国务院发展研究中心课题组:《农民工市民化对扩大内需和经济增长的影响》,《经济研究》2010 年第 6 期。

88. 韩俊:《中国城乡关系演变 60 年:回顾与展望》,《改革》2009 年第 11 期。

89. 洪银兴、陈雯:《城市化和城乡一体化》,《经济理论与经济管理》2003 年第 4 期。

90. 洪银兴:《城乡互动、工农互促的新起点和新课题》,《江苏行政学院学报》2009 年第 1 期。

91. 胡金林:《城乡一体化进程中的城镇化非均衡发展研究——以孝感 7 镇的个案调查为例》,《农村经济》2009 年第 10 期。

92. 黄季焜:《制度变迁和可持续发展 30 年中国农业与农村》,格致出版社、上海人民出版社 2008 年版。

93. 黄晋太:《二元工业化与城市化——打开统筹城乡发展大门的钥匙》,中国经济出版社 2005 年版。

94. 黄坤明:《城乡一体化路径演进研究:民本自发与政府自觉》,科学出版社 2009 年版。

95. 黄平:《城乡一体化是实现共同富裕的关键》,《人民论坛》2011 年第 22 期。

96. 黄仁宇:《十六世纪明代中国之财政与税收》,三联书店 2001 年版。

97. 黄文新、赵曙东:《江苏太湖地区农村经济发展的新趋向》,《江苏农业科学》1984 年第 6 期。

98. 黄云鹏:《"十二五"促进城乡基本公共服务均等化的对策建议》,《宏观经济研究》2010 年第 7 期。

99. 姜作培:《城乡一体化:统筹城乡发展的目标探索》,《南方经济》2004 年第 1 期。

100. 解光云:《多维视域下的古典雅典城乡关系》,安徽人民出版社 2007 年版。

101. 金人庆:《扩大公共财政覆盖农村范围,建立支农资金稳定增长机制》,《求是》2006 年第 8 期。

102. 景普秋、张复明:《城乡一体化研究的进展与动态》,《城市规划》2003 年第 6 期。

103. 居福田:《论城乡协调发展机制》,《社会学研究》1990 年第 1 期。

104. 居占杰:《我国城乡关系阶段性特征及统筹城乡发展路径选择》,《江西财经大学学报》2011 年第 1 期。

105. 柯炳生：《工业反哺农业的理论与实践研究》，人民出版社2008年版。

106. 黎翠梅：《农村金融发展对农村经济增长影响的区域差异分析》，《湘潭大学学报（哲学社会科学版）》2009年第5期。

107. 李宝民：《三元经济论》，《特区经济》1994年第12期。

108. 李伯重：《多视角看江南经济史（1250—1850)》，三联书店2003年版。

109. 李克强：《中国的三元经济结构与农业剩余劳动力转移》，《中国社会科学》1991年第3期。

110. 李明宇、金丽馥：《我国城乡二元结构现状解析及路径选择》，《农业经济》2005年第4期。

111. 李泉：《中外城乡关系问题研究综述》，《甘肃社会科学》2005年第4期。

112. 李善峰：《当代中国城乡关系的实证研究》，《社会学研究》1989年第3期。

113. 李同升、库向阳：《城乡一体化发展的动力机制及其演变分析——以宝鸡市为例》，《西北大学学报（自然科学版)》2000年第3期。

114. 李澂：《农业剩余与工业化资本积累》，云南大学出版社1993年版。

115. 李小三、徐鸣：《关于县域经济的理论思考》，《江西社会科学》2000年第3期。

116. 李岳云、陈勇、孙林：《城乡统筹及其评价方法》，《农业技术经济》2004年第1期。

117. 李志杰：《我国城乡一体化评价体系设计及实证分析——基于时间序列数据和截面数据的综合考察》，《经济与管理研究》2009年第12期。

118. 厉以宁：《论城乡二元体制改革》，《北京大学学报（哲学社会科学版)》2008 年第 3 期。

119. 厉以宁:《走向城乡一体化:建国 60 年城乡体制的变革》,《北京大学学报(哲学社会科学版)》2009 年第 6 期。

120. 梁方仲:《中国历代户口、田地、田赋统计》,中华书局 1980 年版。

121. 林刚:《关于我国经济的二元结构和三元结构问题》,《中国经济史研究》2000 年第 3 期。

122. 刘克祥、吴太昌:《中国近代经济史(1927—1937)》(下册),人民出版社 2010 年版。

123. 刘士群:《我国城乡工业必须结合发展》,《社会科学辑刊》1984 年第 6 期。

124. 刘维新:《城乡一体化的"三位一体"发展模式》,《城市发展研究》1996 年第 6 期。

125. 刘伟、张士运、孙久文:《我国四个直辖市城乡一体化进程比较与评价》,《北京社会科学》2010 年第 4 期。

126. 卢文:《我国城乡关系的新发展》,《中国农村经济》1986 年第 11 期。

127. 陆学艺:《破除城乡二元结构,实现城乡经济社会一体化》,《社会科学研究》2009 年第 4 期。

128. 马晓河、蓝海涛、黄汉权:《工业反哺农业的国际经验及我国的政策调整思路》,《管理世界》2005 年第 7 期。

129. 宁越敏:《新城市化进程——90 年代中国城市化动力机制和特点探讨》,《地理学报》1998 年第 5 期。

130. 牛若峰、郭玮、陈凡:《中国经济偏斜循环与农业曲折发展》,中国人民大学出版社 1991 年版。

131. 皮垂燕:《我国城市化的质量分析》,《统计与决策》2007 年第 19 期。

132. 齐涛:《中国古代经济史》,山东大学出版社 2011 年版。

313

133. 乔根平:《经济增长与结构转换——一个三元经济模型的理论框架》,《教学研究》2002 年第 10 期。

134. 乔启明:《江苏昆山南通安徽宿县农佃制度之比较以及改良农佃问题之建议》,金陵大学农林科,1926 年。

135. 冉文伟:《从公平与效率的视角看新中国城乡关系的 60 年变迁》,《云南行政学院学报》2010 年第 2 期。

136. 任保平:《论中国的二元经济结构》,《经济与管理研究》2004 年第 5 期。

137. 任平、周介铭、张果:《成都市区域城乡一体化进程评价研究》,《四川师范大学学报(自然科学版)》2006 年第 6 期。

138. 陕西社会科学院经济所小城镇课题组:《小城镇发展的趋势和前景——陕西省小城镇调查与研究》,《人文杂志》1987 年第 5 期。

139. 石忆邵、何书金:《城乡一体化探论》,《城市规划》1997 年第 5 期。

140. 石玉顶:《马克思恩格斯关于城乡统筹发展的思想及其启示》,《经济学家》2005 年第 6 期。

141. 史开国:《加快小城镇建设推进城乡经济一体化》,《贵州师范大学学报(社会科学版)》1998 年第 2 期。

142. 宋洪远、庞丽华、赵长保:《统筹城乡,加快农村经济社会发展——当前的农村问题和未来的政策选择》,《管理世界》2003 年第 11 期。

143. 苏春江:《河南省城乡一体化评价指标体系研究》,《农业经济问题》2009 年第 7 期。

144. 孙波、白永秀、马晓强:《日本城市化的演进及启示》,《经济纵横》2010 年第 12 期。

145. 孙晓莉:《中外公共服务体制比较》,国家行政学院出版社 2007 年版。

146. 谭刚：《陇海铁路与陕西城镇的兴衰（1932—1945)》,《中国经济史研究》2008 年第 1 期。

147. 汤正刚：《城乡一体化：中心城市市域城镇规划的总方针》,《经济体制改革》1995 年第 4 期。

148. 完世伟：《城乡一体化评价指标体系的构建及应用——以河南省为例》,《经济经纬》2008 年第 4 期。

149. 万艳华：《我国城乡一体化及其规划探讨》,《华中科技大学学报（城市科学版)》2002 年第 6 期。

150. 汪敬虞：《中国近代经济史（1895—1927)》, 人民出版社 2000 年版。

151. 王德忠、刘君德：《外资利用状况评价预警分析——以浦东新区为例》,《经济地理》1997 年第 1 期。

152. 王改弟：《发展小城镇与实现城乡一体化》,《河北学刊》2001 年第 6 期。

153. 王国敏：《城乡统筹：从二元结构向一元结构的转换》,《西南民族大学学报（人文社科版)》2004 年第 9 期。

154. 王洪跃、张雄：《湖北省城乡一体化评价研究》,《现代农业科技》2010 年第 6 期。

155. 王家范：《明清苏州城市经济功能研讨》,《华东师范大学学报》1986 年第 5 期。

156. 王检贵：《中国究竟还有多少农业剩余劳动力》,《中国社会科学》2005 年第 5 期。

157. 王建增：《论城乡一体化利益协调机制的构建》,《河南师范大学学报（哲学社会科学版)》2011 年第 1 期。

158. 王力、汪海霞：《新疆石河子垦区城乡一体化进程评价及分析》,《石河子大学学报（哲学社会科学版)》2006 年第 6 期。

159. 王圣学：《关于"城乡一体化"的几点看法》,《理论导刊》1996 年第 5 期。

160. 王蔚、张生丛、魏春雨、张玉桃：《湖南省城乡一体化评价指标体系及量化分析》，《湖南大学学报（自然科学版）》2011年第4期。

161. 王阳、岳正华：《城乡统筹协调发展的实证：2000—2008——以四川省为例研究》，《农村经济》2010年第2期。

162. 王章辉、黄柯可：《欧美农村劳动力的转移与城市化》，社会科学文献出版社1999年版。

163. 卫兴华、洪银兴：《中国共产党经济思想史论》，江苏人民出版社1994年版。

164. 吴天然、胡怀邦等：《二元经济结构理论与我国的发展道路——兼论环二元经济结构的形成及转换》，《经济理论与经济管理》1993年第4期。

165. 吴伟东：《我国三元经济结构转换过程中的矛盾与冲突》，《农村金融研究》1988年第8期。

166. 吴伟年：《城乡一体化的动力机制与对策思路——以浙江省金华市为例》，《世界地理研究》2002年第4期。

167. 吴先华、王志燕、雷刚：《城乡统筹发展水平评价——以山东省为例》，《经济地理》2010年第4期。

168. 吴学凡：《马克思恩格斯消灭城乡差别思想及其现实意蕴》，《社会主义研究》2008年第1期。

169. 伍新木：《城乡一体化与区域生态经济系统》，《武汉大学学报（社会科学版）》1990年第6期。

170. 武进、马清亮：《城市边缘区空间结构演化的机制分析》，《城市规划》1990年第2期。

171. 奚建武：《治理视域下我国城乡关系的变迁》，《华东理工大学学报（社会科学版）》2007年第4期。

172. 夏建文：《我国农村改革中农民生活方式的变化与积极作用》，《农业现代化研究》2006年第9期。

173. 夏永祥：《改革开放 30 年来我国城乡关系的演变与思考》，《苏州大学学报（哲学社会科学版）》2008 年第 6 期。

174. 肖建乐：《唐代农业的发展与城乡关系的演化》，《上海城市管理》2007 年第 5 期。

175. 修春亮、许大明、祝翔凌：《东北地区城乡一体化进程评估》，《地理科学》2004 年第 3 期。

176. 徐明华、盛世豪、白小虎：《中国的三元社会结构与城乡一体化发展》，《经济学家》2003 年第 6 期。

177. 徐琪：《论大城市边缘区土地合理利用》，《城市研究》1995 年第 3 期。

178. 徐庆：《四元经济发展模型与城乡收入差距扩大》，《经济科学》1997 年第 2 期。

179. 徐荣安：《中国城郊经济学》，农业出版社 1989 年版。

180. 徐同文：《城乡一体化体制对策研究》，人民出版社 2011 年版。

317

181. 徐勇：《马克思恩格斯有关城乡关系问题的思想及其现实意义》，《社会主义研究》1991 年第 6 期。

182. 许涤新：《当代中国的人口》，中国社会科学出版社 1988 年版。

183. 严英龙、朱晓林：《新型城乡关系和城乡工业协调发展》，《农业经济问题》1986 年第 10 期。

184. 严中平：《中国近代经济史（1840—1849）》（上册），人民出版社 2001 年版。

185. 严中平等：《中国近代经济史统计资料选辑》，科学出版社 1955 年版。

186. 杨继瑞：《城乡一体化：推进路径的战略抉择》，《四川大学学报》2005 年第 4 期。

187. 杨临生：《市领导县是城乡经济发展的必然要求》，《山西师范大学学报（社会科学版）》1985 年第 4 期。

188. 杨荣南：《城乡一体化及其评价指标体系初探》，《城市研究》1997 年第 2 期。

189. 杨万东、王碧峰：《城乡协调严酷的现实与现实的选择》，《经济体制改革》1990 年第 5 期。

190. 杨振宁：《城乡统筹发展与城镇化关系的实证研究——基于安徽的数据》，《农业经济问题》2008 年第 5 期。

191. 姚贤镐：《中国近代外贸史资料》（第 3 册），中华书局1962 年版。

192. 袁莉、李明生：《论生态文明建设背景下的城乡一体化》，《农村经济》2010 年第 9 期。

193. 袁政：《中国城乡一体化评析及公共政策探讨》，《经济地理》2004 年第 4 期。

194. 张安录：《城乡相互作用的动力学机制与城乡生态经济要素流转》，《生态经济》2000 年第 4 期。

195. 张朝尊：《中国三元结构经济存在和发展的机理》，《改革》1995 年第 2 期。

196. 张愕：《城市边缘区开发活动特征及其类型研究》，《城市规划汇》1991 年第 5 期。

197. 张国平、邱风：《基于再分配改革与政府转型的城乡统筹发展思考》，《经济学家》2006 年第 6 期。

198. 张海波、童星：《被动城市化群体城市适应性与现代性获得中的自我认同》，《社会学研究》2006 年第 2 期。

199. 张泓、柳秋红、肖怡然：《基于要素流动的城乡一体化协调发展新思路》，《经济体制改革》2007 年第 6 期。

200. 张家诚：《气候变化对中国农业生产影响的初探》，《地理学报》1982 年第 2 期。

201. 张淑敏、刘辉、任建兰：《山东省区域城乡一体化的定量分析与研究》，《山东师范大学学报（自然科学版）》2004 年第 3 期。

202. 张小林：《乡村概念辨析》，《地理学报》1998 年第 4 期。

203. 张岩松：《统筹城乡发展和城乡发展一体化》，《中国发展观察》2013 年第 3 期。

204. 张叶：《小城镇发展对城乡一体化的作用》，《城市问题》1999 年第 1 期。

205. 张雨林：《论城乡一体化》，《社会学研究》1988 年第 5 期。

206. 张雨林：《我国城乡关系的历史考察》（上），《中国农村经济》1989 年第 9 期。

207. 章光日、顾朝林：《快速城市化进程中的被动城市化问题研究》，《城市规划》2006 年第 5 期。

208. 赵保佑：《统筹城乡协调发展的国际经验与启示》，《学术论坛》2008 年第 3 期。

209. 赵锋：《广西城乡一体化评价指标体系的设计及实证研究》，《广西社会科学》2010 年第 1 期。

210. 赵立新、关善勇：《特色产业集群与城乡一体化》，《当代经济研究》2006 年第 11 期。

211. 赵泉民：《从无差别的统一到对抗性形成——基于新式教育兴起看 20 世纪初期中国城乡关系演变》，《江苏社会科学》2007 年第 3 期。

212. 赵荣祥：《构建三元经济结构是西部大开发的必由之路》，《求实》2000 年第 8 期。

213. 赵勇：《城乡良性互动战略》，商务印书馆 2004 年版。

214. 赵勇：《城镇化：中国经济三元结构发展与转换的战略选择》，《经济研究》1996 年第 3 期。

215. 郑秉文：《拉丁美洲城市化：经验与教训》，当代世界出版社 2011 年版。

216. 郑文兵、陈艳：《一种"三元经济结构"的思路及其对中国农业的影响》，《农业经济》2006 年第 8 期。

217. 中国社会科学院农村发展研究所城乡统筹研究课题组：《统筹城乡发展评价及其政策建议》，《重庆社会科学》2009 年第 11 期。

218. 周加来：《城市化·城镇化·乡村城市化·城乡一体化——城市化概念辨析》，《中国农村经济》2001 年第 3 期。

219. 朱磊：《城乡一体化理论及规划实践——以浙江省温岭市为例》，《经济地理》2000 年第 3 期。

220. 朱志萍：《城乡二元结构的制度变迁与城乡一体化》，《软科学》2008 年第 6 期。

221. 邹军、刘晓磊：《城乡一体化理论研究框架》，《城市规划》1997 年第 3 期。

222. Ceciliat, "Rural-Nrban Linkages and Pro-poor Agriculture Growth：An Overview", Prepared for OECD DAC POVNET Agriculture and Pro-poor Growth Task Team, Helsinki Workshop, 2004.

223. Douglass, M., "Rural-Urban Integration and Regional Economic Resilience：Strategies for the Rural-Urban Transition in Northeast Thailand", National Economic and Social Development Board, 1999.

224. Gernet, *Jacques Daily Life in China on the Eve of the Mongol Invasion 1250-1276*, Ruskin House, 1962.

225. Kenneth Lynch, *Rural-Urban Interaction in the Developing World*, Routledge, 2005.

226. Lewis, "Economic Development with Unlimited Supplies of Labor", *The Manchester School*, Vol.22, 1954.

227. Oded Galor, Joseph Zeira, "Income Distribution and Macroeconomics", *The Review of Economic Studies*, Vol.60, 1993.

228. D. A. Rondinelli, H. Evans, "Integrated Regional Development Planning: Linking Urban Centres and Rural Areas in Bolivia", *World Development*, Vol.11, No.1, 1983.

229. Stohr Taylor, *Development from Above or Below? The Dialectics of Regional Planning in Developing Countries*, Chichester, 1981.

策划编辑:郑海燕

封面设计:徐　晖

责任校对:吕　飞

图书在版编目(CIP)数据

中国城乡发展一体化:历史考察、理论演进与战略推进/白永秀,
　吴丰华 等 著.-北京:人民出版社,2015.12
ISBN 978－7－01－015434－3

Ⅰ.①中…　Ⅱ.①白…　Ⅲ.①城乡一体化-研究-中国　Ⅳ.①F299.2

中国版本图书馆 CIP 数据核字(2015)第 256476 号

中国城乡发展一体化:历史考察、理论演进与战略推进
ZHONGGUO CHENGXIANG FAZHAN YITIHUA LISHI KAOCHA
LILUN YANJIN YU ZHANLÜE TUIJIN

白永秀　吴丰华 等　著

人民出版社 出版发行
(100706　北京市东城区隆福寺街 99 号)

北京汇林印务有限公司印刷　新华书店经销

2015 年 11 月第 1 版　2015 年 11 月北京第 1 次印刷
开本:710 毫米×1000 毫米 1/16　印张:20.75
字数:270 千字

ISBN 978－7－01－015434－3　定价:55.00 元

邮购地址 100706　北京市东城区隆福寺街 99 号
人民东方图书销售中心　电话 (010)65250042　65289539